B贵州蓝皮书

普安县经济社会发展报告
（2020）

ANNUAL REPORT ON ECONOMIC AND SOCIAL DEVELOPMENT
OF PUAN COUNTY OF GUIZHOU(2020)

主 编 / 黄德林

中国社会出版社
国家一级出版社 · 全国百佳图书出版单位

图书在版编目（CIP）数据

普安县经济社会发展报告 . 2020 / 黄德林主编 .
—北京：中国社会出版社，2021. 5
（贵州蓝皮书）
ISBN 978-7-5087-6501-3

Ⅰ. ①普… Ⅱ. ①黄… Ⅲ. ①区域经济发展—研究报告—普安县—2020②社会发展—研究报告—普安县—2020 Ⅳ. ①F127. 734

中国版本图书馆 CIP 数据核字（2021）第 014783 号

书　　名： 普安县经济社会发展报告（2020）
主　　编： 黄德林

出 版 人： 浦善新
终 审 人： 尤永弘
责任编辑： 秦　健

出版发行： 中国社会出版社　**邮政编码：** 100032
通联方式： 北京市西城区二龙路甲 33 号
电　　话： 编辑室：（010）58124864
销售部：（010）58124848
（010）58124842
网　　址： www. shcbs. com. cn
shcbs. mca. gov. cn
经　　销： 各地新华书店

中国社会出版社天猫旗舰店

印刷装订： 北京九州迅驰传媒文化有限公司
开　　本： 170mm×240mm　1/16
印　　张： 18. 5
字　　数： 300 千字
版　　次： 2021 年 5 月第 1 版
印　　次： 2021 年 5 月第 1 次印刷
定　　价： 36. 00 元

中国社会出版社微信公众号

《普安县经济社会发展报告(2020)》

编纂领导小组

组　长: 吴大华　贵州省社会科学院党委书记、研究员
张学立　贵州省社会科学院院长、研究员
农文海　黔西南州政协副主席、中共普安县委书记
龙　强　中共普安县委副书记、县人民政府县长
张盛琦　普安县人大常委会主任
吴立社　普安县政协主席

成　员: 唐显良　贵州省社会科学院副院长
郑云跃　贵州省社会科学院副院长、研究员
李　胜　贵州省社会科学院副院长、研究员
黄　勇　贵州省社会科学院副院长、研究员
曾　蔚　中共普安县委副书记
龚德雄　中共普安县委常委、县委政法委书记
熊华禹　中共普安县委常委、县人民政府常务副县长
陈　刚　中共普安县委常委、县纪委书记、县监委主任
罗　立　中共普安县委常委、县委宣传部部长

姚开元　中共普安县委常委、县人民政府副县长
潘　伟　中共普安县委常委、县委统战部部长
杜一平　中共普安县委常委、县委组织部部长
刘明江　普安县人民政府副县长
王　濉　普安县人民政府副县长、县扶贫办主任
庹锦涛　普安县人民政府副县长、县生态移民局局长
张维海　普安县人民政府副县长、县委政法委副书记、县公安局局长

《普安县经济社会发展报告(2020)》

编委会

作　者（以文序排列）：
杨明锡　黄德林　王义飞　陈玲玲　郝　洪
刘应刚　彭刚善　黄　昊　刘　平　李顺红
史　倩　柏诺雪　张瑞凌　潘佳美　徐　熙
李　高　章存英　陈星灼　赵玉娇

主要编撰者简介

黄德林：贵州省社会科学院社会研究所所长、研究员，享受国务院政府特殊津贴专家，贵州省省管专家，贵州省社会科学院学术带头人。

主要社会兼职：中国社会学会理事，贵州省社会学学会常务副会长兼秘书长，贵州中医药大学硕士生导师。

近五年的主要科研成果：主持和完成国家社科基金项目 2 项，主持完成国家软科学计划项目 1 项，主持完成省级重点项目 3 项，主持完成省级一般项目 4 项。2017 年主持完成的《贵州省申报设立县级市综合评估研究报告》课题研究成果被国务院采纳，2018 年主持完成的《贵州省新时代农民讲习所研究》课题研究成果获时任中共贵州省委书记孙志刚、时任贵州省省长谌贻琴、时任省委常委宣传部长慕德贵、时任副省长吴强等省领导肯定性批示后呈报中共中央宣传部。荣获贵州省哲学社会科学优秀成果奖一等奖 1 项、三等奖 2 项。

摘 要

本报告以党的十九届五中全会、习近平新时代中国特色社会主义思想和省委十二届历次会议为指导，系统总结了2019年普安县经济社会发展取得的成绩和亮点，分析了普安县经济社会发展面临的问题与挑战，展望了2020年普安县经济社会发展方向。报告对普安县经济和社会发展情况及综合评价、脱贫攻坚成效、生态经济发展、生态文明建设、农村基层党组织引领乡村振兴能力建设、红色文化教育与党员干部培训、易地扶贫搬迁“后半篇文章”及新市民社区社会治理、茶旅一体化、地域文化元素与地方社会发展等方面进行了专题研究。

报告认为，普安县坚持以习近平新时代中国特色社会主义思想为指导，深入学习贯彻党的十九大精神，树牢“四个意识”，坚定“四个自信”，坚决做到“两个维护”，坚持新发展理念，坚持稳中求进工作总基调。2019年是普安县决战脱贫攻坚年、深化改革年、加快城乡建设年、加快民生改善年，也是普安县社会发展取得明显成效的一年。2019年，全县地区生产总值完成93.74亿元，同比增长11.6%；一产增加值完成20.43亿元，增长6%；二产增加值完成31.69亿元，增长13%；三产增加值完成41.61亿元，增长13.5%；社会消费品零售总额完成11.17亿元，增长6.5%；城镇、农村居民人均可支配收入分别达31993元、9811元，增长9.7%、11.2%。这一年，普安县决胜脱贫攻坚成效明显、民生福祉持续增进、教育事业加快发展、医疗卫生稳步提升、文化事业日益繁荣、社会保障持续增强。

报告指出，在同步小康建设中，普安县打出了“狠抓一项设计、突出二个抓手、夯实三层基础、推进四大行动、锁定五大攻坚、决胜六大战场”的“一二三四五六”组合拳，严格落实“五级书记”抓扶贫的要求和“五主五包”的责任制，着力构建指挥、责任、工作、监督四大体系，全面解决了实现“一达标两不愁三保障”存在的突出问题，贫困发生率下降至1.5%，基本消除绝对贫困，脱贫攻坚取得根本性胜利。

报告认为，2020年无论是对全国、贵州或是普安县来说都是不寻常的一年。是深入学习习近平新时代中国特色社会主义思想、深入开展“不忘初心，牢记使命”主题教育活动的重要一年，是全县上下面对艰难挑战，始终保持定力、决不懈怠，用心用情做好自己的事，经受住了考验、完成了既定决策部署，撕掉了普安千百年以来的贫困标签、决胜脱贫攻坚的关键一年，是普安人民自力更生，干部职工不忘初心，用辛苦指数提升群众幸福指数的重要一年。2020年，随着决胜脱贫攻坚、全面建成小康社会胜利在望、乡村振兴的掀起、民生保障的不断改善、社会治理与社会建设的不断加强，加上国家、省、州等多重战略及政策的延伸，必将产生政策叠加效应，为普安县经济社会发展提供强大支撑，必将以优异的成绩实现“十三五”顺利收官和“十四五”稳步开局。

本报告由15篇研究报告组成。共分为五个部分，分别是总报告篇、评价篇、理论篇、调研篇和案例篇。

Abstract

In the guidance of the fifth Plenary Session of the 19th National Congress of CPC, Xi Jinping Thought on Socialism with Chinese Characteristics for a New Era and previous Plenary Sessions of the 12th Congress of Guizhou Provincial Committee of CPC, this report has systematically summed up the new bright points of economic and social development of Pu'an County of Guizhou Province and scientifically studied the main economic and social development problems? of Pu'an County in 2019, and also predicts the direction of economic and social development of Pu'an County in 2020. It makes special studies on the economic and social development and comprehensive evaluation of Pu'an County, achievements in poverty alleviation, development of ecological economy, ecological civilization construction, the capacity of rural grassroots party organizations to lead rural revitalization, red culture education and training of Party members and cadres, the Follow - up tasks of relocation of poverty alleviation and social governance of new citizen community, integration of tea industry and tourism, regional cultural elements and local social development in this report.

The report indicates that it adheres to the guidance of Xi Jinping Thought on Socialism with Chinese Characteristics for a New Era, studies and implements the spirit of the 19th CPC National Congress thoroughly, and steps up "the four consciousnesses", strengthens "the four confidences", ensures "the two upholds" firmly, and adheres to the new concept for development and the general tone of striving for progress while maintaining stability of Pu'an county. It is a year for decisive battle against poverty alleviation, deepening reform, accelerating urban and rural construction, and accelerating people's livelihood improvement, and also a year in which social development has achieved remarkable results for Pu'an County of 2019. In this year, the county achieved a total GDP of 9.374 billion yuan, an increase of 11.6%, the added value of primary production reached 2.043 billion yuan, an increase of 6%, the added value of secondary industry reached 3.169 billion yuan, an increase of 13%, the added value of the tertiary industry reached 4.161 billion yuan, an increase of 13.5%, the total retail sales of social consumer goods reached 1.117 billion yuan, an increase of 6.5%, the per capita disposable income of urban and rural residents reached 31993 yuan and 9811 yuan respectively, with an increase of 9.7% and 11.2%. It had achieved remarkable results in fighting poverty, sustained improvement of people's livelihood and well-being, accelerated development of education, steady improvement of medical and health care, growing prosperity of cultural undertakings, and sustained enhancement of social security for Pu'an County in this year.

The report points out that in building a moderately prosperous society, it has summed up the "one two three four five six" combo boxing of "paying close attention to one design, highlighting two key points, consolidating three-tier foundation, promoting four major actions, targeting five key points and winning six battlefields" in Pu'an County. It will also strictly implements the requirements of "five level secretaries" to focus on poverty alleviation and the responsibility system of "five main and five guarantees", and strives to build four major systems of command, responsibility, work and supervision, and have comprehensively solved the outstanding problems existing in the realization of "one standard, two concerns, and three guarantees", the incidence of poverty has dropped to 1.5%, absolute poverty has been basically eliminated, and the fight against poverty has won a fundamental victory in Pu'an.

According to the report, it was an unusual year for Pu'an County, Guizhou Province and China in 2020. It was an important year for studying Xi Jinping

Thought on Socialism with Chinese Characteristics for a New Era, for carrying out the theme education activity of "never forget the original intention, remember the mission", it was also a key year for the whole county to remain determined and never slacken in the face of difficult challenges, it has withstood the test and completed the established decision and deployment, and has torn down the poverty label of Pu'an for thousands of years, and won the fight against poverty. It was also an important year for the people of Pu'an to become self reliant, for cadres and workers not to forget their original intention, and for improving the happiness index of the masses with the index of hard working. With the decisive victory in poverty alleviation, the prospect of building a moderately prosperous society in an all-round way, the rise of rural revitalization, the continuous improvement of people's livelihood security, and the continuous strengthening of social governance and social construction, and with the extension of multiple national, provincial and state strategies and policies, it will produce policy superposition effect and provide strong support for the economic and social development of Pu'an County. It is also bound to achieve a smooth ending of the 13th Five-year Plan and a steady start of the 14th Five-year Plan with outstanding achievements in Pu'an County.

Made up of 15 research reports, this report is divided into 5 parts that are general report, evaluation section, theory section, investigation & research and case study respectively.

目　录

Ⅰ 总报告篇

Ⅱ 评价篇

Ⅲ 理论篇

Ⅳ 调研篇

Ⅴ 案例篇

CONTENTS

I General Report

II Evaluation

III Theory

Ⅳ Investigation & Research

Ⅴ Case Study

Ⅰ 总报告篇

B.1 2019—2020年普安县经济发展报告

杨明锡①

摘要： 2019年，普安县万众一心，同步小康建设取得决定性胜利，实现剩余贫困人口达到脱贫标准，全部脱贫。2020年，面对肆虐的新冠疫情，全县按照“外防输入、内防扩散”的策略，以最快速度恢复了正常生产生活秩序，经过全县上下的艰苦努力、顽强拼搏，疫情防控取得了决定性胜利。报告总结了2019年至2020年上半年普安县经济发展形势及特征，分析了经济运行中面临的困难和问题，并对未来面临的经济形势作出初步展望。提出普安县主要做好后疫情时期复工复产、谋划好“十四五”规划、推进脱贫攻坚与乡村振兴战略有机衔接等工作。

关键词： 普安县　同步小康　经济运行

2019年是中华人民共和国成立70周年，也是全面建成小康社会的关键之年，政府加大逆周期调节、积极实施“六稳”政策，国民经济总体保持在合理区间。2020年是我国全面建成小康社会的收官之年，是“十四五”规划制订的关键之年，更是全面建设现代化国家新征程的开启之年。2020年初，新冠肺炎病毒的暴发短期内给中国经济运行带来较大的挑战。第一季度国内生产总值大幅下滑，消费、投资增速下跌，第二季度复工复产，各主要经济指标下降不同程度收窄，经济逐步回暖。面对复杂的疫情防控和国际国内经济社会发展形势，把握“十四五”时期我国进入新发展阶段的新机遇新挑战，总结经验、发现问题、研究对策是新时期县域经济

① 杨明锡，贵州省社会科学院对外经济研究所助理研究员。

高质量发展的内在要求。

一、2019—2020年普安县经济运行总体态势与基本特征

（一）万众一心，同步小康取得决定性胜利

在同步小康建设中，普安县逐步打出了“狠抓一项设计、突出二个抓手、夯实三层基础、推进四大行动、锁定五大攻坚、决胜六大战场”的“一二三四五六”组合拳，严格落实“五级书记”抓扶贫的要求和“五主五包”责任制，着力构建指挥、责任、工作、监督四大体系，成立县扶贫开发领导小组和县脱贫攻坚指挥部，实行县委书记、县长双指挥长制，下设6个工作组、21个专班，成立乡镇（街道）一线指挥部，组建村级前沿攻坚队和1450个网格，明确7442名干部对全县所有贫困户结对帮扶，构建起“县级主抓、乡级主战、村级主攻、干部主帮、专班主推、网格覆盖”的作战体系。在不断创新中推进同步小康创建，取得了较为明显的成效。

1. 锁定民生攻坚和生态攻坚

2014年以来，普安县共投入资金16.59亿元用于发展教育事业。新建或改扩建学校46所，全县现有学校184所，教职工3897名，2017年顺利通过国家义务教育基本均衡发展评估验收；建立了“助、免、补、贷”等资助体系，资助高中及以上困难学生3.53万人次4739.55万元，免除学费2.21万人次1557万元，发放助学贷款2.67万人次1.69亿元。累计投入资金9.08亿元，大力实施基层卫生机构标准化建设工程，全面提升医疗保障水平。新建医院14所、改扩建村卫生室131所，全县现有医护人员2038名（其中村医202名），实现县级公立医院每个专业科室都有1名以上执业医师，乡镇（街道）卫生院都有1名执业（助理）医师，每个村至少有1名以上合格村医的目标。落实三重医疗保障政策23490人次，产生医疗总费用1.01亿元，实际报销总费用9273.1万元（基本医保报销7682.94万元、大病保险报销544.8万元、医疗救助报销1045.36万元）。

深入开展“绿化普安”行动和“石漠化山头绿起来”攻坚行动，强力

推进全县生态建设，16个自然保护区规划调整工作顺利推进，完成天然林禁伐管护界定4.3万亩、石漠化治理3万亩、低产低效林改造1万亩、森林抚育补贴2万亩、申报退耕还林11.35万亩，森林覆盖率达53.15%；并实施最严格水资源管理“三条红线”，全面落实河（库）长制，集中开展“清四乱”专项行动整治工作，完成37条河流、28座水库进行摸排、清理和整治；启动建设县城二期及罗汉镇等7个污水处理工程。

2. 决胜六大战场

（1）决胜小康路建设。2013年以来，累计投入资金约20亿元，完成农村“组组通”公路建设317.28千米、30户以下通组路建设121.68千米、串（入）户路建设1222.25千米，开工建设一级公路11千米、城市快速路16千米，全县公路通车里程2421.69千米。新建乡镇客运站5个，拥有农村客运车辆89辆，乡镇、行政村班车通达率100%，油路（水泥路）通村率100%。

（2）决胜小康水建设。按照“大水源、大管网、宽覆盖”的思路，大力推进农村规模化集中供水和管网延伸工程建设，构建以规模化水库为主体、小型分散工程为补充的新型农村供水工程体系。2013年以来，实施农村饮水安全工程331个，建成千人以上农村饮水安全工程26处，集中式供水占98.6%，分散式供水占1.4%，全县所有村民组实现农村饮水安全工程全覆盖。成立3家水务公司，强化饮水安全运营管护，完成580个水源点检测工作，确保饮水安全工程建得好、管得好、用得起、长受益。

（3）决胜小康电建设。2013年以来，共投资4.7亿元，新建改造10千伏线路320.5千米，400伏线路1712.0千米，新建改造配变614台，容量10.949万千伏安，农村电网供电可靠率达99.8%，比2013年99.3%增长0.5个百分点；综合电压合格率达98.0%，比2013年增长1.9个百分点；户均配变容量为2.3千伏安，客户平均停电时间13.97小时/户，比2013年减少27.79小时/户，“农村电网供电可靠性、综合电压合格率、户均配变容量”三大指标提前一年完成国家指标。供电质量、供电可靠性不高等问题得到彻底解决，三大指标均达到国家和南网标准要求，实现动力电“村村通”，惠及全县广大用户，居民供电从“用上电”到“用好电”迈进。

（4）决胜小康房建设。以“住人的房子必须安全，不安全的房子不住人”为目标，逐村逐户对农村住房进行全面摸底排查和住房安全评定。2014年以来，投入资金5.13亿元，改造农村危房17184户，整治农村老旧住房透风漏雨9374户，完成13974户贫困户住房安全评定，实现所有农村贫困人口住房安全有保障。县内建成易地扶贫搬迁安置区3个，建成房屋5461套，安置搬迁群众4422户20947人。

（5）决胜小康寨建设。2011—2014年先后申报实施财政奖补小康寨示范村6个，分别是保冲村、新店社区、范家寨村、九峰村、糯东村和细寨村。项目主要围绕“五化”工程实施，总投资1260万元，项目已全部完工，并完成验收评审工作。2015—2017年获转贷资金小康寨建设项目，包括州级“整镇推进”的江西坡镇和县级“整村推进”建设，“整镇推进”江西坡镇联盟村、江西坡社区共投入资金1460万元，县级“整村推进”财政奖补小康寨建设资金共投入11275万元。主要围绕“五化八工程”中的通组路、串户路、“三改”、垃圾收集处理、安装太阳能路灯等项目。建设示范型、提升型、普及型村寨，现已全部完工。

（6）决胜小康讯建设。扎实推进“三网融合”工程，实现光纤宽带乡村全覆盖，移动通信网络村村通、行政村4G网络交叉覆盖率达100%。

2019年，全县全面小康实现程度为97.1%，与2018年相比提升4.9个百分点。从六个方面的实现程度看。社会和谐、生活质量、资源环境三个方面实现程度较高，分别为98.4%、99.1%、100%；经济发展、民主法治、文化教育三个方面实现程度分别是94.6%、95.3%、95.8%。与2018年相比，提升幅度最大的是社会和谐，提升14.6个百分点，其次为资源环境提升9.1个百分点；经济发展、生活质量、文化教育三个方面分别提升1.4个、2.0个、3.7个百分点；民主法治下降1.2个百分点。

从24项指标看。一是17项指标实现程度预计达100%。分别是人均GDP、科技进步水平指数、农业发展指数、城镇化率、就业水平指数、农村贫困发生率、民族团结和睦指数、城镇居民人均可支配收入、农村居民人均可支配收入、恩格尔系数、住房指数、居民出行便捷指数、城乡社区基层民主自治建设完善率、人才发展综合指数、森林覆盖率指数、节约集

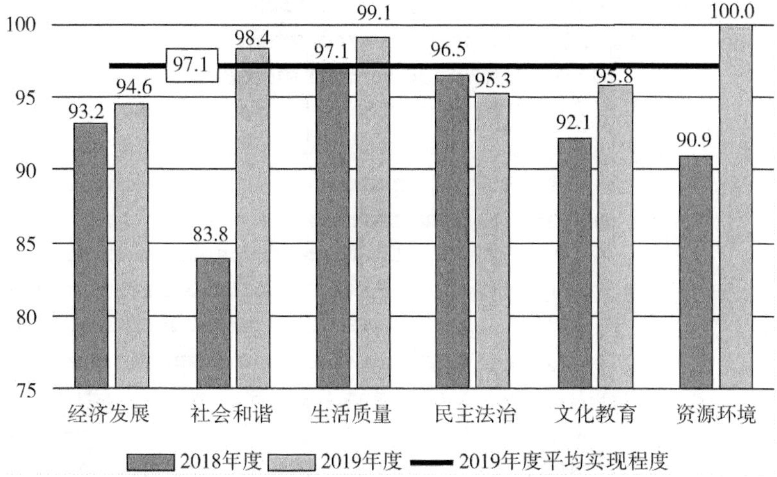

图 1 普安县 2019 年度全面小康六个方面初步监测实现程度（%）

约用地指数、基本社会保险覆盖率。二是 2 项指标实现程度出现下滑。分别是县域经济发展活力指数 80%（下滑 12. 1 个百分点），下滑原因为单项指标“人均税收收入”2133 元，差标准值（5000 元）2867 元，单项指标“税收收入占一般公共财政预算收入比重”45. 4%，差标准值（80%）34. 6 个百分点；医疗卫生发展指数 95. 4%（下滑 0. 4 个百分点），下滑原因为“千人拥有执业（助理）医师数”为 1. 4 人，差标准值（1. 5 人）0. 1 人。

2019 年，全面解决了实现“一达标两不愁三保障”存在的突出问题。建成东、西城区易地扶贫搬迁安置点，35399 名群众搬出了偏僻山沟、住进县城，改变了子孙后代的命运；11 个贫困村出列，13900 人脱贫，贫困发生率下降至 1. 5%。截至 2020 年上半年，实现了 44 个贫困村全部出列，累计脱贫 17766 户 77866 人，基本消除绝对贫困，脱贫攻坚取得根本性胜利。

（二）冒疫前行，经济稳步恢复

2019 年度，全县地区生产总值完成 93. 74 亿元，同比增长 11. 6%；第一产业增加值完成 20. 43 亿元，增长 6. 0%；第二产业增加值完成 31. 69 亿元，增长 13. 0%；第三产业增加值完成 41. 61 亿元，增长 13. 5%；全县规

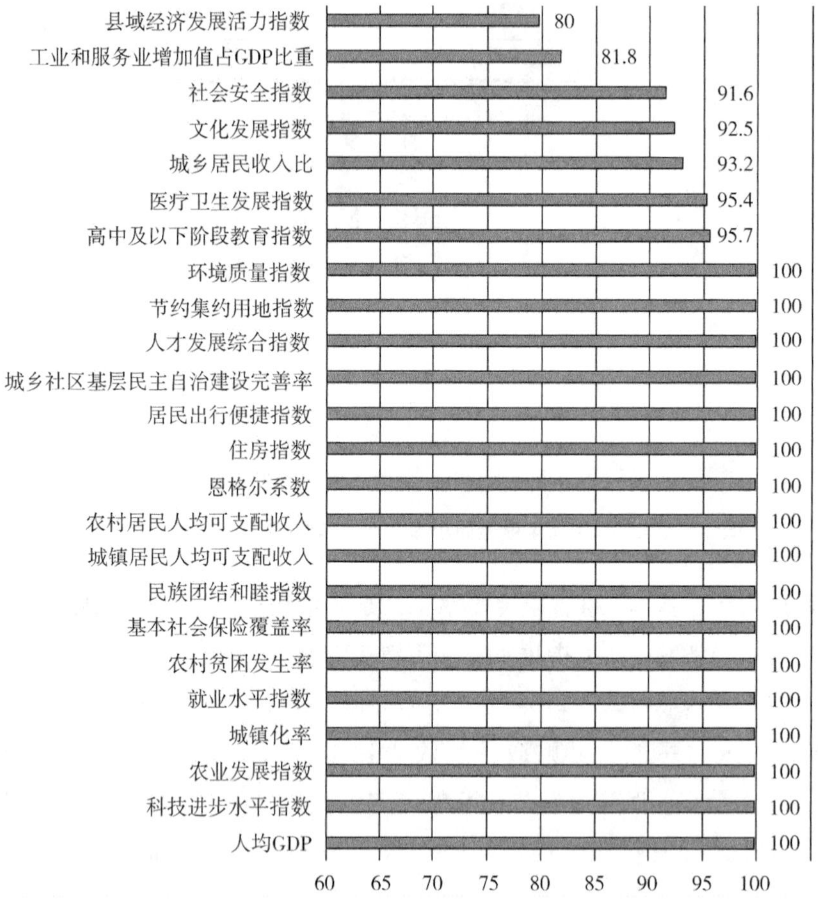

图 2　普安县 2019 年度全面小康 24 项指标监测实现程度（%）

模以上工业企业（2000 万元及以上口径）增加值增长 13.5%；全县 500 万元以上固定资产投资增长 8.7%；社会消费品零售总额完成 11.17 亿元，增长 6.5%；城镇、农村居民人均可支配收入分别达 31993 元、9811 元，增长 9.7%、11.2%。

2020 年，突如其来的新冠肺炎疫情对经济产生重大冲击。全县按照“外防输入、内防扩散”的策略，全面筑牢疫情防线，全力推进联防联控、群防群控，实现了本地“零病例”。因时因势调整工作着力点和应对措施，积极推进脱贫攻坚，推动分区分级精准复工复产，着力畅通人流、物流、资金流，打通产业链、供应链、服务链，稳步推进开学复课等工作，以最快速度恢复了正常生产生活秩序，经过全县上下的艰苦努力、顽强拼搏，疫情防控取得了决定性胜利。

表1　普安县主要经济指标　　单位：亿元、%

指标	2015年	2016年	2017年	2018年	2019年	2020年上半年
地区生产总值（增长率）	601.0（13.5）	70.93（14.3）	81.94（13.3）	89.35（12.1）	93.74（11.6）	47.27（1.1）
第一产业增加值（增长率）	14.45（6.2）	16.77（6.7）	18.42（6.3）	19.39（7.0）	20.43（6.0）	9.08（5.8）
第二产业增加值（增长率）	25.30（13.6）	27.81（13.5）	32.08（12.3）	35.21（11.6）	31.69（13）	13.68（-4.5）
第三产业增加值（增长率）	20.35（15.9）	26.35（20.3）	31.45（18.6）	34.75（15.3）	41.61（13.5）	24.5（3.7）

资料来源：普安县《领导干部统计手册》。

受疫情影响，1—8月虽然各主要经济指标表现为负增长，但城镇居民人均可支配收入和农村居民人均可支配收入均实现了正增长。第二季度除第二产业增加值有所下滑外，第一产业和第三产业增加值实现正增长。全县地区生产总值上半年完成47.27亿元，比上年同期增长1.1%。其中：第一产业增加值完成9.08亿元，增长5.8%；第二产业增加值完成13.68亿元，下降4.5%；第三产业增加值完成24.5亿元，增长3.7%。1—8月全县规模以上工业增加值增速为-1.3%；全县500万元以上固定资产投资增长-1.9%；1—8月线上社会消费品零售额增速为-6.1%；第一至第二季度城镇居民人均可支配收入16961元，增长4.2%；第一至第二季度农村居民人均可支配收入4241元，增长7.8%。

2020年，全年预计工业增加值增速达5%，社会消费品零售总额全年完成5亿元，增速5%，高技术制造业增加值占规模以上工业增加值比重达0.25%，网络零售额2017.7万元，民营经济增加值66亿元。

1. 工业

2019年，实现了工业经济快速发展。强力推进工业强县战略，扎实实施煤矿综合机械化改造和智能化改造，全县煤矿机械化率、智能化率分别达到80%、63.6%，2019年完成原煤产量214.5万吨，完成电煤供应90.6

万吨；中电普安电厂于2018年12月建成投产，已发电47.26亿度，实现产值12.88亿元；工业园区基础设施建设稳步推进，2019年投资4200万元新建东城区双创产业园厂房8280平方米，白沙乡石材产业园区建设顺利推进，全年实现工业园区投资15.2亿元，产值40.5亿元。滚动实施“双千工程”，投资14.8亿元完成20户企业改造；第二产业增加值完成31.69亿元，同比增长13.0%。

截至2020年7月，全县有规模以上工业企业42家，实现规模以上工业总产值18.75亿元，累计工业增加值8.55亿元，当月工业增加值增速完成12.6%，累计工业增加值增速-6.2%（其中采矿业完成4.50%、制造业完成-60.51%、电力行业完成9.68%）。

2. 农业

2019年，实现了农业产业蓬勃发展。采取“龙头企业+合作社+农户”的组织方式，持续推进“一红一白”（“红”即普安红茶，“白”即长毛兔）主导产业；全县茶园面积达14.3万亩，建成长毛兔养殖小区199个，兔存栏达18.6万只。以短平快为主的蔬菜种植11.8万亩、烤烟5.58万亩、精品水果4.65万亩、中药材3.4万亩、食用菌0.25万亩；集中打造8个500亩以上坝区；全面完成村级集体经济合作社组建工作，实现村民入社全覆盖。第一产业增加值完成20.43亿元，同比增长6.0%。

2020年第一至第二季度，农林牧渔业总产值155762万元，增速为5.6%。其中，种植业80621万元，增速7.6%；林业12491万元，增速11.6%；畜牧业50849万元，增速1.3%；渔业984万元，增速7.4%；农林牧渔专业及辅助性活动10817万元，增速2.8%。林业、种植业和渔业增长较快，全产业实现了恢复性增长。

3. 服务业

2019年，实现了现代服务业加速发展。依托“大数据+”战略，大力发展“互联网+大健康、现代农业、现代旅游业、现代服务业、现代物流业”等新兴业态。投入运营旅游景区（点）3个，发展各类旅游餐饮企业12家、旅游购物企业7家，建成旅游厕所9座；大力推动农特产品触网销售，依托阿里巴巴帮扶机遇，在“双十一”等节点直播销售农特产品4

次，有效促进农特产品触网销售，完成商贸物流投资 4.2 亿元，外贸进出口交易额 799 万美元。加快完善冷链物流体系，新增 5 家企业 3705 立方米基地冷库，冷藏车 14 辆，保温车 28 辆，为农特产品保鲜储藏和流通提供了基本保障。

2020 年 1—9 月，先后 10 次联合淘宝、快手、拼多多、直播黔西南等多个平台开展州长县长直播带货、“贵州绿色农产品，吃出健康好味道”普安直播专场活动，线上直播销售普安农特产品 20000 多单 280 多万元，进一步向外界展示了普安优质农特产品的品牌形象。全县各电商综合服务站和电商企业帮助农村群众购买生产生活必需品 70 多万单 5000 多万元，间接为广大农村群众节省购货成本近 30 万元；农村电子商务各个环节直接和间接带动了全县 1600 多人创业就业，间接带动 1000 多贫困户增收；各电商主体累计营业额超过 3 亿元，间接带动 1000 多贫困户增收，平均每户增收 2600 元以上；全县快递物流网点 52 个，快递网点实现乡镇全覆盖，电商站点及快递服务范围覆盖 90%以上的行政村，通过与百世、中通、邮政三家快递公司的合作，快递发件均价从 2016 年 10 元降至现在的 5.5 元，大大节约了物流成本。

（三）产业转型，结构持续优化

2019 年以来，全县落实“巩固、增强、提升、畅通”八字方针，深入推进供给侧结构性改革，着力将资源优势转化为发展优势，以产业转型升级带动产业结构优化。

持续发力推动产业改造升级。重点推进云庄煤矿、老虎田煤矿机械化改造和宏松、云庄煤矿智能化改造工作，目前老虎田煤矿已投用了一台综掘机，同时订购了高档普采所需的相关设备。加紧补者、恒泰、宏发、嘉龙等煤矿办理技改扩能建设和手续办理工作，补者煤矿完成了技改扩能建设开工备案批复，2019 年 5 月正式开始进行技改建设，现已完成了二期改造工程。

深挖基础材料和新型建材产业。一是推进黄金探转采。贵州亚太矿业有限公司从 2010 年至今一直在开展泥堡金矿勘探工作，已探明黄金资源量

51.38 吨，目前正在申报“探转采”，力争 2021 年开工建设，拟年产黄金 3 吨。二是加快石材产业建设。全县饰面石材理论储量 5000 万立方米以上，已在白沙乡、兴中镇、龙吟镇探明饰面石材 500 万立方米，目前已有 3 家公司取得开采许可，其中黔海石材公司、金龙石材公司已进驻白沙石材产业园实施深加工厂房建设，项目建成后，彻底改变“卖血式”（卖荒料）经营模式，全面提高石材附加值。

大力发展特色轻工业。以一红一白为主导，服装、农特产品等加工业为辅，大力发展特色轻工业。一是大力推进茶产业发展。现有茶园面积 14.3 万亩，投产茶园面积 9.1 万亩，有机认证茶园 4200 亩、茶企 193 家，截至 6 月实现干茶产量 3499.65 吨，干茶产值 6.85 亿元，综合产值 10.49 亿元，同时成立了普安红集团，引领推动茶产业从资源优势转化成市场优势。二是大力推进长毛兔产业建设。规划有 199 个长毛兔养殖小区，已建成 168 个，兔存栏量 18.68 万只，年产商品兔毛 280 吨以上，产值超 5000 万元，为延伸长毛兔产业链，与浙江新大集团合作，建设集长毛兔种兔繁育、农户养殖、兔毛加工、纺纱针织、梭织、服装、销售于一体的长毛兔全产业链项目。三是大力发展手袋、皮鞋、服装等劳动密集型产业。江西坡工业园区已入驻才华实业有限公司、鸿川鞋业公司、满吉服饰公司和盛世服饰公司 4 家从事手袋、服装加工的劳动密集型产业，投产后年总产值可达 9000 万元，解决劳动力就业 700 余人。在建项目有鸿川鞋业公司和盛世服饰二期工程，建成投产后可增加产值近 5000 万元，新增就业劳动力 400 余人。

全县在抓好产能、产业、产品三大结构调整的同时，推进绿色、技术、智能三大改造，推动产业向高端化、绿色化、智能化、融合化迈进，三次产业结构调优为 21.8：33.8：44.4。

（四）聚焦新业态，启动增长新动能

2019 年以来，全县大力发展新业态，清洁能源、电商、物流、山地旅游等各种新业态释放出的消费需求正在转变为供给侧的创新动能，促进实体经济转型升级。

扎实推进大电商战略行动。稳步推进电商示范县项目建设，开办电商企业 28 家，建成村级电商服务站点 30 个，与阿里巴巴深度合作，将普安县纳入阿里巴巴集团 10 家脱贫攻坚合作重点县之一，形成县、乡、村三级物流快速通道，仅 2019 年就完成各类农特产品网络零售额 3917.04 万元，“普货出山”得以有效推进。

持续推进清洁电力能源发展。2019 年，新建普安营山、新店小坪地、楼下黔光照 3 个光伏发电项目，实现太阳能光伏发电 2.7 亿度、风力发电 7805 万度。2020 年，发电企业达 41 家（火电 1 家、风电 1 家、光伏 7 家、水电 32 家），总装机容量 193.48 万千瓦（火电 132 万千瓦、光伏发电 47.5 万千瓦、风电 4.2 万千瓦、水电 9.779 万千瓦），1—6 月，发电量共计 29.6 亿千瓦时。其中，中电（普安）电厂 26 亿千瓦时，水电 9800 万千瓦时，风力发电 4899 万千瓦时，光伏发电 2.13 亿千瓦时，电力行业生产总值 8.7 亿元，同比增长 19.06%，占全县规模以上工业企业生产总值的 61.0%，2020 年还将新增高棉冬瓜农业光伏、新店花月农业光伏和新店窑上农业光伏 3 个光伏项目，总装机容量 17 万千瓦，发展势头强劲。

山地旅游加快发展。茶文化生态旅游、茶马古道等旅游景区配套基础设施不断完善，全县投入运营旅游景区（点）3 个，发展各类旅游餐饮企业 12 家、旅游购物企业 7 家，建成旅游厕所 9 座。世界茶源谷景区成功接待全国公安民警培训 4 期 282 人次，成功举办国际山地自行车赛道徒步活动、六月六布依风情节等系列活动；全年旅游接待人数达 200.72 万人次，同比增长 35.81%，旅游收入 19.45 亿元，同比增长 40.6%。

（五）夯实基础，质效同升

2019 年以来，全县抓住关键领域、薄弱环节，补基础设施短板，以就业促民生，保生态谋发展，实现质效同升。

交通建设日益完善。完成交通固定资产投资 8.95 亿元，启动纳晴高速建设前期工作，成功申报江西坡、白沙等高速出口匝道，晴兴、沪昆、纳晴高速在普安交会，交通格局发生深刻变化。完成 G320 国道省级交工验收，续建 S216 省道改扩建工程 42.13 千米；投资 1250.84 万元，完成农村公路“四好农村路”示范项目9个126.14千米，管护好已建成317.28千米组组通公路，保障了农村公路的安全畅通。全县公路通车里程达2421.7千米，实现乡乡通油路、村村组组通硬化路；续建完成乡镇客运站建设5个，行政村班车通达率、油路（水泥路）通村率均达100%。

水利建设有序推进。完成水利固定资产投资7.5亿元，荒田、三岔河、白水等水库工程建设有序推进，五嘎冲水库蓄水验收，大湾水库实现封顶，红星、小河等5个小型水库获批建设。完成大桥河水毁修复工程，保护农田600亩；治理水土流失面积30.3平方千米。

工业园区基础设施建设稳步推进。投资4200万元新建东城区双创产业园厂房8280平方米，白沙乡石材产业园区建设顺利推进，全年实现工业园区投资15.2亿元，产值40.5亿元。滚动实施“双千工程”，投资14.8亿元完成20户企业改造。

营商环境日渐优化。加快推进“放管服”改革，进一步清理、精简涉企行政审批等事项，坚决贯彻减税降费系列政策，营商环境不断优化，全年引进省外项目13个，合同投资总额30.93亿元，到位资金12.39亿元。

生态环境持续改善。实施最严格水资源管理“三条红线”，全面落实“河（库）长制”，集中开展“清四乱”专项行动整治工作，完成37条河流、28座水库摸排、清理和整治；严格落实生态补偿机制，推行生态问责、铁腕治污。新建项目环评执行率100%。启动建设县城二期、罗汉等7个污水处理工程，城镇污水处理率提高到89.0%，主要河流水质达标率、集中式饮用水源地水质达标率均保持100%。深入实施新一轮大气污染防治计划，对十大行业12家重点企业污染物排放实现实时监控，关闭3家煤矿，淘汰落后产能51万吨，严控秸秆焚烧，划定县城禁燃区，城市环境空气质量优良率达99.1%。全面完成全国第二次污染源普查和土壤环境状况详查年度任务；实现城镇医疗废物无害化处置全覆盖；全县城乡生活垃圾收运设施全覆盖，生活垃圾处理率达42.29%。16个自然保护区规划调整工作顺利推进，完成天然林禁伐管护界定工作4.3万亩、石漠化治理3万亩、低产低效林改造1万亩、森林抚育补贴2万亩，申报退耕还林11.35万亩，森林覆盖率达53.15%以上。

社会保障能力持续增强。农村低保、城镇低保标准分别提高 5.26%、3.51%，特困供养标准提高到每月 767 元。发放城镇低保 1009.5 万元，农村低保 9613.2 万元，临时救助金 603.92 万元，特困供养金 636.4 万元，实现特困供养对象政策性收入脱贫。建成 2 个社区老年日间照料中心。积极应对非洲猪瘟重大疫情，生猪市场保持稳定供应。投放运营 318 辆智能共享电动单车，群众出行越来越便利。

人民生活持续改善。深入推进教育立县战略，累计投资 3.33 亿元，推进东城区中小学建设；完成西城区教育城投资 2.4 亿元，龙溪石砚小学建成投用。全州第二家成功创建国家卫生县城。118 个村卫生室投入使用，成为全州医共体信息化建设试点县。集中式供水、自来水普及率均达 98% 以上，全县群众饮上“安全水”“干净水”。2019 年，向 1.74 万户困难群众发放扶贫家具 5.4 万件，极大地改善了困难家庭生活条件。城乡低保、特困供养、孤儿养育、抚恤补助等保障水平再次提标。城镇、农村居民人均可支配收入分别达到 31993 元、9811 元，增长 9.7%、11.2%，增速高于全省平均水平。

二、普安县经济运行中面临的困难与问题

（一）巩固脱贫成果任重而道远

实现稳定长期高质量脱贫、防止返贫任务仍然艰巨，主要表现为缺乏长效产业支撑，农民缺乏稳定的增收渠道；一些临近贫困线的边缘人口收入增长较慢。

（二）经济内生发展动力不足

因县级财政保障能力差，对基础设施建设投入不足，园区建设缓慢或停建，无法筹集工业发展基金，对经济发展的投入乏力，投资增长下行压力加大。

（三）企业融资困难

受经济下行、银根紧缩影响，企业融资渠道变窄，融资难、担保难等

“痛点”问题突出。企业普遍缺少发展资金，规模以上企业缺少转型发展资金，起步中小微企业缺少生存发展资金，运作良好的企业缺少做大做强资金。

（四）营商环境不优

部分县直部门和乡镇（街道）重招商、轻安商，项目落地困难，部分部门服务跟不上，安商招商力度不够，主动担当不够，服务企业意识不强，不仅不兑现招商引资政策、不解决企业反映的问题，甚至粗暴执法、征地迟缓、随意关停企业，齐心协力服务工业发展的氛围没有完全形成。例如，普安县的木本源茶业加工项目，因为土地问题被叫停，截至目前项目土地问题还没有落实，导致项目未建成投产。

（五）工业用地承载力低下

项目引进落地困难，主要体现在土地问题上，土地规划、土地性质变更等问题，严重影响了营商环境，据不完全统计，全县工业企业土地手续齐全的不足 10%。

（六）对外开放程度低

工业招商引资模式不优，招商引资优惠政策还未全面落实，少数部门对招商引资重视不够，缺乏围绕产业链条谋划招商的意识，招商实效差，引进项目均以单体形式存在，未能形成完整的产业链条；工业园区主导产业不突出，道路、电力、给排水、污水处理等基础设施建设滞后，服务园区企业意识淡薄。

三、2020 年普安县经济发展面临的基本形势

2020 年，中国在应对外部挑战的同时，立足于形成国内大循环，努力构建国内国际双循环相互促进的新发展格局，中国经济和全球经济仍将处于一个恢复增长的过程，但是在一定时期会进入一个常态化的增长阶段。

2020 年是全面完成“十三五”规划目标任务收官之年，是全面建成小

康社会的决胜之年。做好2020年经济工作，意义十分重大。全县以习近平新时代中国特色社会主义思想为指引，深入贯彻党的十九大和十九届二中、三中、四中全会精神，全面贯彻落实中央经济工作会议及省委经济工作会议精神，紧扣全面建成小康社会目标任务，深入贯彻习近平总书记对贵州工作重要指示精神，按照中央、省、州和县委的决策部署，牢牢把握“四个必须”重要原则，紧紧围绕“两个确保”战略任务，坚决贯彻执行“巩固、增强、提升、畅通”方针，坚持以脱贫攻坚统揽经济社会发展全局，坚持稳中求进工作总基调，坚持新发展理念，坚持以供给侧结构性改革为主线，坚持以改革开放为动力，推动高质量发展，守好生态和发展两条底线，坚决打赢三大攻坚战，全力实施“一路一带、建养一体、打通经络、双擎驱动、众志成城、实现赶超”发展方略，着力构建“1+4+3”发展体系，全面做好“六稳”工作，统筹推进稳增长、促改革、调结构、惠民生、防风险、保稳定，提高人民群众获得感、幸福感、安全感，保持经济持续健康发展和社会大局稳定，确保全面建成小康社会和“十三五”规划圆满收官。

从外部环境看，新冠肺炎疫情给全球经济带来的冲击将会长期存在，美国、欧洲的发达经济体走出经济衰退需要更长的时间。同时，疫情也会给全球社会和经济带来新的改变，不论是对增长前景、发展模式、产业模式、贸易关系、宏观政策，还是对政府和市场的关系等都可能产生深远的影响。新冠肺炎通过抑制依赖人与人之间密切接触的供给和需求从而缩小了经济规模，出口贸易结构面临深刻调整。另外，随着美国战略的转变，我国面临的国际环境将更加复杂，这些都给经济复苏增加了极大的不确定性，启动经济内循环的任务将更加迫切。

从国内环境看，受到新冠肺炎疫情的影响，2020年第一季度国内经济出现负增长，但是在第二季度国内全面复工复产之后，经济有复苏迹象，市场出现积极信号，生产和订单指数大幅上升，中国经济开始迅速反弹，表现出强劲的增长潜力。在稳健基调下，货币政策将通过全面降低标准、定向降息、低利率改革等手段，有效降低实体经济融资成本，“稳增长”将更加突出，各项改革措施将加快推进。

从省内来看，2020 年上半年，贵州经济在全国率先恢复。2021 年，发展仍是第一要务，高质量发展将进一步深入，坚持质量第一、效益第一的发展原则将逐步形成。加快现代经济体系建设，大数据引领作用将逐步显现。发展和生态两条底线越来越牢固，绿色经济在地区生产总值中的比重进一步提高。推动资源要素向实体经济集聚和政策措施向实体经济转变，新旧动能转换速度逐步加快。

从普安县情况看，2020 年全力实施“一路一带、建养一体、打通经络、双擎驱动、众志成城、实现赶超”发展方略，着力构建“1+4+3”发展体系，全县经济将承压前行。营商环境持续优化，2019 年新引进产业项目 39 个，新引进项目合同投资总额 38.83 亿元；新引进项目开工率 100%，项目到位资金 34.88 亿元，其中，产业项目到位资金 25.52 亿元，新引进产业项目投产 24 个，投产率达 61.54%；工业发展能力不断增强，新增规模以上工业企业数（2000 万元）3 个，煤、电等改造升级项目接近完成；脱贫攻坚有序进行，2020 年 3 月底前实现剩余贫困人口达到脱贫标准，全部脱贫。这些有利条件为 2021 年经济复苏奠定了基础。

四、对策建议

（一）做好后疫情时期复工复产

按照一手抓疫情防控，一手抓经济发展的总体要求，把抓好疫情防控和统筹推进重点项目开复工作为检验“两个维护”的试金石，提前谋划、统筹安排、专班推进、精准施策，确保防疫劲头不松、企业复工升温、生活秩序恢复，实现疫情防控和经济社会发展“双胜利”。

制定关于做好各类生产企业复产和项目开复工的各种制度、政策，规范项目开复工流程，全力精准做好复工复产的政策落实和保障工作。积极帮助企业克服复工复产中遇到的实际困难，积极推进金融政策落实。完善产业发展支持措施，增强大中小企业协同复工复产动能，抓紧把支持中小微企业的优惠政策落实到位。及时解决地方和企业反映的难点、堵点问题，全力以赴推动经济社会发展快速平稳“重启恢复”，提高复工率达产率，推动复工，增强经济回升动力。

大力推动项目建设。一是新型建材重点围绕黔海石材、金龙石材、玉鹏矿业有限公司加工厂房建设，争取快速投产，实现年产20万平方米板材，年实现产值5000万元；二是基础材料产业围绕贵州省众德固废有色再生利用有限公司年加工生产12万吨还原铅扩建项目和普安县石寨坪铁合金项目，全面搞好服务，2020年8月点火试生产；三是特色轻工产业围绕盛世·普安服饰有限公司二期项目、浙茶集团贵州（普安）“白叶一号”茶产业园、普安县木本源建设项目、“普安红”茶产业全产业链扶贫子基金建设项目、普安县才华实业有限公司改扩建项目等项目建设，搞好服务，做好要素保障工作，确保项目早建成、早落地、早见效；四是基础能源要围绕地瓜一号井、二号井，泥堡井田等项目，争取尽快纳入建设；五是清洁能源围绕高棉冬瓜农业光伏、新店花月农业光伏和新店窑上农业光伏3个光伏项目，做好项目选址、土地流转等要素保障工作，确保2020年底前顺利建成且全容量并网发电。

（二）推进脱贫攻坚与乡村振兴有机衔接

构建稳定脱贫长效机制，有效防止返贫致贫。强化综合保障性扶贫，认真落实兜底保障和社会救助政策，对特殊贫困人口落实兜底保障，确保应保尽保、应扶尽扶。建立健全防贫监测预警保障机制，加强对“脱贫不稳定的贫困人口”和“边缘户”摸底监测、动态管理，及时帮助补齐短板，防止返贫、致贫。建立健全解决相对贫困的扶弱帮困长效机制，实施“防贫扶助险”和“农民扶助金”制度，织密筑牢防贫网底。建立健全防治返贫的预警监测机制，整合健康、教育、民政等部门数据，对已脱贫建档立卡人口和边缘人口进行动态监测，及时发现返贫风险，有针对性地采取帮扶措施。加强扶贫项目后续管理及运营，发挥扶贫资金的最大效益，确保项目可持续发展，避免项目资产资源流失、故意损坏等问题，为巩固脱贫攻坚成果提供重要支撑。

深化农业供给侧结构性改革，加快推进农业产业结构优化升级，因地制宜发展壮大一批具有普安特色的产业。积极推进生态、农业、文化和旅游相融合。以市场需求为导向，大力推进农业产业化经营，抓龙头带农，抓科技兴农，抓基地扶农，抓市场活农，促进农业优化升级，提高农业的整体效益。

深入推进农村公路、水、电、通信等基础设施建设，基本实现设施完善、运维常态、高效畅通。加快推进农村信息化基础建设，推进 4G 网络向自然村寨全覆盖，着力提高农村移动通信网络覆盖和宽带网络接入水平。加强农村社区公共服务体系建设，着力扩大养老服务、教育、医疗、文化等公共服务有效供给。坚持保护优先、自然恢复为主，深入实施山、水、林、田、湖生态保护和修复重大工程，促进乡村生产生活环境稳步改善，自然生态系统功能和稳定性全面提升。

（三）实施人才强县战略

培育引进急需人才。围绕规划确定的重点领域，加快建设和发展职业培训机构，大力培养专业技术人才和信息技术应用人才，重点培养高水平复合型人才；以重大专项和重大工程为依托，建立相应的高端人才培育和引进机制；加强对企业特别是中小企业经营管理者的培训，提高职业技术水平和从业人员的整体素质；完善各类人才使用的体制机制，优化人才工作环境，鼓励各类人才创业、创新发展，营造尊重人才的社会环境。

（四）超前谋划"十四五"规划

做好"十四五"规划谋划。一是依托中电普安电厂发电项目建成投产优势，延伸产业链条，综合利用粉煤灰、脱硫石膏等固废资源，同时要积极推动中电普安电厂二期建设；二是要发挥资源禀赋优势，积极引进黄金、铅锌矿等企业，提升生产和加工技术；三是在管好现有建设矿井基础上，同时开工建设地瓜一号井田（180 万吨/年）、泥堡井田（180 万吨/年）、糯东二期（120 万吨/年）；四是利用自然资源优势，大力发展农特产品加工、中药材加工（中药材是贵州省第六张名片）等精深加工企业培育，通过强龙头带动产业发展，打造国家、省、州知名品牌企业。在"十四五"规划中按照"多规合一"的要求，将国民经济和社会发展规划、城乡规划、土地利用规划、生态环境保护规划等多个规划融合到全县“十四五”发展规划中。

（五）保障重点项目要素需求

一是强化用地保障。重点保障重大基础设施用地以及重大项目、重大产业、战略性新兴产业等项目用地，重点支持工业、旅游、现代服务业和公益设施等民生社会事业项目，利用和整合现有空闲的土地资源，优化资源分配，确保企业用地有保障。二是强化用电保障。积极推动大电强网工程，协调金州电力辐射区域扩大到普安三大工业园区，减轻企业负担，降低工业用电电价。通过低电价优势，吸引更多企业到普安投资建设。三是强化园区基础设施保障。尽快完成一园三区基础设施建设，筑好巢引好凤。四是强化金融保障。对发展前景好、市场效益较优的企业，做好金融服务，鼓励金融企业开发新的融资产品，为企业提供贷款年限长、利率低的产品，激活企业发展动力。

（六）改善营商环境，发展民营经济

一是高度重视作为制造业企业主体的民营、中小企业的融资困难，相关纾困政策陆续出台，民营、中小企业的融资难、融资贵或将有所改善；二是减税降费降低制造业企业成本，激发企业发展动力；三是大力推进特色轻工产业发展；四是进一步加强东西部和珠三角地区产业转移性项目的招商力度，用好公安部和浙江宁波对口帮扶政策，积极引进服装、农特产品等劳动密集型加工企业。

参考文献

[1] 2020年普安县人民政府工作报告。

[2] 普安县县属各单位2019年度工作总结。

[3] 普安县县属各单位2020年上半年工作总结。

B.2 2019—2020年普安县社会发展报告[①]

黄德林[②]

摘要：报告总结了2019年普安县社会发展取得的四大亮点，分析了普安县社会发展存在的问题与挑战，预测了2020年普安县社会发展将随着决胜脱贫攻坚胜利在望、乡村振兴的掀起、民生保障的不断改善、社会治理与社会建设的不断加强，加上国家、省、州等多重战略及政策的延伸，必将产生政策叠加效应，为普安县社会发展提供强大支撑，必将以优异的成绩实现“十三五”顺利收官。

关键词：普安县　社会发展　分析预测

2019年贵州省普安县坚持以习近平新时代中国特色社会主义思想为指导，深入学习贯彻党的十九大和习近平总书记系列重要讲话精神，树牢“四个意识”，坚定“四个自信”，坚决做到“两个维护”，坚持新发展理念，坚持稳中求进工作总基调。2019年是普安县决战脱贫攻坚年、深化改革年、加快城乡建设年、加快民生改善年，也是普安县社会发展取得明显成效的一年。这一年，普安县决胜脱贫攻坚成效明显、民生福祉持续增进、教育事业加快发展、医疗卫生稳步提升、文化事业日益繁荣、社会保障持续增强。

决胜脱贫攻坚成效明显。一是脱贫攻坚取得决定性胜利。2019年全面解决“一达标两不愁三保障”突出问题。建成东、西城区易地扶贫搬迁安

---

① 2020年贵州省哲学社会科学创新工程重大创新项目：贵州省养老服务体系建设研究（20CXGCZD08）阶段性成果。

② 黄德林，贵州省社会科学院社会研究所所长，研究员。

置点，35399名群众搬出了偏僻山村、住进县城，改变了子孙后代的命运；实现11个贫困村出列，13900人脱贫，贫困发生率下降至1.5%，基本消除绝对贫困，书写了载入史册的新篇章。二是脱贫摘帽如期实现。2019年全县将脱贫攻坚作为压倒一切的头等大事，92个“前沿攻坚队”，1863个网格包保干部任务在村、吃住在村、工作在村，7442名干部真情帮扶，公安部、宁波市镇海区等帮扶单位鼎力相助，各界积极行动，人民群众自强不息，涌现了一大批脱贫攻坚榜样，聚集了誓断穷根的强大力量。三是不断提高贫困群众收入。通过农业产业结构调整，使经济作物比重达75%以上。引进9家企业入驻8个坝区，示范带动高附加值立体生态农业发展，亩产0.8万元以上，带动2018户贫困户增收。扎实推进“一红一白”主导产业，实现茶叶综合产值12.63亿元，带动10227户茶农增收。完成168个长毛兔养殖小区建设，总数达199个，产值4595.28万元，带动2005户贫困户增收。通过养殖生猪、牛和种植蔬菜等短平快产业带动15987户贫困户增收。完成贫困劳动力、新市民培训9027人（次），在新市民社区新建3个扶贫车间，公安部引荐帮扶企业2家，快速推进浙茶产业园建设，开发公共服务就业岗位3252个，生态护林员、残疾人扶贫岗位解决就业1849人。四是改善困难家庭生活条件。2019年，向1.74万户困难群众发放扶贫家具5.4万件，极大地改善了困难家庭生活条件。城乡低保、特困供养、孤儿养育、抚恤补助等保障水平再次提标。城镇、农村居民人均可支配收入分别达31993元、9811元，增长9.7%、11.2%，增速高于全省平均水平。

补齐教育医疗住房“三保障”短板。一是全面落实“七长制”，建立了集“助、免、补、贷”为一体的学生资助体系，筹集资金2701.47万元，资助贫困学生4.62万人（次），免收学费394.65万元5142人（次），确保贫困家庭孩子上学“一个都不能少”。二是落实贫困人口参保资助882.67万元，实现贫困人口参保100%，贫困家庭医生签约1.76万户7.45万人，三重医疗保障报销9273.1万元2.35万人次。三是完成2016年、2017年旧房拆除复垦任务，改造农村危房820户，整治透风漏雨老旧住房9374户、人畜混居1837户，完成5.22万户住房安全鉴定，群众安全住房有保障。新建30户以下通组、串户路1343.94千米，每户庭院硬化30平方米，农村人居环境发生质的改变。生态补偿、教育扶贫、健康扶贫和保障兜底实现“应享尽享、应补尽补、应保尽保”。

民生福祉持续增进。一是教育事业加快发展。深入推进教育立县战略。累计投资5.73亿元，推进东城区民族实验学校建设，建成龙溪石砚小学。投资9730万元，完成改薄项目35个。全力争取马云乡村寄宿制学校落地普安，聘请俞敏洪先生任普安一中名誉校长。本科上线455人，上线率38.8%，高考本科上线率实现“六年升”。二是医疗卫生稳步提升。完成县中医院、县人民医院新院区主体工程建设，完成7个乡镇（街道）标准化卫生院建设。公立医院综合改革稳步推进，分级诊疗制度不断健全，县域内就诊率达90%以上，基本实现了“问诊在村、诊疗在乡、诊断在县”的医疗格局和“小病不出乡、大病不出县”的目标。三是文化事业日益繁荣。央视、新华社等国家级主流媒体多次刊播宣传普安，充分展现普安风貌。获批“布依族银饰工艺”等8个省级非物质文化遗产保护项目，新增多彩贵州“广电云”7812户，发放电视机2682台。开展“三下乡”系列活动50余场（次），丰富了广大群众的文化体育生活。四是社会保障持续增强。农村低保、城镇低保标准分别提高5.26%、3.51%，特困供养标准提高到每月767元。发放城镇低保1009.5万元，农村低保9613.2万元，临时救助金442万元，特困供养金636.4万元。发放退役军人优抚补助资金973万元，顺利通过全省第九轮双拥模范县考评验收。积极应对非洲猪瘟重大疫情，生猪市场保持稳定供应。

基础设施不断巩固。一是坚持抓项目就是抓发展，全力跑项目、争项目，发展动力持续增强。交通优势持续巩固。完成交通固定资产投资8.95亿元，启动纳晴高速建设前期工作。县内通车里程达2421千米，完成国道320省级交工验收，续建省道216改扩建工程42千米。完成“四好农村路”示范项目9个126千米，有效管护组组通公路317千米。实现乡乡通油路、组组通硬化路、行政村班车通达全覆盖。二是水利设施不断夯实。完成水利固定资产投资7.5亿元，白水水库工程有序推进，五嘎冲水库蓄水验收，大湾、荒田、三岔河水库基本完工，河沟头、小河等小型水库获批建设。三是城镇基础日益提升。成立茶源、九峰2个街道办事处。棚改项目累计完成投资20.09亿元，建成回迁安置房40余万平方米。在全省率先探索棚改“自求平衡”项目模式，逐步破解2018年度棚改难题。与海康威视合作，“智能交通综合管控平台”投入使用。累计完成城镇公共服务设施建设投资15.68亿元，新增城市绿地46公顷。续建完成乡镇客运站5个，投放运营318辆共享电动自行车，群众出行越来越便利。

一、2019年普安县社会发展情况

（一）抓住决胜时机，力争全面胜利

2019年，在县委、县政府的正确领导下，在省、州扶贫办的关心指导下，在对口帮扶单位公安部、宁波市镇海区等的鼎力帮助下，全县始终坚持以习近平新时代中国特色社会主义思想为指导，认真学习贯彻党的十九大和十九届二中、三中、四中全会精神，坚定不移贯彻落实习近平总书记对贵州工作重要指示精神，增强“四个意识”、坚定“四个自信”、做到“两个维护”，全力推进脱贫攻坚各项工作。

一是成功脱贫摘帽。2014年以来，全县共计获得上级扶贫资金17.32亿元，县级投入2.41亿元，安排扶贫项目686个，共扶持贫困群众7.36万户28.11万人次，支撑贫困人口7.7万人脱贫。截至2019年11月30日建档立卡贫困人口为19489户82473人，2019年脱贫3902户13897人，剩余未脱贫1718户4709人，44个贫困村全部出列，贫困发生率为1.5%。2020年3月3日，经贵州省人民政府公示，普安县成功脱贫摘帽、退出贫困县序列。截至2020年6月底，剩余的贫困人口1690户4637人（动态调整后）贫困人口均已达到脱贫标准。

年份	脱贫户数	脱贫人数	贫困发生率（%）	贫困村出列个数
2014	3111	14600	20.95	—
2015	3526	16000	—	—
2016	2713	11534	—	10

续表

年份	脱贫户数	脱贫人数	贫困发生率（%）	贫困村出列个数
2017	1966	8069	—	16
2018	2742	11298	—	7
2019	3902	13897	1.5	11
合计	17957	75401		44

二是努力实现“三保障”。教育保障方面，全面落实“七长制”①，实现义务教育阶段适龄儿童失学辍学动态清零。新建或改扩建学校46所，资助学生12.05万人次，资助高中及以上困难学生3.53万人次，免除学费2.21万人次，做到了“应助尽助”。医疗保障方面，全面落实贫困人口参保、资助和三重医疗保障政策，县域内定点医疗机构实行“先诊疗后付费”“一站式结算”服务。2014年以来，累计投入资金9.08亿元，新建及改扩建医院16所、村卫生室117所，配齐村医190名，实现村卫生室、村医全覆盖。住房保障方面，以“住人的房子必须安全，不安全的房子不住人”为目标，逐村逐户对农村住房进行全面摸底排查整治和安全评定。2014年以来，投入资金5.13亿元，改造农村危房17184户（贫困户5056户），整治透风漏雨老旧住房9374户（贫困户3070户），鉴定安全住房13974户，实现所有贫困人口住房安全有保障。县内建成易地扶贫搬迁安置区3个，建成房屋5461套，安置搬迁群众4422户20947人。其中，贫困户2843户13424人。

三是合力攻坚成效显著。生态扶贫方面，2014年以来，完成退耕还林14.36万亩，兑现补助资金1.04亿元，涉及贫困户5033户19685人。发放公益林补助资金2648.6万元，涉及贫困户6585户29524人；选聘生态护林员1666名，每人每年增收1万元。金融扶贫方面，2016年以来，累计向10961户贫困户发放扶贫小额信贷6.94亿元，有效破解产业发展资金难

① 七长制：指县（市、区、特区）长、局长、乡镇长（街道办主任）、村委会主任、校长、师长、家长。

题。电商扶贫方面，开办电商企业28家，建成村级电商服务站点30个，阿里巴巴将普安纳入10家脱贫攻坚合作重点县，完成农特产品网络零售额达2.01亿元。旅游扶贫方面，争取旅游专项和中央预算资金2880万元，茶文化生态旅游景区获批国家4A级旅游景区，成功申报乡村旅游重点村寨18个，2019年接待游客273万人次，实现旅游总收入31.7亿元，带动贫困人口6060人就业。

（二）就业创业成效明显，社会保障不断加强

一是就业创业成效明显。2019年全县城镇新增就业目标任务数4300人，完成4350人，完成任务数的102%。失业人员再就业任务数710人，完成712人，完成任务数的100%。困难人员实现就业任务数450人，完成453人，完成任务数的100%；转移农村劳动力就业任务数6100人，完成6303人，完成任务数的103%；城镇登记失业率3.23%。

二是社会保障不断加强。2019年全县职工养老保险参保16915人，完成计划数16927人的99.9%，基金征缴19005.78万元；机关事业单位职业年金征缴2006.17万元；失业保险参保8302人，完成计划数8300人的100.02%，基金征缴258万元（不含事业单位缴费）；工伤保险参保21100人，完成计划数21500人的98.1%，基金征缴551万元。

（三）社会事业全面进步，文教卫生取得新成绩

2019年至2020年上半年，普安县各项社会事业有了新进展，取得了新成绩。社会各领域在解决教育、文化、卫生、公共服务等重要民生问题上取得了新成效。

一是教育发展。不断加强教育精准扶贫工作力度，落实各类资助政策。资助家庭经济困难的学生，合计资助资金800.01万元。对义务教育阶段家庭经济困难寄宿学生实施寄宿生生活补助（简称一补）8293人，资金482.5万元，免收学费4976人，免除金额188.764万元。促进就业及培训工作，认真抓好中职招生工作，积极推动职业教育为地方经济发展服务。推进新市民计划。高度重视教育保障工作，按照“应读必读、应助尽助”

的原则，助推新市民计划开展，加大控辍保学宣传力度，做好学籍管理工作，营养改善计划推广，完成“校农结合”工作任务，积极实施信息化建设和推进教研教改工作，认真做好教育保障工作，进一步加强留守儿童、困难儿童关爱工作。2019 年上半年以来，围绕脱贫攻坚教育保障工作要求，按照“决不让一个学生因家庭经济困难而失学”的工作目标，不断深化教育改革，确保教育保障顺利助推全县如期减贫摘帽。采取普职融通方式，提高义务教育巩固率。结合普安实际，对全县劝返且有厌学情绪的学生采取普职融通的方式开展控辍保学巩固提升，使辍学学生“劝得回、留得住、学得好”，义务教育巩固率得到进一步提高；打造龙头学校，发挥示范引领作用。按照“411”的思路模式打造全县各类龙头学校，即 4 所小学，1 所初级中学，1 所高中，从提升办学内涵、加强制度设计、加大人才培养等方面进行打造，发挥示范引领作用；开通绿色通道，确保贫困学生无障碍入学，中职学校在开学报名时，不分户籍和专业，在学生开学报名时直接免除 1000 元学费。确保贫困学生无障碍入学，审核确认等工作在报名结束后进行；统筹各类资助资金，提高资助效益，力争资助资金最大限度覆盖家庭经济困难学生，提高资助资金的使用效益；建立健全资助制度，促进资助公平公正，建立并完善各类资助制度，对资助申请、审核、资助发放等环节进行公示，接受广大群众的监督，避免人情资助、关系资助、不按标准资助等情况发生，促进资助公平公正。

二是民族文化。2019 年，通过“乡村大舞台”“送文化下乡”走基层、进社区活动平台，指导、配合文化馆顺利完成了元旦、春节期间系列文化惠民活动，开展丰富的群众性文化活动。综合利用“文化、科技、卫生”三下乡活动，举办“脱贫攻坚民族民间文艺展演”等活动，共计 20 余场。推动中华优秀传统文化进校园，提升全民素质，着力打造“书乡普安”品牌。2019 年申报“布依族银饰工艺”“布依族土布制作工艺”“阿妹戚托”等 10 个省级非物质文化遗产保护项目，获批 8 个。2019 年围绕县委、县政府中心工作，认真征集、编写、出版了易地扶贫搬迁书籍《新家园》《搬出大山》画册，征集、编写、出版《扶贫路上》画册和庆祝中华人民共和国成立 70 周年暨脱贫攻坚书籍《从你的世界路过》，编辑出版了东西部协作宣传画册《宁波-普安》等。

三是医疗卫生服务工作。2019 年普安县山地紧急医学救援体系初步形成，成立了普安县紧急医学救援指挥调度中心、普安县紧急医学救援站、普安县紧急医学救援点及普安县紧急医学救援联络员，保障各类突发公共卫生事件的应急处置工作及卫生应急队伍的建设。截至 2019 年 11 月 20 日，开展协助统筹卫生应急医疗服务保障 31 次。2019 年全县医疗卫生服务做到积极开展走访群众活动，通过走访调研、慰问、座谈等方式，紧紧围绕“一达标两不愁三保障”，有效推进精准扶贫工作。按照省、州文件要求，全县所有定点医院已全面落实“一站式”即时结算、“先诊疗后付费”“一单清”等便民惠民政策。截至 2019 年底，全县救治 25 类大病患者 249 人，产生总费用 517.44 万元，报销费用 511.90 万元，报销比例 98.93%，切实有效缓解了贫困患者因病返贫。2019 年全县远程医疗体系初步建成，已实现远程医疗公立医院全覆盖（含人民医院、中医院、妇保院、乡镇〈街道〉卫生院）。通过近三年的不懈努力，普安县远程医疗体系建设不断完善，基本实现了“问诊在村、诊疗在乡、诊断在县”的医疗格局和“小病不出乡、大病不出县”的建设目标。2019 年 1 月至今，全县远程会诊申请 326 例，完成 258 例，远程影像申请 175 例，完成 168 例，远程心电申请 463 例，完成 447 例。

（四）污染防治力度大为提升

一是环境质量不断得到改善。普安县城区环境空气质量总体良好，二氧化硫（SO_2）及可吸入颗粒物（PM10）浓度与上年度相比均有所下降，县城大气环境质量达到年度约束性指标考核要求。监测数据显示，水质达Ⅲ类以上标准，达标率为 100%；县城集中式饮用水源和乡镇 1000 人以上集中式饮用水源水质达标率均为 100%。加强土壤污染防治，制订《土壤污染防治方案》，成立普安县土壤污染防治工作领导小组和土壤污染状况详查工作组，核实农用地土壤污染布控点位 290 个，并将工作报告和核实确认单上报省土壤污染状况详查办。

二是生态环保项目大力推进。普安县进一步推进城镇生活垃圾收运系统项目建设。目前新店、楼下、地瓜、窝沿、白沙、高棉、罗汉、江西坡、龙吟、兴中转运站已完成验收，青山转运站主体已完工，在实施附属工程。普安县龙吟污水处理工程、普安县楼下污水处理工程和普安县江西坡轻工业园区（新镇区）污水处理工程项目按时间节点推进建设，组织采购设备，调试确保在规定时间完成建设，投入使用。污水处理厂出水标准由一级 B 提升为一级 A。

三是建设项目环境管理日趋规范。严格遵守建设项目环境管理规定。严格执行环保“一票否决权”，力争在源头上控制污染。严格界定环评等级，没有出现为降低成本而降低环评等级及越权审批的情况。建设项目环境影响评价执行率达到了 100%。努力做到两个围绕，即围绕项目保护环境、围绕资源开发保护环境，环境影响评价执行率达到了 100%。近年来，没有发生过重大环境污染事故和重大环境违法案件，没有发生因环境污染问题处理不当引起群众越级上访的情况。

四是环保宣传取得实效。认真抓好世界环境日及环保相关节日宣传活动。在“六五”世界环境日、节能减排宣传周、“地球日”及“12·4”全国法制宣传日等相关宣传活动期间，大力开展环保法律法规及相关知识宣传活动。努力做到了让环境保护更贴近生活、走进生活，不断提高市民的环保意识。认真抓好环境保护宣传报道工作。在环境保护宣传报道工作中，认真做好与《中国环境报》、民族宣传网、县政府网站及电视台等宣传媒体的协调和沟通工作。围绕环保主要工作，大力开展了环保宣传活动。

（五）城镇基础日益提升

2019 年成立茶源、九峰 2 个街道办事处。棚改项目累计完成投资 20.09 亿元，建成回迁安置房 40 余万平方米；在全省率先探索棚改“自求平衡”项目模式，逐步破解 2018 年度棚改难题。与海康威视合作，“智能交通综合管控平台”投入使用。累计完成城镇公共服务设施建设投资 15.68 亿元，新增城市绿地 46 公顷。续建完成乡镇客运站 5 个，投放运营 318 辆共享电动自行车，群众出行越来越便利。

二、2019 年普安县社会发展存在的问题和短板

主要体现在实现稳定长期高质量脱贫、防止返贫任务仍然艰巨，巩固脱贫成果任重而道远；项目支撑后劲不足，财源增长乏力，民生领域和刚性支出有增无减，投资增长下行压力加大，收支矛盾突出；发展环境不优，要素聚集不够，经济发展保持较快增长的不确定性因素增多；长期积累的矛盾、风险隐患较大，债务总量规模较大，还款高峰期密集；安全生产、社会治理等领域仍有薄弱环节，防风险任务艰巨；一些干部思想不够解放，法治意识、责任意识、担当意识和服务意识不强，工作方法和思维不能完全适应新形势下发展的新要求。对这些存在的问题和短板，我们应当高度重视，并有必要加以分析研究，使其最终得到有效解决。因此，为客观分析 2019 年普安县社会的发展进程，也为了在今后的发展中进一步解决矛盾和问题，必须对普安县社会发展中存在的问题和短板有更加清醒的认识，并加以切实解决。

（一）巩固脱贫成果任重而道远

截至 2019 年 11 月 30 日，全县建档立卡贫困人口总数为 19489 户 82473 人，2019 年度脱贫 3902 户 13897 人，剩余未脱贫 1718 户 4709 人，44 个贫困村全部出列，贫困发生率为 1.5%。龙头企业、合作社带动能力不够强。县内新型农业经营主体起步较晚，带动效果不明显，标准化、规范化、专业化种植水平不高。除“普安红”品牌以外，县内缺少有特色、有价值、有名气的农特产品品牌，农业产业中除茶叶、长毛兔、烤烟外，其他产业分布零散、规模不大、标准化水平不高。

（二）做好“后半篇文章”任务艰巨

搬迁群众就业服务、产业保障不足，未有效解决好搬迁户中的老人、妇女等就业问题，部分群众搬迁后稳定入住困难，对新社区归属感不强。搬迁群众文化素质和思想认识不高，思想教育和文化服务建设还未形成体系。培训就业的针对性、实用性不强，新市民社区周边引进企业较少且活

力不强，带动群众发展的功能没有发挥到位。部分新市民计划系列措施的牵头部门没有做好指导工作，主动作为和协作力度不够，工作方法缺乏创新，距离“稳得住，能致富”价值目标的实现，还有不小差距。

（三）社会事业发展相对滞后

部分教师特别是农村教师信息技术应用水平不高，教学模式、教学方法和教学组织形式没有根本性改变，大部分教师仍处于信息技术的浅层次应用阶段，部分教师仅注重信息技术的应用形式，缺乏深度融合，导致教育信息化应用收效不明显。目前，由于教研室中小学各学科专职教研员配备不足，存在严重的学科性缺员，导致各学科教研活动的开展及教学活动管理受到极大限制。县域医疗卫生资源总体欠发达，人才缺乏、基础薄弱。由于一些乡镇对民政兜底保障工作的重要性认识不足，重视力度不够，对低保信息系统数据的录入、对迎检材料的收集归档、对按时开展问题排查和发放低保金等造成了一定影响。

（四）民生欠账较多

教育资源“乡村弱”“城镇挤”矛盾未彻底解决。农村人居环境综合整治问题需加快解决。风险防控压力大。截至 2019 年 11 月，全县扶贫小额信贷 2019 年到期 3208 万元，2020 年到期 17647 万元，2021 年到期 2147 万元，2022 年到期 17230 万元。经前期排查，部分款项因借款人死亡、外出、经营失败存在还款困难金额 500 万元，“户贷企用”企业生产经营发生重大状况造成还款困难的金额约为 1500 万元。2019 年全县困难群众生活救助资金缺口 3301.99 万元。

（五）公共服务尚待完善

城乡基础设施配套不够完善，人居环境治理任重而道远，民生事业发展步伐有待加快。部分重点项目落地受资金、用地、环评等因素制约，推进缓慢。

三、2020年普安县社会发展对策建议

2019年无论是对全国、贵州还是对普安县来说都是不寻常的一年。是深入学习习近平新时代中国特色社会主义思想的重要一年，是深入开展“不忘初心、牢记使命”主题教育活动的重要一年，是决胜脱贫攻坚的重要一年。是公安部、宁波市、镇海区、省工行、阿里巴巴、贵州建工集团、物资集团等帮扶单位，同心助攻团、知行协力队、科技先遣队、百人护航战队，以及社会各界的倾力支持、多方支援、鼎力相助，汇聚起普安发展的强大动能的重要一年。是普安人民自力更生，干部职工不忘初心，用辛苦指数提升群众幸福指数的重要一年。是全县上下面对艰难挑战，始终保持定力、决不懈怠，用心用情做好自己的事，经受住了考验、完成了既定决策部署，撕掉了普安千百年以来的贫困标签的关键一年。因此，在新的一年里普安县社会发展各个方面的工作力度都将会得到新的增强，社会发展中脱贫成果的进一步巩固、民生的进一步改善、社会事业的全面进步、社会治理的进一步加强等，在社会发展实践中，随着全县决胜脱贫攻坚的进一步推进，全面建成小康社会胜利在望。

（一）七大基本发展走势

2020年，普安县社会发展在保持与全国、全省、全州大体一致的基本走势的同时，又具有自身本地特征。

1. 决胜脱贫攻坚年：巩固脱贫成果

一是严格落实“四个不摘”要求，巩固脱贫成果。坚决执行摘帽不摘责任、不摘政策、不摘帮扶、不摘监管。达到脱贫标准后，保持帮扶干部与贫困群众的结对关系，政策和支持力度连续性，财政专项扶贫资金、财政涉农资金整合力度不减，贫困村第一书记和驻村工作队不撤。继续打好已脱贫人口巩固提升保卫战、非建档立卡低收入人口致贫阻击战。

二是全面深化农村产业革命，保障贫困群众稳定增收。对照“八要素”和“六个转变”补短板强弱项，以坝区示范打造和产业调整为重点，大力发展“一红一白”主导产业，农业增加值增长保持6%以上。以坝区

为示范，加快推进规模化标准化生产基地建设，实现海寨、五里坪、新田等坝区食用菌投产，力争亩产突破万元。坚持“人均1亩茶”和“一园两区三带”茶产业战略规划，以“六个坚持、两线推动”为抓手，高标准建成南中北三条产业示范带。新增州级以上龙头企业1家、州级示范合作社10家，深入推进“龙头企业+合作社+农户”的组织方式，坚持把合作社建在党支部、产业链上，按照契约型、分红型、股权型等方式，帮助全县“村社合一”合作社发展壮大，组织贫困户全部入社，全县所有学校与合作社精准对接。围绕茶叶、长毛兔、小米、乌金鸡、林下菌药等特色产业，提高农业产业发展规模化、组织化、产销对接水平。

三是强化易地搬迁后续扶持，做好“后半篇文章”。完成2018年度旧房拆除复垦复绿工作，对符合条件的“三块地”全部纳入国家储备林项目。加快完善新市民居住区配套设施，扎实推进“五个体系”、新市民“1+13”政策措施落实，提高社区管理、治理水平，抓实就业、教育、医疗等后续扶持管理。做好已搬迁人口的低保、医保和养老保险等各类社会保障的转移衔接。以产业覆盖带动真搬实住，建成西城区才华手袋厂扶贫车间，打造东城区林下菌药核心区，推广家庭工厂模式，以产业聚集持续带动有劳动力的搬迁家庭每户至少1人以上稳定就业。加强对搬迁群众的感恩教育和思想引导，不断提高搬迁群众的自我管理、自我服务、自我提升能力。

四是构建稳定脱贫长效机制，有效防止返贫致贫。强化综合保障性扶贫，认真落实兜底保障和社会救助政策，对特殊贫困人口落实兜底保障，确保应保尽保、应扶尽扶。建立健全防贫监测预警保障机制，加强对脱贫不稳定的贫困人口和边缘户摸底监测、动态管理，及时帮助补齐短板，防止返贫、致贫。建立健全解决相对贫困的扶弱帮困长效机制，实施防贫扶助险和农民扶助金制度，织密筑牢防贫网底。

五是统筹用好各方帮扶资源，持续凝聚攻坚合力。继续深化公安部定点帮扶，完成万亩茶园、白沙乡急救分中心等帮扶项目建设；主动对接镇海区，把双方所能所需结合起来，确保在产业合作、劳务协作、人才支援、携手奔小康等方面取得更大成效；探索实施定点帮扶、扶贫协作新模式，形成1+1>2的帮扶成效。继续争取《贵州日报》、省工行、国开行、贵阳市南明区等单位帮扶支持，全力争取阿里巴巴等社会帮扶力量，形成良好帮扶效应，持续凝聚巩固脱贫攻坚合力。

2. 防范化解风险年：全力防范化解风险

一是千方百计化解政府性债务风险。切实增强忧患意识，用好管好风险偿债基金池，确保在应急时能用得上、拿得出、化得了。落实还本付息计划，认真分析研判每笔债务的潜在风险点，结合现有化债可用资金、可变现资产、经营性收入、可剥离债务数量、债转股的可行性及非标产品数量等，深入分析本级刚性兑付的压力、自身偿付的实力、缓释风险的能力，逐步做实细化化债方案，确保债务可偿可控。围绕煤炭、石材、茶等产业积极培育税源，加快平台公司市场化实体化进程，盘活国有资产，提升政府偿债能力。进一步健全防范处置非法集资等工作机制，深入开展银行机构不良贷款、非法集资等领域的风险排查监测和处置预警，坚决打击违法违规金融活动，确保把金融领域各类风险隐患消灭在萌芽状态。

二是坚决有力防控安全生产风险。重拳整治煤矿安全生产突出问题，深入开展煤矿瓦斯灾害防治攻坚等专项行动，坚决关闭年产30万吨以下煤矿。加大道路交通、非煤矿山、建筑施工、森林防火、地质灾害、食品安全、危险化学品等重点行业领域安全隐患源头治理力度，加强自然灾害综合防治、应急管理等工作，切实提升防灾减灾救灾能力，坚决遏制较大安全事故。

三是万无一失防范社会稳定风险。全面抓好意识形态工作责任制落实，着力防范化解网络舆情领域风险。不断深化“平安普安”建设，全面推进“公安+”社会治理模式，健全行政调解、人民调解、司法调解等多元化矛盾纠纷调解机制，深化巩固平安乡村“十个一”建设，提高网格化、信息化社会治理水平。深化“扫黑除恶”专项斗争，加强公共安全防控和监管，推进涉法涉诉信访积案集中攻坚，稳妥处置涉众等重点群体引发的不稳定事端，依法严厉打击各类违法犯罪行为，维护社会和谐稳定。

3. 污染防治年：全力优化生态环境

一是坚持铁腕治污。坚决完成省委第六生态环境保护督查组“回头看”反馈问题整改。严格落实生态补偿机制，坚决查处环境违法案件，项目环评执行率保持100%。坚定不移实施“河（库）长制”①，完成千人以上集中式饮用水源地环境整治，城镇污水处理率提高到90%以上，集中式饮用水源地、主要河流水质达标率保持100%。持续开展大气污染治理，深入推进扬尘、工业企业大气污染等治理行动，整治城乡秸秆、垃圾焚烧污染，确保城市环境空气质量优良率达100%。

二是强化生态保护修复。推进“多规合一”②，坚决落实生态环境分区管控“三线一单”③。完成退耕还林8万亩、石漠化综合治理20平方千米、中央财政造林补贴项目5万亩。启动红星小流域建设工程，治理水土流失61平方千米以上。

三是推动绿色产业发展。坚持生态产业化、产业生态化，加快生态建设与经济发展相融合，完成21万亩国家储备林建设项目。充分开发利用普安电厂发电废渣，培育脱硫石膏、粉煤灰等综合利用产业链。大力发展林下经济，抓好林下种植食用菌、天麻等生态产业发展，完成林下菌药种植1万亩，实现林业综合产值30亿元以上。

4. 项目建设年：全力扩大有效投资

一是抓好项目谋划“关键招”。抢抓中央加大宏观政策调节和实施力度机遇，扩大有效投资补短板、强化重大项目要素保障。聚焦公共卫生建设、重点产业、基础设施“六网会战”等重点领域，突出项目化、清单化、事项化，谋划生成一批打基础、管长远、增后劲的重大项目，高质量建好项目库。创新重大项目推进机制，强化项目审批服务和要素保障，积极争取地方政府专项债券。加大向上争取力度，最大限度争取中央专项资金、中央和省预算内投资支持。全力推动与阿里巴巴合作新基建项目。全年实施省州重点项目39个以上，计划完成投资102亿元以上。

二是打好“六网”会战“组合拳”。做好纳晴高速建设协调服务工作，

---

① 河（库）长制：指由各级党政主要负责人担任“河长”，负责组织领导相应河湖的管理和保护工作。

② 多规合一：将国民经济和社会发展规划、城乡规划等多个规划融合到一个区域中。

③ 三线一单：生态保护红线、环境质量底线、资源利用上线和生态环境准入清单。

力争年内开工建设普兴一级公路，强力推进沪昆高铁城市主干道、旅游快速通道建设，全面完成 139 千米“建养一体化”项目，实现省道 216 龙吟至普安段竣工验收，加快推进“四好农村路”建设。完成水利固定资产投资 7.5 亿元，持续推进荒田、三岔河等水库建设，开工建设小河、河沟头水库，实现白水、大湾、荒田、三岔河水库下闸蓄水。新建城镇燃气、雨水、污水、供水管网 30 千米以上。完成电网投资 1.55 亿元，新建 10 千伏线路 274 千米，400 伏及以下线路 543 千米，建成 35 千伏高棉变电站，启动龙吟镇电网升级改造。

三是按下城镇发展“快进键”。抢抓晴普拓展区建设机遇，积极争取项目，全力推进“一城两区”建设。逐步破解烟酒、客车站等片区棚改建设难题，推进劳动街、教育局、消防队等片区改造建设，回迁安置 1986 户以上，新增公共停车位 2565 个。引入社会资本，创新合作方式，加快推进瓦厂片区棚改项目建设，逐步完善城市服务功能。开工建设县汽车客运站。全年累计完成城镇公共服务设施建设投资 15 亿元以上。

四是下好乡村振兴“先手棋”。实施乡村振兴示范工程，认真抓好“四在农家·美丽乡村”小康升级行动，以乡村人居环境整治为抓手，常态化开展村寨环境卫生整治。强力推进农村“两违”专项整治，深入开展“千村整治、百村示范”行动，重点整“五脏”、治“六乱”、创“七美”。做好农村生活垃圾收运系统运行维护，探索实施村庄保洁制度，持续推进城乡环卫一体化管理，城乡生活垃圾无害化处理率提高到 90%以上。

5. 改革开放发展年：全力积蓄发展后劲

一是多领域优化政务服务。深入开展营商环境专项整治，深化“放管服”改革，建成标准化政务服务综合实体大厅，全面优化政务服务“一站式”功能，推动政务服务“一窗”受理和网上大厅运转模式，实现 80%政务服务事项“一窗”受理，全程网办事项占比达 70%以上，让企业和群众办事“只进一扇门”。进一步规范乡镇政务服务工作。采取预约服务、上门服务、代办服务等方式方便企业和群众，着力打造“就近办、多点办”的政务服务格局。

二是多渠道强化招商引资。积极创新平台招商、精细化招商、产业链配套招商方式，立足现有企业、资源和产业加大精准招商、高质量招商力度，推动强链补链延链，完成招商 120 余次，引进恒丰国际商贸物流城等一批优质项目，新增投产项目 32 个以上，完成到位资金 30 亿元以上。

三是多举措助力企业发展。深入实施服务民营企业六大专项行动，认真落实减税降费等民营优惠政策措施，持续开展领导干部联系服务重点项目、重点企业行动，真心实意帮助企业解决实际困难。排查清理各类显性和隐性壁垒，保障民营企业平等获取生产资源要素。依法惩治侵犯民营企业投资者、管理者权益等违法行为，保障民营企业和企业家合法权益。

6. 民生改善年：全力提升群众满意度

一是全方位保障就业。全力将疫情影响降到最低，精准对接省外用工需求，千方百计做好劳动力返岗就业。借助东西部扶贫协作等机遇，落实就业优先政策和就业保障协议，做好高校毕业生、退伍军人、下岗失业人员等群体就业保障。着力开展就业扶贫全覆盖工作，完成全县劳动力排查摸底，精准推送岗位，全力做好稳岗就业，确保零就业家庭动态清零。健全劳动关系协调机制，依法处置拖欠农民工工资的违法行为，构建和谐劳动关系。

二是全方位推进教育立县。在原有的资金保障基础上，再筹措 5000 万元用于发展教育事业。完成教育基础设施建设投资 4072 万元，补齐教育立县发展短板。全面兑现贫困学生资助。推动马云乡村寄宿制学校落地建设。加快发展学前教育，推进义务教育优质均衡发展，高考升学率提升 4 个百分点以上。

三是全方位夯实医疗服务基础。建成残疾人康复中心。加快健全分级诊疗制度，推进全州医共体示范项目建设，加快形成分工协作机制和转诊机制，县域内就诊率稳定在 90%以上，切实达到“小病在乡镇、大病进医院、康复回乡镇”的目标。

四是全方位织牢民生网底。农村、城镇低保标准分别提高 5.26% 和 3.51%。推进城乡社会救助体系建设，加大对农村留守儿童、困境儿童、特困供养人员的关爱救助力度，农村生活不能自理特困人员供养率达 18%。继续推进养老项目建设，为老年群体提供照料服务。全力推进殡葬改革，认真抓好双拥优抚工作，做好复员退伍军人困难帮扶和优抚安置。

五是全方位统筹发展其他事业。加大对村（社区）文体基础设施建设的支持力度，推动基本公共文化服务均等化，丰富群众文体生活。巩固国家卫生县城创建成果，争创全省民族团结进步示范县。坚决依法打击非法宗教和邪教活动。全力打赢禁毒人民战争。强化公共法律服务，深入推进司法行政改革。统筹做好应急管理、国防动员、人民防空、国家安全、外事侨务、史志、档案、消防、科普、气象等工作，切实保障妇女、儿童、老龄、残疾人合法权益。

7. 不确定年：不和谐因素及灾害年

我们不仅要看到2020年里确定的、积极的因素所决定的趋向走势，而且应该注意到不确定因素及其能够造成的负面影响。由此观之，2020年乃至2021年普安县将面临的一些不确定性因素较大。例如，新冠肺炎疫情对实体经济的影响可能会是一个长期过程，其中有的变数的影响甚至很难预料。

第一，从国家层面看，当前国际社会和国内都面临着社会治理的难题与挑战。2019年3月，习近平总书记在中法全球治理论坛闭幕式上指出，国际社会正面临治理赤字、信任赤字、和平赤字、发展赤字四大挑战。在新冠肺炎疫情持续蔓延、国际局势复杂多变、基层社会矛盾凸显的形势下，在大数据、物联网等技术不断崛起与更替的进程之中，社会治理与社会建设面临诸多新挑战和一些难以预测的不确定性因素。

第二，从普安县情况看，农村人居环境综合整治问题、风险防控问题、安全生产问题、社会治理、公共突发事件的应对等领域还存在薄弱环节。这些问题在短短一年的时间里，从根本上加以彻底解决的可能性不大，所以不可预测问题仍然存在。诸如，公共卫生突发事件、自然灾害问题等不可预测因素依然存在。

第三，2019年上半年全县已经实现剩余贫困人口达到脱贫标准。但是如何做好脱贫攻坚“后半篇文章”的任务却十分艰巨，如何巩固脱贫攻坚成果还有很大的空间。诸如，提高脱贫群众的整体文化素质、就业能力，根除返贫潜在因素等问题均需要进一步加以解决。

（二）对策建议

基于对2019年的普安县社会建设和社会发展成效认识，以及对存在问题和2020年发展走势的分析，为更好地促进2020年、2021年普安县社会发展，提出如下对策建议。

1. 谋划好“十四五”时期普安县社会发展规划

2020年是“十三五”收官之年、是脱贫攻坚决胜之年，首先要对普安县“十三五”时期社会发展成效进行一个全面系统评估，从而确定2021年乃至“十四五”时期普安县社会发展、补齐民生短板的重点任务和重要工程项目，不断增加社会发展后劲。

2. 全力抓好改革开放，增强内生发展动力

一是深化“放管服”改革，扎实推进“证照分离”，继续减少审批事项，压减办事环节，减少办事时限，坚决把工程项目审批时间压缩到80个工作日以内。借助电子政务云平台，扎实推进“一网通办”，加快推进“一窗”办理集成服务，建成政务实体大厅，政务服务事项进驻综合政务实体大厅达到100%。实现政务服务网上可办率达到100%，切实落实减税降费政策，激发大众创业、万众创新活力。二是强化开放带动。持续深入开展营商环境专项整治，建立外来投资投诉处理制度、营商环境协同监督机制，优化营商环境。三是以改革促发展，壮大民营经济。全面落实放宽民营企业市场准入政策落实，排查清理各类显性和隐性壁垒堵点，保障民营企业平等获取生产资源要素。依法惩治侵犯民营企业投资者、管理者合法权益等违法行为，保障民营企业和企业家合法财产。

3. 全力抓好城乡统筹，不断推进城乡协调发展

一是加强城镇建设。全面实施城市功能与品质提升行动，编制全县国土空间规划，促进城乡融合互动、一体发展。加快城镇发展，破解县城棚户区改造难题。加快特色小镇建设，持续推进青山省级示范小城镇、龙吟州级示范小城镇提档升级。二是统筹乡村振兴。实施乡村振兴示范工程，认真抓好“四在农家·美丽乡村”小康升级行动，以乡村人居环境整治为抓手，推动乡村振兴取得突破。深入开展“千村整治、百村示范”行动。

4. 全力抓好生态文明建设，不断提升绿色发展水平

一是加强水污染治理。加快城镇污水收集和处理设施建设，开展农业农村面源污染治理。推动“河（库）长制”深入实施，完成千人以上集中式饮用水源地环境整治。二是加强大气污染治理。深入开展扬尘、工业企业大气污染等治理行动，整治城乡秸秆、垃圾焚烧污染，确保城市环境空气质量优良率达100%。探索实施村庄保洁制度，持续推进城乡环卫一体化管理，城乡生活垃圾无害化处理率提高到50%以上。三是强化生态修复。扎实开展国土绿化、绿色富民、森林资源保护三大行动。四是推动绿色发展。加快生态建设与经济发展相融合，坚持生态产业化、产业生态化，完成9.8万亩国家储备林融资建设项目融资贷款工作，抓好林下种植何首乌、仿野生天麻等生态产业发展，实现林业综合产值30亿元以上。

5. 全力抓好民生建设，不断增强民生保障能力

一是巩固脱贫攻坚成果。持续推进摘帽县巩固提升工作，认真落实“四个不摘”“四个不减”要求，全面开展“一达标两不愁三保障”常态化筛查，持续压实责任、强化帮扶，不断巩固脱贫成果，完成剩余贫困人口应退尽退的减贫任务。二是以就业促民生。持续推进社会事业健康发展，统筹解决就业、教育、医疗等人民群众关心的切身利益问题。把稳就业作为重中之重，落实好就业优先政策，做好高校毕业生、退伍军人、下岗失业人员等群体就业保障工作。三是以教育促发展。深入推进教育立县。启动西城区龙溪石砚中学建设，建成义务教育改薄项目13个，完成教育基础设施建设投资4072元。完善“助、免、补、贷”学生资助管理体系，全面落实贫困学生各项资助补助减免政策。加快发展学前教育，推进义务教育优质均衡发展。四是以医疗促健康。进一步夯实医疗服务基础，建成县中医院、县人民医院新院区和白沙乡卫生院。加快健全分级诊疗制度，实现县域内就诊率达90%，加快形成分工协作机制和转诊机制，切实实现“小病在乡镇，大病进医院，康复回乡镇”的目标。五是以救助促公平。推进城乡社会救助体系建设，加大对农村留守儿童、困境儿童、特困供养老人的关爱救助力度，农村生活不能自理特困供养人员供养率达18%。认真抓好双拥优抚工作，做好复员退伍军人困难帮扶和优抚安置。

六是以法治保稳定。深入开展普法活动，强化食品药品安全监管，加强社会信用体系建设，加强应急管理，强化扫黑除恶专项斗争，保持社会和谐稳定。

参考文献

［1］龙强 . 2020 年普安县人民政府工作报告，2020-06-03.
［2］普安县县属各单位 2019 年度总结和 2020 年上半年工作总结 .

Ⅱ 评价篇

B.3　2019—2020年普安县经济社会发展综合评价分析报告[①]

王义飞[②]

摘要： 近年来，贵州省普安县经济社会发展取得了长足进步，本报告通过对普安县经济社会发展综合评价指标体系的评价目的、主要框架、分析方法的探讨，并结合普安县经济发展、社会进步、文化生活、生态环境等方面内容的相关指标进行比较分析并展开评价，最后从更好地促进普安经济社会协调发展的角度提出建议和思考。

关键词： 普安县　经济社会发展　综合评价分析

一、评价的背景和目的

（一）经济社会发展综合评价的背景

经济社会发展综合评价作为学界关注的重点问题，近年来在对评价结果的运用及发展政策的制定上都发挥着重要作用。一直以来，县域既是城市经济与乡村经济的结合点，又是城市社会和乡村社会的连接处。县域经济社会的发展是国民经济和社会发展的基本单元[③]，是国民经济的重要基础和支撑力量，也是基层经济社会发展状况的缩影。

① 本文为贵州省哲学社会科学创新工程创新团队“社会治理与社会建设研究”（20ZXGCTD08）的阶段性成果。

② 王义飞，贵州省社会科学院社会研究所副研究员。

③ 曾智：《县域经济发展综合评价指标体系研究》，载《长沙大学学报》2010年第5期，第83—84页。

在即将与全国同步建成小康社会之际，贵州处在脱贫攻坚和乡村振兴的历史交会点。综观国内形势，我国经济已由高速增长阶段转向高质量发展阶段，通过加快构建以国内大循环为主体、国内国际双循环相互促进的新发展格局，在宏观经济中实现供给和需求的良性互动、动态平衡。从贵州省发展来看，全省经济增速继续位居全国前列，脱贫攻坚连战连胜、再战再捷，农村产业革命取得重大突破，经济高质量发展迈出坚实步伐，基础设施继续保持强劲发展态势，生态环境持续向好，人民群众获得感、幸福感、安全感进一步提升。

普安县位于贵州省西南部乌蒙山区，黔西南布依族苗族自治州西北部，面积1453平方千米。乌蒙山脉横穿县境，中部地势高起，将全县分为南北两部分，南部地势向西南倾斜，北部地势向东北倾斜。距省城贵阳289千米，距云南昆明350千米，距州府所在地兴义市155千米，东邻晴隆县，南与兴义市、兴仁市相连，西接盘州市，北与水城县和六枝特区接壤。全县辖4个街道、8个镇、2个乡，2019年末全县总人口约35.3万，其中，城镇人口7.5万，乡村人口27.8万，布依、苗、回、彝等29个少数民族占全县总人口的28%。近年来，普安县坚持以习近平新时代中国特色社会主义思想为指导，认真贯彻落实省委省政府、州委州政府各项决策部署，2019年坚持以脱贫攻坚统揽经济社会发展全局，强力推进三大攻坚战，践行新发展理念，深化供给侧结构性改革，守好发展和生态两条底线，全力打好三大攻坚战，在稳增长、促改革、调结构、惠民生、防风险上主动作为，经济发展稳中有进、脱贫摘帽夺取全胜、实体经济量质并举、人民生活持续改善，人民群众的获得感、幸福感不断提高。减少贫困人口3902户13897人，贫困发生率降至1.5%。2020年1月通过核查验收，3月3日，贵州省人民政府发布公告宣布普安县退出贫困县序列，经济社会发展再创佳绩，为“十三五”规划收官之年和全面建成小康社会决胜之年奠定了良好基础。

（二）普安县经济社会发展评价的目的

一是客观评价县域发展水平。通过建立一套科学合理的评价指标体系，旨在对普安县经济社会发展情况进行总体评价，较为全面地衡量和检验普安县发展的成果，通过经济社会发展评价体系，对普安县的经济、社会发展水平，人民生活质量进行评价，从数据和资料上直观说明和反映普安的发展情况，总结普安县经济社会发展取得的成绩和经验。二是分析查找问题。根据评价情况，分析问题、找出差距。三是把握未来发展方向，有助于更好地了解普安县发展定位，明确未来发展的方向，科学制定发展路径，探寻实现未来发展目标的路径。本次评价以 2019 年普安县相关部门的经济社会发展最新数据为基础，对普安县经济社会发展进行综合评价。

在具体操作中，坚持定性与定量相结合、全面与专项相结合、总量与增量相结合，着重反映普安县全面建成小康社会，统筹推进现代农业发展、现代服务业发展、工业转型升级、新型城镇化建设、民生保障、生态文明建设等重点工作，聚焦发展短板，更加侧重反映县域经济发展和产业转型、创新驱动和脱贫攻坚、居民收入和民生保障等发展成就。

二、普安县经济社会发展评价指标体系的建立原则

县域经济社会发展综合评价指标体系是由多因素测度指标有机结合形成的综合体[①]，涵盖经济、社会、资源、环境等多方面，是对涉及的各方面进行衡量的多层次指标体系。在建立过程中，遵循其原则，发挥其功能，是指标体系建立的出发点和落脚点，也是实现评价目标的重要依据。评价指标体系的建立遵循如下原则。

① 张春光：《论体现科学发展观要求的县域经济社会发展综合评价指标体系的构建》，载《理论学刊》2009 年第 12 期，第 53—58 页。

(一) 系统性原则

党的十九届五中全会指出，要坚持系统观念，加强前瞻性思考、全局性谋划、战略性布局、整体性推进。① 因此，指标体系的构建和设定也要体现出系统性，县域经济社会发展涉及的内容多，指标体系要尽量展现出评价指标体系的全面覆盖。② 作为一个完整的体系，所反映的信息流各指标直接要形成有机、有序的联系，反映县域经济社会发展的评价指标体系应包含县域经济、社会、文化、环境等方面的指标，每项指标要能作为一个观察总体特征的视角，并能相互配合作为一个有机整体比较全面、系统准确反映、涵盖和描述评价对象。在具体操作中，与《普安县国民经济和社会发展第十三个五年规划纲要》《贵州省全面小康建设工作领导小组关于印发〈关于调整完善贵州省以县为单位全面建设小康社会统计监测指标体系的方案〉的通知》（贵康发〔2016〕1号）、《普安县国民经济和社会发展计划执行情况》等政策文件中涉及的相关指标进行衔接，做到既突出重点，又不以偏概全，形成一个较为全面系统的体系。

(二) 科学性原则

在系统性的基础上，评价体系的指标选取要体现出科学性，即在指标的选取和设计过程中，尽量选取有代表性的指标，用以区分经济和社会发展水平③，要明确市场经济条件下政府规划在普安经济和社会发展中的作用和职能，坚持规划目标对普安县经济和社会发展的指导性和引导性。指标设计主要坚持战略性和宏观指导性，避免指标设计过于细化和过于追求

① 中共中央关于制定国民经济和社会发展第十四个五年规划和二〇三五年远景目标的建议，http：//www.gov.cn/zhengce/2020-11/03/content_5556991.htm.

② 刘文波、作霜：《我国县域经济与社会发展评价指标体系的构建》，载《行政管理学视阈中县域经济与中小企业健康成长之路（湖北行政管理论坛2009）》（中国行政管理学会县级行政管理研究分会、武汉科技大学、湖北省行政管理学会），2009年，第8页。

③ 刘文波、作霜：《我国县域经济与社会发展评价指标体系的构建》，载《行政管理学视阈中县域经济与中小企业健康成长之路（湖北行政管理论坛2009）》（中国行政管理学会县级行政管理研究分会、武汉科技大学、湖北省行政管理学会），2009年，第8页。

可操作性。

（三）可行性原则

在具体的指标设定时，要注重可行性研究，确保指标的选取和指标预期目标值建立在坚实的现实基础之上。[①] 所选取指标要确保数据的可获取性，保证信息来源可靠、统计口径一致、核算方法规范，有定期公布的法定数据可供分析研究。指标体系要能够保证不同县（市）之间的横向比较和本县的历时性纵向比较，即不仅可用于对某一个确定区域进行时间序列的纵向比较，还能用于区间的空间地域的横向比较。[②] 同时，考虑到长远发展的可能性，还应使指标体系具有可拓展性。在确定基本评价指标的基础上，兼顾评价指标和评价对象的普遍性和特殊性，根据现实需要和未来发展趋势，对指标进行动态调整和完善。

三、普安县经济社会发展评价指标体系的构建方法和主要内容

（一）指标体系的构建方法

对一个地区经济社会发展情况进行评价，需要有一套明确的量化指标体系，以经济、社会、人文和环境发展为基础指标，并按照一定的目的进行体系的构建和指标设置。主要构建方法包括：

定量分析法：根据指标间数量关系，运用数学方法筛选指标，指标论证严密，有数理支撑，但只依赖数据本身和论证结果，有可能和客观实际脱离，并造成指标之间逻辑关系不明确。

定性分析法：运用系统思想，根据评价目标对评价对象进行深入系统剖析，把评分对象分解为不同方面，在对每一方面属性进行深入分析的基础上，提出反映各个方面的衡量指标，把这些指标组合起来构建成指标体

① 范宣丽、白艳娟、何忠伟、刘芳：《区域经济社会发展评价指标体系构建研究》，载《科技和产业》2016 年第 6 期，第 33—36 页。

② 张春光：《论体现科学发展观要求的县域经济社会发展综合评价指标体系的构建》，载《理论学刊》2009 年第 12 期，第 53—58 页。

系。此方法的缺点是具有一定的主观随意性，但优点是可以构建指标体系之间的逻辑关系，能够较为全面地反映评价体系全貌。①

（二）普安县经济社会发展评价指标体系的主要内容

在县域经济社会发展中，经济发展发挥了基础作用，社会建设是社会进步的标志，是人民生活水平和公共服务发展的落脚点，环境是全面、协调、可持续发展的关键，是经济社会持续发展的保障。指标体系的一个重要特征就是具有层次性，由许多同一层次、不同作用和特征的子系统以及不同层次的复杂程度、作用程度不一的个体指标构成。因此，我们选择确定了经济发展、社会发展、文化建设、生态文明四个截面，将指标体系分为总系统、子系统和个体指标三个层次。在县域经济社会发展综合评价指标体系层次结构的基础上，分别选择确定了体现系统结构特征的 4 类一级指标（子系统），12 项二级指标（个体指标），组成了指标体系。具体内容如下。

1. 经济发展指标

县域经济发展是基础，是社会发展和社会进步的基本保障，在经济发展指标的选取中，主要包括以下内容：

（1）人均 GDP。人均地区生产总值（人均 GDP），作为衡量地区经济发展规模和速度的重要标志，只有经济发展、物质财富的积累，才能谈得上后续发展。因此，既要重视 GDP，又不要唯 GDP。

（2）工业和服务业增加值占 GDP 比重。工业和服务业发展程度是衡量现代社会经济发展和繁荣程度的重要标志，该指标是调整产业结构、转变经济增长方式在经济发展中的具体体现。

2. 社会发展指标

（3）城镇化率。城镇化率是衡量地区经济社会发展和人口结构的重要指标，通常反映了人口从农村向城镇不断集聚的动态过程。

（4）城乡居民人均可支配收入比。该指标是指城镇居民可支配收入与

① 朱少芬、赵沁娜：《“十二五”时期经济社会发展指标体系构建研究——以滁州市为例》，载《合肥工业大学学报（社会科学版）》2012 年第 2 期，第 58—63 页。

农村居民人均可支配收入之比，反映了城乡居民可支配收入的差距水平，逐步缩小城乡居民收入水平，也是全面建成小康社会的应有之义。

（5）城镇登记失业率。该指标是评价一个国家或地区就业状况的主要指标，反映了在报告期末城镇登记失业人数占期末城镇从业人员总数与期末实有城镇登记失业人数之和的比重。

（6）贫困发生率。对于贵州而言，坚决打赢脱贫攻坚战，是当前全省上下最大的任务，确保到2020年我国现行标准下农村贫困人口实现脱贫摘帽，解决区域性整体贫困，减少贫困人口，降低贫困发生率，显得尤为重要。

3. 文化建设指标

（7）九年义务教育巩固率。即在校生巩固率，是指一个学校入学人数与毕业人数的百分比。

（8）高中阶段毛入学率。指高中阶段（包括普通高中、成人高中、中等职业学校）在校学生总数占15—17岁学龄组人口数的比重。到2020年实现普及高中阶段教育，是党中央、国务院作出的重大部署，是事关人民群众切身利益的重大民生工程，意义更加重大。

4. 生态文明指标

（9）森林覆盖率。该指标是指森林面积占土地总面积的比值，是反映一个国家或地区森林资源和林地占有的实际水平的重要指标。

（10）城镇生活污水处理率。指经管网进入污水处理厂处理的城市污水量占污水排放总量的百分比。该指标从一个侧面反映了城镇基础公共服务设施的完善程度。

（11）城乡生活垃圾无害化处理率。城镇生活垃圾处理是城镇管理和环境保护的重要内容，是社会文明程度的重要标志，关系人民群众的切身利益。为提高城镇生活垃圾无害化处理水平，切实改善人居环境，设置该指标。

（12）环境空气质量优良率。空气质量的好坏反映了一个地区的空气污染程度，它是依据空气中污染物浓度的高低来判断的。空气污染物主要包含烟尘、总悬浮颗粒物、可吸入颗粒物（PM10）、细颗粒物（PM2.5）、二氧化氮、二氧化硫、一氧化碳、臭氧、挥发性有机化合物等。

具体来看，由经济发展、社会发展、文化建设、生态文明等方面组成的普安县经济社会发展评价指标体系的框架和内容见表1。

表1 普安县经济社会发展评价指标体系

总系统	子系统（一级指标）	个体指标（二级指标）	指标方向
普安县经济社会发展综合评价指标体系	经济发展	1. 人均地区生产总值（人均GDP）	正向
		2. 工业和服务业增加值占GDP比重	正向
	社会发展	3. 城镇化率	正向
		4. 城乡居民人均可支配收入比	负向
		5. 城镇登记失业率	负向
		6. 贫困发生率	负向
	文化建设	7. 九年义务教育巩固率	正向
		8. 高中阶段毛入学率	正向
	生态文明	9. 森林覆盖率	正向
		10. 城镇生活污水处理率	正向
		11. 城乡生活垃圾无害化处理率	正向
		12. 环境空气质量优良率	正向

四、普安县经济社会发展评价对象和方法

（一）评价对象

本研究的评价对象为普安县经济社会发展涉及的多项指标，主要对普安县经济社会发展涉及诸多方面指标进行分析，由此得出分析结论，并提出意见和建议。

（二）评价方法

本报告运用相关公开的法定数据、文字材料及访谈，力求做到定性和定量相结合，既有描述又有分析。

1. 文献分析法

通过对2019年度贵州省、黔西南州以及普安县国民经济和社会发展统计公报，普安县政府工作报告、相关职能部门的工作总结、县小康统计监测报告等资料的查阅和获取，选取与指标相对应的数据和文字资料进行分析。以下图表中的数据，如无特殊说明，均来源于2019年贵州省、黔西南州、普安县国民经济和社会发展统计公报，相关年鉴、领导干部手册、普安县全面小康社会统计监测分析报告等，故不逐一标注。

2. 访谈法

通过对指标涉及的相关政府职能部门的负责同志进行访谈和交流，深入了解和探讨实际工作中的具体情况，从指标、数据之外的角度，掌握和分析具体工作目标的具体思路、相关举措和完成情况。

五、普安县经济社会发展具体指标评价与分析

2019年，普安县生产总值完成93.74亿元，同比增长11.6%，比2018年的89.35亿元增长4.39亿元，增长4.9%，是“十二五”期末的1.56倍。其中：第一产业20.43亿元，增长6.0%；第二产业31.69亿元，增长13%；第三产业41.61亿元，增长13.5%；人均生产总值预计35873元，是“十二五”期末的1.53倍；增速高于黔西南州平均水平1.8个百分点，排全州第二位。如图1所示，2019年，普安县人均地区生产总值完成35873元，同期，黔西南州人均地区生产总值为44212元，比上年增长11.4%，贵州省人均地区生产总值46433元。与全州和全省相比，普安县仍有一定差距。

从第一、第二、第三产业结构比例来看，全省为13.6：36.1：50.3，黔西南州为17.8：34.9：47.3，普安县为21.8：33.8：44.4，从工业和服务业增加值占GDP比重指标来看，2019年，普安县工业和服务业增加值占GDP比重为78.20%，比2018年还略微下降0.1个百分点。与此同时，2019年，黔西南州工业和服务业增加值占GDP比重为82.20%，比上年提高0.5个百分点，全省工业和服务业增加值占GDP比重为86.40%，比上年提高1.0个百分点。可以看出，2019年，省、州产业结构进一步改善，

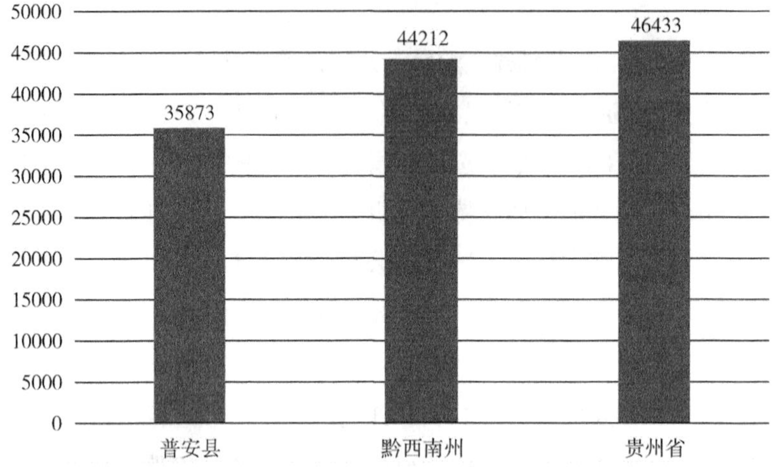

图 1　2019 年人均地区生产总值（人均 GDP）（单位：元）

而普安县发展第二和第三产业所占比例总体与 2018 年持平，产业结构调整有待继续改进和提高，且与全州相比差距有所加大，与全省差距进一步扩大。

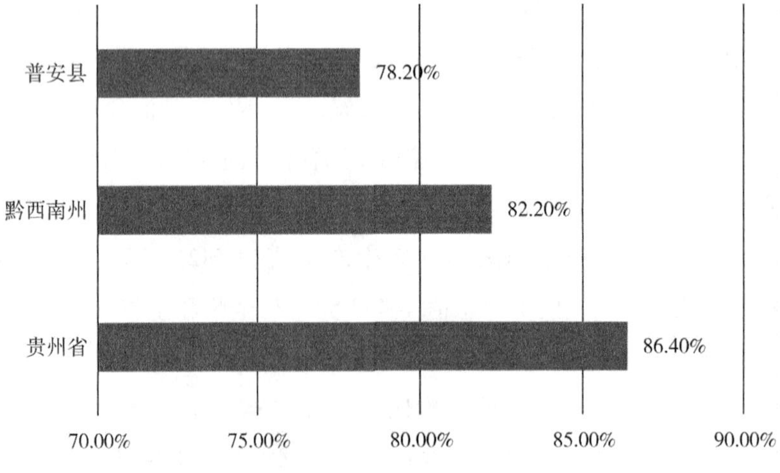

图 2　2019 年工业和服务业增加值占 GDP 比重

2019 年，全省常住人口城镇化率为 49.0%①，黔西南州常住人口城镇

① 贵州：力争 2019 年全省常住人口城镇化率达到 49%［EB/OL］. https：//www. chinanews. com/gn/2019/01-08/8723254. shtml，2019-01-08.

化率提高到 52.55%①，普安县的城镇化建设步伐也在加快，全县新增城镇人口 2.46 万，城镇化率达 45.34%，比上年增长 5.39%，取得了长足进步。

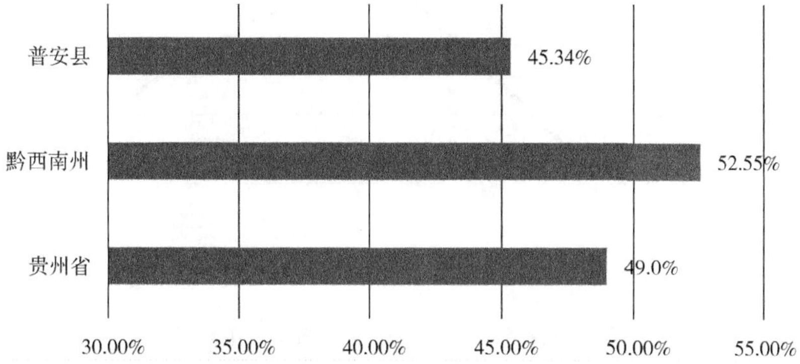

图 3　2019 年贵州省、黔西南州、普安县城镇化率

2019 年，普安县城镇新增就业目标任务数 4300 人，完成 4350 人，完成任务数的 102%；失业人员再就业任务数 710 人，完成 712 人，完成任务数的 100%；困难人员实现就业任务数 450 人，完成 453 人，完成任务数的 100%；转移农村劳动力就业任务数 6100 人，完成 6303 人，完成任务数的 103%；城镇登记失业率 3.23%。黔西南州城镇新增就业完成 4.37 万人，城镇登记失业率 3.43%。全省 2019 年末城镇登记失业率为 3.11%。如图 4 所示，普安县城镇登记失业率低于黔西南州 0.2 个百分点，略高于贵州省 0.12 个百分点。通过采取劳动力全员培训、就地就近就业岗位开发、在东西部协作基础上开展跨区域劳务输出、建设实训基地提升劳动能力、扩大创业等方式，千方百计增加工作岗位，提高就业率，与上年相比，普安县城镇登记失业率降低了 0.77 个百分点，就业形势有所回暖，在 2020 年的发展中，将继续通过加快引进吸纳劳动力就业多的劳动密集型企业、深化东西部劳务协作工作力度、加大与“长三角”“珠三角”的企业沟通协作、整合资源加大培训力度等方式，千方百计加大人力资源的岗位供给和配

① 杨雯等，2019 黔西南精彩纷呈［EB/OL］. http：//szb. gzrbs. com. cn/gzrb/gzrb/rb/20200109/Articel19007JQ. htm，2020-01-09.

置，实现劳动力资源作用的充分发挥。

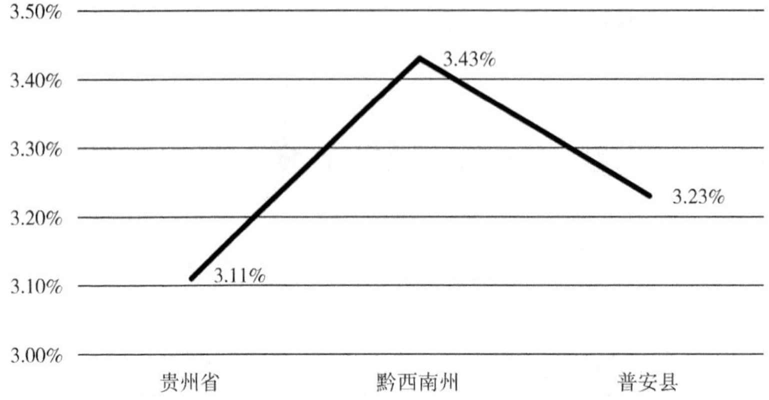

图 4　2019 年贵州省、黔西南州、普安县城镇登记失业率

党的十八大以来，党和政府充分发挥再分配调节功能，加大对保障和改善民生的投入，据国家统计局发布的数据显示：2019 年，全国城镇居民人均可支配收入 42359 元，农村居民人均可支配收入 16021 元，全国城乡居民人均可支配收入之比为 2.64，城乡居民收入差距持续缩小。[①] 2019 年，普安县城镇、农村居民人均可支配收入分别达 31993 元和 9811 元，分别增长了 9.7%和 11.2%，增速均高于全省（8.9%，10.7%）和黔西南州（9.5%，11.0%）的平均水平。普安县城乡人均可支配收入比为 3.26，比 2018 年的 3.3 略有下降，但相比于全省和黔西南州的比值分别高 0.06 和 0.1，城乡居民人均可支配收入仍有继续缩小的空间，在畅通国内大循环，全面促进消费的今天，只有持续提高城乡居民可支配收入，不断缩小城乡收入差距，让老百姓"敢花钱、想花钱"，才能更好地为扩大内需、刺激消费、提高生产奠定物质基础。

① 国家统计局：2019 年全国居民人均可支配收入比上年名义增长 8.9%［EB/OL］. https://m.gmw.cn/2020-01/17/content_ 33494666.htm，2020-01-17.

表 2 2019 年城乡居民人均可支配收入情况

区 域	城镇居民人均可支配收入（元）	农村居民人均可支配收入（元）	城乡居民人均可支配收入比
贵州省	34404	10756	3.20
黔西南州	33309	10532	3.16
普安县	31993	9811	3.26

在脱贫攻坚的历史进程中，从全省层面看，2019 年贵州省全年减少贫困人口 124.45 万，贫困发生率下降至 0.85%，共有 24 个贫困县摘帽，2300 个贫困村出列。与此同时，2019 年黔西南州减少贫困人口 12.48 万，建档立卡贫困人口减少至 3.59 万人，贫困发生率下降至 1.14%，比上年下降 3.88 个百分点；从普安县的具体情况看，全县认真贯彻落实省委、省政府脱贫攻坚战略部署，靶向精准，深入聚焦“一达标两不愁三保障”，举全县之力，攻克贫困堡垒，全力推进脱贫攻坚取得决定性进展。2019 年度全县实现脱贫 3899 户 13900 人，剩余未脱贫 1714 户 4703 人，贫困发生率下降到 1.50%，比上年下降 4.24 个百分点，成效明显。从数据中可以看出，与黔西南州相比，普安县贫困发生率高出 0.36 个百分点，但相比 2018 年 0.72 个百分点的差距已经缩小了一半；与全省相比，仍然有 0.65 个百分点的差距，但相较 2018 年 1.45 个百分点的差距已经明显缩小。

从全省范围看，贵州着力强化全方位、多维度控辍保障，依法保障义务教育适龄儿童少年按时入学且不辍学，2019 年全省九年义务教育巩固率暂未公布，参照 2018 年该指标的数据为 91.0%，同时，按照省政府办公厅《关于进一步加强控辍保学　提高义务教育巩固水平的通知》要求：到 2020 年，九年义务教育巩固率达到 95%；据此推断，2019 年全省九年义务教育巩固率应在此区间之内。黔西南州九年义务教育巩固率为 95%，按照中央要求，到 2020 年，全国、各省（自治区、直辖市）高中阶段教育毛入学率要达到 90%。2019 年全省高中阶段毛入学率为 89.0%，与中央提出的目标还差 1.0 个百分点；黔西南州高中阶段毛入学率为 90%，已经达到中央提出的目标；普安县也不断加大控辍保学力度，2019 年九年义务教育巩固率为 89%，高中阶段毛入学率为 87.9%。两项指标仍然均低于全省

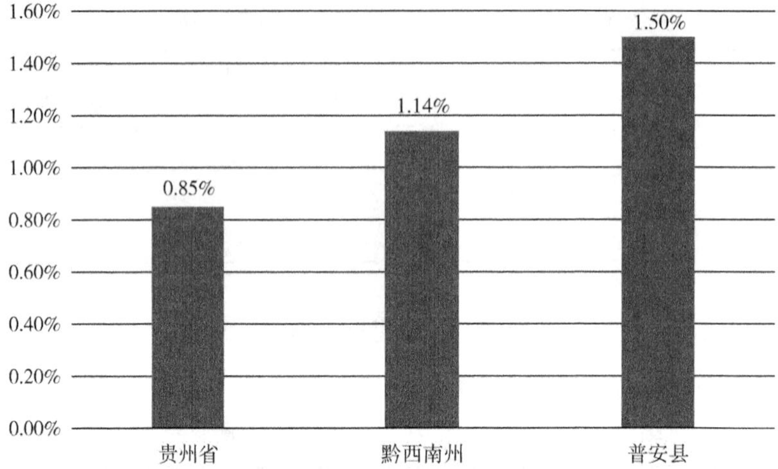

图 5　2019 年贵州省、黔西南州、普安县贫困发生率

和全州，全县义务教育巩固率与省政府的要求有 6 个百分点的差距，高中阶段毛入学率比上年提升 1.81 个百分点，但仍比 2020 年中央的目标要求低 2.1 个百分点，对于教育部门来说，以促进教育公平和提高教育教学质量为立足点，不断改善城乡办学条件，加大控辍保学工作力度，仍然任重而道远。

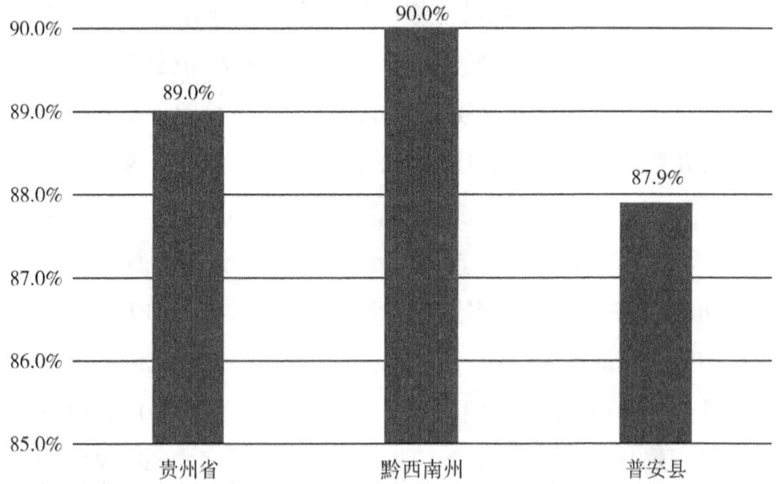

图 6　2019 年贵州省、黔西南州、普安县高中阶段毛入学率

普安县贯彻“绿水青山就是金山银山”的生态发展理念，大力推动

“青山工程”，开展植树造林工程，2019 年普安县森林覆盖率达 53.15%。相比而言，黔西南州水、气、土、声、重金属、核辐射各项指标均达到预定目标，森林覆盖率提高到60.18%。全省完成营造林520 万亩，森林覆盖率达 58.50%，与省、州相比，普安县森林覆盖率指标仍然有一定差距，应加大植树造林措施的执行力，缩小指标的差距。

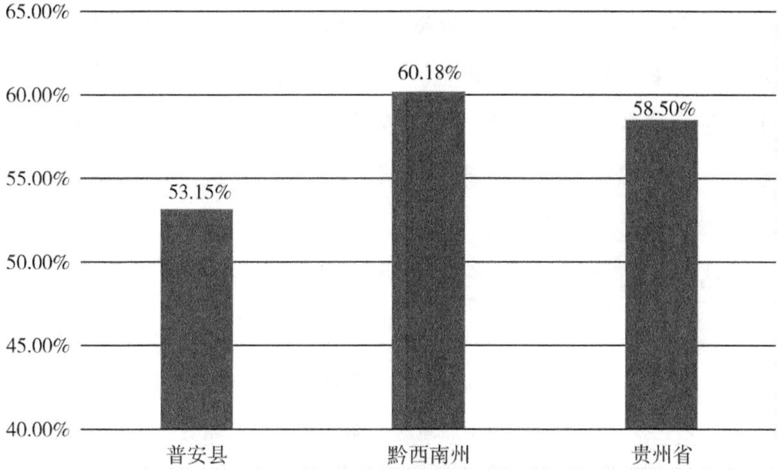

图 7　2019 年贵州省、黔西南州、普安县森林覆盖率

与此同时，普安县大力推动“碧水工程”，实施最严格的水资源管理“三条红线”，启动建设县城二期、罗汉等 7 个污水处理工程，城镇污水处理率达到 89%。深入推进“河（库）长制”，主要河流水质达标率、集中式饮用水源地水质达标率均保持 100%。普安县深入实施新一轮大气污染防治计划，对十大行业 12 家重点企业污染物排放实现实时监控，关闭 3 家煤矿，淘汰落后产能 51 万吨，严控秸秆焚烧，划定县城禁燃区，城市环境空气质量优良率达 99.1%，比上年提升 0.2 个百分点，全省排名第 9 位。黔西南州建成 18 个城市空气质量自动监测站点，实时监控十大行业重点企业污染物排放，环境空气质量优良率保持 99%以上。从全省来看，2019 年末，治理石漠化 1006 平方千米、水土流失 2720 平方千米，全年县城以上城市空气质量优良天数比例为 98.3%。全省县城以上城市污水处理率、生活垃圾无害化处理率分别提高到 94.0%和 92.3%。

从表 3 中可以看出，2019 年，普安县环境空气质量优良率高于省、州，优势明显；2019年普安县城镇生活污水处理率与上年相比持平，没有变化，按照《2020年普安县人民政府工作报告》中提出的目标：坚定不移实施“河（库）长制”，完成千人以上集中式饮用水源地环境整治，城镇污水处理率将提高到90%以上，通过一年的努力应该能达到设定目标。但由于基础设施建设、经费投入、统计时效等因素的影响，城乡生活垃圾无害化处理率指标则缺乏州、县数据，参照2018年81.88%的数据，按照《2020年普安县人民政府工作报告》中提出的2020年“持续推进城乡环卫一体化管理，城乡生活垃圾无害化处理率提高到90%以上”的目标，仍有不小差距，需要形成政府或生态环境部门牵头、其他部门密切配合的工作机制，加大投入力度，力争在“十三五”时期的收官之年，全面建成小康社会之时达到预定目标，并逐步缩小与全省、全州及其他先进县市的差距。

表3　2019年贵州省、黔西南州、普安县

城镇生活污水处理率、城乡生活垃圾无害化处理率及环境空气质量优良率

区 域	城镇生活污水处理率	城乡生活垃圾无害化处理率	环境空气质量优良率
贵州省	94.0%	92.3%	98.3%
黔西南州	93.8%	—	99.0%
普安县	89.0%	—	99.1%

注：“—”表示暂无数据。

六、普安县经济社会发展存在的问题及相关建议

（一）普安县经济社会发展存在的问题

2019年，在普安县经济社会发展取得了长足进步，再创佳绩的同时，全县经济社会整体发展不平衡不充分的问题仍然比较突出，主要表现在以下几个方面。

1. 产业结构亟待优化

普安县产业结构中，第二产业和第三产业所占比例总体与2018年持

平，甚至还略有下降，与全州相比差距有所加大，与全省差距进一步扩大，产业结构调整有待继续改进和提高。农业产业规模化、品牌化程度低，煤炭产能受影响较大，石材产业发展缓慢，现代服务业还未形成核心竞争力。

2. 巩固脱贫成果任务仍然艰巨

实现稳定长期高质量脱贫、防止返贫任务仍然艰巨，巩固脱贫成果任重道远；传统税源支撑下滑，新兴财源培育不够，财政持续增收难度大，债务总量规模较大，还款高峰期密集，地方政府性债务负担较重；项目支撑后劲不足，财源增长乏力，民生领域和刚性支出有增无减，投资增长下行压力加大，收支矛盾突出，经济发展保持较快增长的不确定性因素增多。

3. 社会发展亟待完善

民生领域仍然欠账较多，防范化解风险压力较大，控辍保学任务艰巨，基础设施建设不完善，人均拥有道路面积偏低，居民出行便捷度不高，城镇化建设进度缓慢，城乡居民可支配收入比为 3.26，与省、州的差距较大，亟待扩展百姓增收途径，据《普安县 2019 年度同步小康创建工作自查报告》显示，全县医疗卫生发展指数实现程度为 95.4%。其中，单项指标千人拥有执业（助理）医师数为 1.4 人，实现程度为 93.3%，面对以新冠肺炎疫情为代表的突发性重大公共卫生事件，亟待改善全县公共卫生及医疗条件的短板。

（二）普安县经济社会发展相关建议

1. 继续巩固脱贫攻坚成效

一是坚决执行摘帽不摘责任、不摘政策、不摘帮扶、不摘监管的“四不摘”政策，对剩余贫困人口进行挂牌督战，进一步缩小城乡居民人均纯收入差距，确保现行标准下农村贫困人口脱贫。保持帮扶干部与贫困群众的结对关系，政策和支持力度的连续性，扎实抓好同步小康创建，确保如期通过省级达标验收，顺利通过全国普查、国家抽查。二是构建稳定脱贫长效机制。统筹用好东西部协作和公安部帮扶等各方资源，持续凝聚脱贫攻坚合力；强化综合保障性扶贫，认真落实兜底保障和社会救助政策，对特殊贫困人口落实兜底保障，确保应保尽保、应扶尽扶。三是建立健全防贫监测预警保障机制，加强对“脱贫不稳定的贫困人口”和“边缘户”摸底监测、动态管理，防止返贫、致贫。建立健全解决相对贫困的扶弱帮困长效机制，实施“防贫扶助险”和“农民扶助金”制度，织密筑牢防贫网底，坚持精准扶贫·精准脱贫基本方略，坚决打好基础设施建设、易地搬迁扶贫、产业扶贫、教育医疗住房“三保障”四场硬仗，在实现全面脱贫，撕掉绝对贫困的标签之后，把防止返贫摆到更加重要的位置。

2. 努力推动经济提质转型升级

在稳增长、促改革、调结构、惠民生、防风险、保稳定上主动作为，围绕既定目标持续不断抓调度、抢进度、拼速度。一是坚持工业强县战略不动摇，突出工业“主引擎”，扎实推进项目建设年，抓住优势产业，大力发展“一红一白”特色产业，继续发挥工业园区在工业经济发展中的龙头作用，根据“一园一策”方案，依托园区优势产业，编制一批储备项目，积极对外招商，重点依托江西坡镇世界文化茶源广场、布依生态小镇、国际山地自行车赛道三个重点旅游建设项目，配套引进食品业、加工业、物流业等关联项目，形成丰富而充满活力的产业链条，实现“茶旅”“体旅”融合发展和品牌打造。二是深入推进供给侧结构性改革，全力推进经济发展向高质量迈进。大力提升服务产业，深度推进大数据融合发展，以“国家级电子商务进农村综合示范县”和“农商联动示范县”为抓手，全力打通脱贫产业产销对接最关键环节，推动电子商务提质增量。三是深入推进农村产业革命，围绕茶叶、烤烟、小米、食用菌等特色产业扎实有力推进产业结构调整，保障贫困群众稳定增收。

3. 持续增进民生福祉

不断加强保障和改善民生是同步小康的出发点和落脚点，是发展的根本目的，要把富民始终放在经济社会发展全局的优先位置，一是努力加快推进以改善民生为重点的社会建设步伐，从人民群众的操心事、烦心事、揪心事做起，多谋民生之利、多解民生之忧，在发展中补齐民生短板，下大力气抓好文化、教育、就业、医疗、住房等工作，加快发展各项社会事业，切实解决群众最关心最紧迫的民生问题，不断增强人民群众的获得感、幸福感和安全感，不断加快全县同步小康建设步伐。二是奠定乡村振兴基础。实施乡村振兴示范工程，认真抓好“四在农家·美丽乡村”小康升级行动，以乡村人居环境整治为抓手，常态化开展村寨环境卫生整治。强力推进农村“两违”专项整治，深入开展“千村整治、百村示范”行动，重点整“五脏”、治“六乱”、创“七美”。做好农村生活垃圾收运系统运行维护，持续推进城乡环卫一体化管理，努力做到“棋先一着、快人一步”，尽快实现脱贫攻坚和乡村振兴的顺利衔接。三是扎实做好易地扶贫搬迁“后半篇文章”。扎实推动全县易地扶贫搬迁“新市民计划”基本公共服务标准化专项试点实施。持续加强劳动力培训，在实现新市民劳动力家庭一户一人以上稳定就业的基础上，拓宽就业渠道和就业方式，加强安置区扶贫车间建设，充分保障搬迁新市民就业增收。通过组织开展形式多样、内涵丰富的文化活动，充分发挥文化引导和推动社会发展的功能，积极营造健康、文明、和谐的人文环境，丰富搬迁新市民精神文明、文化生活。强化社会治安综合治理，防范和化解各种社会风险，加强法治宣传教育，维护新市民社区的社会稳定，助推普安县经济社会长远发展。

此外，在数据整理和分析过程中，指标数据的连续性仍有缺憾。例如，2019 年的生态环境、教育领域的一些指标数据未及时公布，导致数据缺失，从而无法进行本年度的纵向比较及跨年度的横向比较，另外，不同口径的数据来源存在差异，需要多方验证才能予以最终确定，也是在未来的数据整理收集、分析和研究工作中需要注意的。

Ⅲ 理论篇

B.4 巩固普安县脱贫成效研究

陈玲玲[①]

摘要： 随着普安县的脱贫摘帽，如何进一步巩固、提升脱贫成效，推动贫困地区可持续发展，确保已脱贫地区群众能稳定脱贫，成为当前重大的历史和现实任务。2020年的中央一号文件明确提出要集中力量坚决打赢脱贫攻坚战，接续推进脱贫攻坚，巩固拓展扶贫开发成果，实现贫困区域和贫困人口稳定脱贫。本研究从六个维度总结了普安县脱贫攻坚的成效，分析了普安县巩固提升脱贫成效面临的主要问题与挑战，如贫困户内生动力不足、扶贫领域专业人才缺乏、扶贫产业的可持续问题以及新冠肺炎疫情对贫困户增收的影响、地方政府在经济下行压力加大的新常态下面临财政趋紧的压力以及易地扶贫搬迁的后续扶持工作面临的多重困境等，在此基础上从四个方面总结了普安县为巩固脱贫攻坚成效所做的实践探索，最后从宏观战略层面、中观制度层面以及微观措施层面提出了巩固普安县脱贫成效的措施建议。

关键词： 脱贫成果　巩固提升　普安县

长期以来，普安县委、县政府都高度重视脱贫攻坚工作，孜孜不倦地致力于战胜贫困，特别是党的十八大以来，扶贫开发进入了新的历史阶段，以习近平同志为核心的党中央把脱贫攻坚摆到了一个前所未有的新高

---

① 陈玲玲，贵州省社会科学院社会研究所助理研究员；研究方向：应用社会学、社会治理、社会风险等。

注：本报告中所有数据均来自贵州省国民经济和社会发展统计公报、黔西南州的国民经济和社会发展统计公报、普安县政府工作报告以及普安县各部门工作总结等内部资料，文中不再一一标明。

度，普安县委、县政府坚决贯彻党中央决策部署，把扶贫开发作为最大的政治和第一民生工程，落实贵州省委、省政府和黔西南州委、州政府关于脱贫攻坚的各项制度安排，不断完善政策设计，扶贫成效明显。2020 年 3 月，普安县作为曾经的国家级贫困县，已经公示退出贫困县，进入新的社会发展序列谱。从脱贫时代到后脱贫时代，对应的目标任务是脱贫攻坚到乡村振兴，这与国家整体的发展目标、改革深化的宏观背景相映照，这期间如何进一步巩固、提升脱贫成效，推动贫困地区可持续发展，确保已脱贫地区群众能稳定脱贫，成为不可回避的重大历史和现实任务。2020 年的中央一号文件更是明确提出要集中力量坚决打赢脱贫攻坚战，接续推进脱贫攻坚，巩固拓展扶贫开发成果，实现贫困区域和贫困人口稳定脱贫，巩固脱贫成效成为当前我国农业农村工作的重大任务。虽然普安县的扶贫工作已经取得了决定性胜利，但脱贫攻坚走到今天，防止返贫和继续攻坚依然任重而道远。正如习近平总书记曾指出的“脱贫攻坚战不是轻轻松松一冲锋就能打赢的”“巩固脱贫成果难度很大”。从普安县的情况来看，已脱贫人口中依然有不少的人存在返贫风险，边缘人口也存在不容忽视的致贫风险。本研究系统总结了在习近平同志扶贫思想指导下的普安县脱贫攻坚取得的成效，厘清稳定脱贫与高质量发展进程中需要关注的若干问题及其面临的挑战，对普安巩固提升脱贫成效的政策措施进行了总结提炼，并思考扶贫开发成果巩固的策略，以期为贵州省乃至全国其他贫困地区实现脱贫后的高质量发展提供参考借鉴。

一、普安县脱贫攻坚的成效分析

普安县以脱贫攻坚统揽经济社会发展全局，坚持精准扶贫、精准脱贫基本方略，围绕“脱贫摘帽”的目标，按照对象要精准、项目安排要精准、资金使用要精准、措施到位要精准、因村派人要精准、脱贫成效要精准的“六个精准”要求和发展生产脱贫一批、易地扶贫搬迁脱贫一批、生态补偿脱贫一批、加强基础设施建设脱贫一批、发展教育医疗脱贫一批、社会保障兜底一批“六个一批”策略，狠抓责任落实、政策落实、工作落实，创新运用“三变四化”“四方五共”“123456”扶贫方式和扶贫工作法，形成以产业扶贫和易地扶贫搬迁为重点，其他扶贫方式共同推进的脱贫攻坚模式，扶贫开发取得了阶段性胜利。普安县的脱贫成效主要体现在如下几个方面。

（一）贫困人口大幅减少，贫困发生率明显降低

2014 年以来，普安县共计获得上级扶贫资金 17.32 亿元，县级投入 2.41 亿元，安排扶贫项目 686 个，共扶持贫困群众 7.36 万户 28.11 万人次，支撑贫困人口 7.7 万人脱贫。从 2014 年到 2019 年底，全县实现 44 个贫困村全部出列，累计脱贫 17766 户 77866 人，贫困人口降至 1714 户 4703 人，贫困发生率从 2014 年的 20.95%降至 1.5%。2020 年 1 月通过脱贫核查验收，2020 年 3 月 3 日，贵州省人民政府公示，普安县成功脱贫摘帽、退出贫困县序列。2020 年 6 月底，经过动态调整后剩余的 1690 户 4637 人贫困人口均已达到脱贫标准。2014—2019 年普安县减贫任务完成情况见表 1，脱贫人数及贫困发生率变动情况如图 1 所示。从中不难看出，随着脱贫攻坚各项工作的不断深入推进，普安县脱贫人数逐年递增，贫困人口逐年减少，贫困发生率逐年降低，脱贫取得了实实在在的效果。

表 1　2014—2019 年普安县减贫任务完成情况①

年份	出列贫困村数	脱贫户数	脱贫人数	贫困发生率（%）
2014	0	3111	14600	20.95
2015	0	3526	16000	11.8
2016	10	2713	11534	9.24
2017	16	1966	8069	7.19
2018	7	2742	11298	5.74
2019	11	3899	13900	1.5

贫困地区群众收入大幅提高。农村人均可支配收入从 2014 年的 5729 元增加到 2019 年的 9811 元，增长了 71.25%，年均增长 11.36%。2014—

① 2019 年已脱贫人口整户减少 191 户，净增 2465 人。

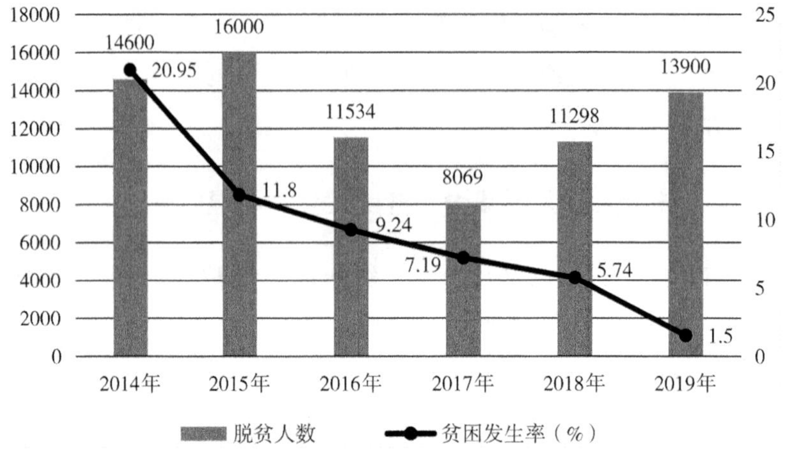

图 1　2014—2019 年普安县脱贫人数和贫困发生率变动情况

2019 年普安县农村人均可支配收入及同比增速情况如图 2 所示，从图中我们可以看出，2014 年以来，普安县农村人均可支配收入逐年上升，同比增速保持高位运行，最低为 2018 年 10.6%，最高为 2014 年 14.3%，农村人均可支配收入的增加，一定程度上反映了农村居民收入水平的提升。

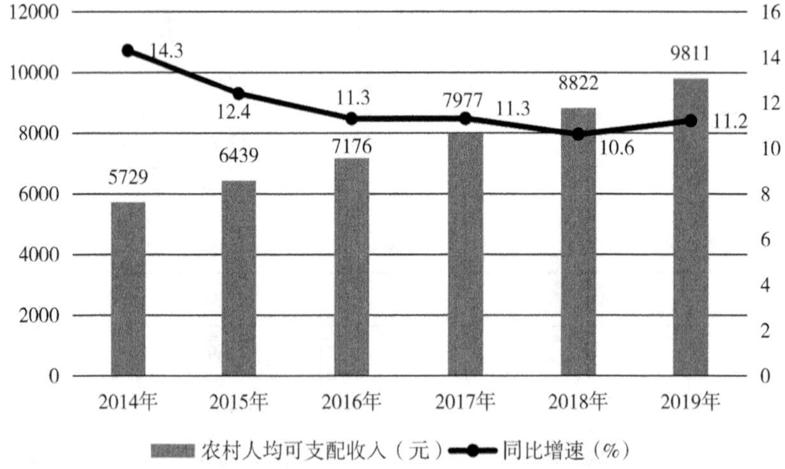

图 2　2014—2019 年普安县农村居民人均可支配收入及同比增速情况

（二）聚焦扶贫关键领域，基础设施建设不断巩固

由于受历史、地理条件和发展的限制，很长一段时间以来，普安县农

村基础设施建设十分落后，贫困山区农田脆弱，人畜饮水困难，农田灌溉缺乏保障，农民看病就医难、行路难、运输难、用电难，贫困地区农民居住条件简陋，茅草屋、杈杈房比较普遍，农民终年辛苦，难求温饱，农村经济社会发展缓慢。为切实改善贫困地区生产生活条件，普安县着力聚焦农村基础设施建设这一关键领域，紧紧围绕“四在农家·美丽乡村”六项小康行动，不断加大对交通、水利、电力和通信网络等基础设施的投入，大幅提升基础设施对普安经济社会发展的基础性支撑作用。2014 年以来，累计建成小康路 941.69 千米，小康水工程 647 个，小康房 985 户，小康电工程 21 个，小康寨 18 个，小康讯项目 83 个，以“水、电、路、通信”为重点的基础设施得到明显改善。2014 年以来，累计投入资金约 20 亿元，建设完成农村“组组通”公路 317.28 千米、30 户以下通组路 121.68 千米、串（入）户路 1222.25 千米，新建乡镇客运站 5 个，全县国、省、县、乡及村组公路通车里程达 2421.69 千米。乡镇、行政村班车通达率 100%，油路（水泥路）通村率 100%。2019 年，完成交通固定资产投资 8.95 亿元，启动建设高铁连接线一期工程。建成通乡油路 28 千米。完成通村油路（水泥路）416.18 千米，比 2011 年增加 366.18 千米。按照“大水源、大管网、宽覆盖”的思路，构建以规模化水库为主体、小型分散工程为补充的新型农村供水工程体系。按照户户过关的标准，2014 年以来，累计实施农村饮水安全工程 331 个（千人以上 26 处），集中式供水占 98.6%，实现了全县所有村民组农村饮水安全工程全覆盖，保障了 15.86 万人的饮水安全。同时，建立健全农村安全饮水管护运行机制，着力解决长期困扰群众的季节性缺水问题，启动水质监测工作，切实让群众喝上“安全水”“干净水”。完成电力投资 5.71 亿元，建成 220 千伏银山变电站、110 千伏新店变电站、110 千伏仙鹤变电站 3 个输变电工程，新建和改造输配电线路 595.6 千米、配变 258 台，110 千伏主网实现双回路供电，35 千伏及以下电网基本实现互供互倒。贫困村通动力电达 100%，完成信息建设投资 1.3 亿元，移动、联通、电信等通信设施提高升级，建成 4G 站点 254 个，实现了县城、乡镇集镇 4G 网络全覆盖。城域网扩容增量，光缆线路总长达 8500 千米，实现了自然村通电话、行政村通宽带、邮政乡镇

(街道)全覆盖。在全省率先探索棚改“自求平衡”项目模式,逐步破解2018年度棚改难题,棚改项目累计完成投资20.09亿元,建成回迁安置房40余万平方米。累计完成城镇公共服务设施建设投资15.68亿元,新增城市绿地46公顷。续建完成乡镇客运站5个,投放运营318辆共享电动自行车,群众出行越来越便利。

(三)瞄准脱贫核心要求,“两不愁三保障”基本实现

普安县贫困人口不愁吃、不愁穿,教育、医疗、住房三大保障政策全面落实到位。教育方面,通过全面落实“七长制”,建立了集“助、免、补、贷”四个维度于一体的学生资助体系。新建或改扩建学校46所,资助学生12.05万人次,资助高中及以上困难学生3.53万人次,免除学费2.21万人次,做到“应助尽助”,确保贫困家庭孩子上学“一个都不能少”,贫困学生入学率达100%,实现义务教育阶段适龄儿童失学辍学动态清零。医疗方面,建立并完善了贫困人口参保、资助,贫困家庭医生签约和基本医疗保险、大病保险和医疗救助三重医疗保障制度,形成综合保障链条,梯次减轻贫困群众医疗费用负担。县域内定点医疗机构实行“先诊疗后付费”“一站式结算”服务。2014年以来,累计投入资金9.08亿元,新建及改扩建医院16所、村卫生室117所,配齐村医190名,实现村卫生室、村医全覆盖。2019年,落实贫困人口参保资助882.67万人,实现贫困人口100%参保,贫困家庭医生签约1.76万户7.45万人,三重医疗保障保险9273.1万元2.35万人次。救助住院建档立卡贫困患者,实际补偿比例达90%。住房方面,全面开展建档立卡贫困户等重点对象农村危房改造工程,以“住人的房子必须安全,不安全的房子不住人”为目标,逐村逐户对农村住房进行全面摸底排查整治和安全评定,按照“顶不漏雨、墙不透风、门窗完好”的要求,改造农村危房,整治透风漏雨老旧住房、人畜混居户。2014年以来,投入资金5.13亿元,改造农村危房17184户,其中贫困户5056户,占29.42%,整治透风漏雨老旧住房9374户,其中贫困户3070户,占32.78%,鉴定安全住房13974户,有效保障了贫困群众的住房安全。新建30户以下通组、串户路1343.94千米,每户庭院硬化30

平方米，农村人居环境发生质的改变。

（四）夯实稳定脱贫基础，产业减贫成效凸显

打赢脱贫攻坚战，攻克深度贫困难题，实现稳定脱贫，必须发展可持续的产业并作为脱贫攻坚的根本出路。普安县在脱贫攻坚工作过程中将产业减贫作为基本的战略举措，不仅在思想上高度重视，而且注重在实践中结合产业发展规律，探索创新产业扶贫模式、联贫带贫机制和人才队伍建设，帮助贫困群众“提素质”“换穷业”。普安县立足资源禀赋、以市场为导向，从具有比较优势的特色资源起步，大力发展无公害绿色有机茶产业、蔬菜、烤烟、核桃、食用菌、精品水果、中药材、生态养殖等特色产业，拓展农业外延和范围，做大做强农产品加工、民族医药、乡村旅游、民族文化和生产性服务产业，促进产业链增值收益更多留在产地、留给农民，推动扶贫产业发展从政策驱动到市场拉动，精细化打造一头连接基地、一头连接市场的扶贫产业园区。

普安县按照“退一进十”“一县一业”发展思路，围绕“一红一白”脱贫主导产业，按照“八要素”要求大力推进农村产业革命。推动“五大产业”基地建设和全县农产品加工和销售，提高农产品商品率和附加值，着力打造园区升级版，构建品牌市场体系，引领和助推无公害绿色有机农产品大县建设，打造生态农业发展样板区。实施“退一进十”工程，推进农业产业结构调整，2019 年经济作物种植比重达 75%以上。引进 9 家企业入驻 8 个坝区，示范带动高附加值立体生态农业发展，亩产 0.8 万元以上，带动 2018 户贫困户增收。高标准打造南中北三线 2 万亩茶产业示范带，新植茶园 3 万亩，推动茶叶精深加工，实现茶叶综合产值 12.63 亿元，带动 102272 户茶农增收。完成 168 个长毛兔养殖小区建设，总数达 199 个，兔存栏达 18.68 万只，兔毛产量 280 吨，产值 4598.28 万元，带动 2005 户贫困户增收。通过养殖生猪、牛和种植蔬菜等短平快产业带动 15987 户贫困户增收。绝大部分贫困户都能够通过种植、养殖、劳务输出、乡村旅游等产业增收。

分类施策，对于有劳动能力的实施产业扶贫，发展种养业、加工业、

旅游业、流通业、劳务经济五个途径，帮助发展产业和扩大就业。对于具有部分劳动能力的则采用提供公益就业岗位形式进行扶持。对于“两无”（无业可扶和无力脱贫贫困人口）、暂时不能脱贫人口和其他符合条件的农村群众全部纳入社会保障救助范围，全面实行农村低保救助。将产业增收、稳岗就业和资产收益等有机结合，着眼于持续发展，提升其脱贫攻坚发展动能。

（五）广泛凝聚社会力量，大扶贫格局逐渐形成

全面打赢脱贫攻坚战需要凝聚全社会的力量，健全社会帮扶体系，整合发挥扶贫政策的牵引力、贫困群众的内生力和外部帮扶的推动力，充分调动各方面参与脱贫攻坚的积极性，凝心聚力构建各方齐心参与的大扶贫格局。普安县在脱贫攻坚战中，广泛凝聚社会力量，着力构建大扶贫格局，为脱贫攻坚凝聚起强大合力。一是对口帮扶方面。镇海、普安两地本着“优势互补、互惠互利、长期合作、共同发展”的原则，采取强力措施，多层次、全方位合力推进扶贫协作工作，累计投入资金 2.1 亿元，在人才、产业、就业、民生等领域做了大量工作，国务院副总理胡春华给予充分肯定并作批示。加强人才交流。宁波市、镇海区共选派 7 名党政干部、147 名专业技术人才帮扶普安。普安县共选派 6 名党政干部、240 名专业技术人员赴宁波市镇海区挂职学习。举办干部人才培训班 80 期，培训机关干部、教育、医疗、农业等方面技术人员 8176 人次。突出产业带动。引进企业 9 家，建设长毛兔加工厂、浙茶集团贵州普安“白叶一号”茶产业园等，累计投资额 11.98 亿元，覆盖带动贫困人口 14131 人。引导普安企业与东部城市开展产销对接，实现普安茶叶、小黄牛、天麻等农特产品购销金额达 1.71 亿元，带动贫困人口 6505 人增收。深化劳务协作。围绕长毛兔、茶叶种植、家政护工等举办就业技能培训班 118 期，培训贫困劳动力 5899 人次。通过东西部扶贫劳务协作工作站和 21 个扶贫车间解决就业 9163 人次。2019 年，普安县驻宁波市镇海区劳务协作工作站获得“贵州省优秀县（区）劳务协作工作站”称号。携手合力攻坚。促成镇海区 6 个乡镇（街道）、25 个村（社区）、27 家企业（社会组织）、28 所学校、4

家医院、6个乡镇（街道）卫生院，分别与普安县12个乡镇（街道）、25个村（社区）、22个贫困村、31所学校、3家医院、12个乡镇（街道）卫生院结对，合力开展扶贫协作工作。二是定点帮扶方面。公安部先后选派6名处级干部到县、到村挂职，24名研究生或志愿者到普安支教，累计投入帮扶资金2.258亿元，实施项目148个，覆盖带动8.2万余名贫困群众增收，有力助推普安经济社会发展和脱贫攻坚步伐。聚焦民生短板，提升服务能力。投入4000余万元，建成东城区民族实验小学教学楼、青山小学“金盾教学楼”等，解决3600余名学生就近入学问题；投入4000余万元，建成高棉乡卫生院、白沙乡急救分中心，为县中医院、县妇幼保健院、10个乡镇（街道）卫生院等采购医疗设备1000余件，惠及患者1.38万人次；投入2600万元，帮助17463户贫困家庭购买木床、桌子、衣柜、米缸5.4万件，有效提升群众幸福感。注重两业帮扶，长效助农增收。投入5000余万元，帮助发展巴西菇、茭白、白姜、茶叶、长毛兔、乌金鸡、金秋砂糖橘等产业，覆盖带动贫困户2745户13273人。帮助引进创办了普安盛世服装有限公司、普安满吉服饰有限公司等企业，带动贫困群众3200余人就业，人均增收3000元以上。突出平安创建，夯实公安基础。投入2900余万元，支持建设大数据实战平台、交通大数据实验室、禁毒宣传教育基地、东西城区智能安防系统，改造基层派出所民警备勤休息用房，捐助警用无人机装备、应急指挥车、警用摩托车，进一步提升普安公安机关的信息化水平和装备质量。搭建推介平台，助推黔货出山。在部机关超市、公安大学、高铁站等设立农特产品销售点，联系阿里巴巴、京东、小水滴等网络平台建立线上销售渠道，动员部属机关帮助购买和销售“普安红”和普安农特产品1276.5万元，全力助推“黔货”出山。三是社会帮扶方面。贵州日报当代融媒体集团投入价值2000万元宣传资源实施“文军扶贫”，助推“一红一白”主导产业品牌打造和市场推广。贵州省工行给予贷款资金31亿元，用于城镇建设、产业发展、乡村基础设施建设等。贵州现代物流产业集团投入帮扶资金240万元，实施便民桥、人饮工程等项目8个。贵阳市南明区投入帮扶资金1115万元，实施长毛兔养殖、茶旅一体化、产业路等项目6个。俞敏洪先生受聘担任普安一中名誉校长，新东方教育科技集团派出团队助力普安教育事业。老干妈公司在普安县投资建设订单农业种植基地，帮助打造农产品扶贫基地。

（六）大力实施易地扶贫搬迁，确保搬得出、快融入、稳得住、能致富

易地扶贫搬迁是贵州省脱贫攻坚“五个一批”重点工程之一，全县扶贫搬迁规模大、任务重，通过大力实施易地扶贫搬迁工程，将生活在“一方水土养不起一方人”地区的贫困群众搬迁到中小城镇集中安置，就近就业创业，确保搬得出、快融入、稳得住、能致富。2011—2015 年的 5 年时间，普安县完成生态移民搬迁 2653 人。2016 年着力打造东城区（江西坡）布依茶源小镇，通过茶旅茶体融合发展，建设小微创业园，提供就业岗位 5500 个，全年完成搬迁入住 1929 户 8558 人。2017 年全面打造东城区（江西坡）布依茶园小镇、西城区（三板桥）龙溪石砚小镇 2 个易地扶贫安置区，启动东城区“53211”产业配套项目，规划建设西城区长毛兔产业园和教育园区，积极为搬迁群众提供创业、就业平台，全年完成搬迁 1978 户 8817 人。2018 年建成易地扶贫搬迁安置住房 4163 套，完成旧房拆除复垦复绿 1226 套，在搬迁社区深入实施“新市民计划”，配套建设学校、医院、警务室等服务设施，建成 2 个新市民社区，办理新市民居住证 9093 人、“安居险”19703 人，解决搬迁群众就业 5277 人，实现一户一人就业。2019 年重点按照贵州省后续工作“五个体系”建设和黔西南州新市民计划“1+13”推进措施要求，制订《普安县易地扶贫搬迁及新市民计划后续保障攻坚方案》，细化目标措施，压紧压实责任，推进安置住房的配套设施建设，完善基本公共服务，全力做好后续保障服务工作。全面完成“十三五”期间易地扶贫搬迁 7604 户 35399 人目标任务，实现贫困户 4225 户 19823 人脱贫。共计有 35399 名群众搬出了偏僻山村，住进了县城。易地扶贫搬迁工程的大力实施，加快了普安县脱贫攻坚的步伐，推进普安工业化、城镇化和农业现代化进程。随着易地扶贫搬迁工作的推进，易地扶贫搬迁工作重点已逐步从搬迁为主转入以做好后续工作为主，普安县围绕群众“搬得出、稳得住、快融入、能致富”的工作目标，着力完善“五个体

系”，做实易地扶贫搬迁“后半篇文章”。

二、普安县巩固脱贫成果的实践探索

在脱贫攻坚的决战决胜阶段，在全面建成小康社会来临之际，普安县坚持两手抓，一手抓脱贫攻坚，一手抓脱贫攻坚成效巩固。因地制宜，大胆创新，在巩固脱贫成效的路上探索出一些行之有效的经验做法。

（一）严格落实“四个不摘”要求

普安县深入贯彻落实习近平总书记关于“四个不摘”的重要指示精神、省扶贫开发领导小组办公室《关于进一步落实“四个不摘”要求 巩固脱贫攻坚成果的通知》的文件要求以及《黔西南州落实“四个不摘”要求 巩固提升脱贫成果的实施方案》的安排部署，巩固提升脱贫成果，坚决执行摘帽不摘责任、不摘政策、不摘帮扶、不摘监管。保持帮扶干部与贫困群众的结对关系，政策和支持力度连续性，财政专项扶贫资金、财政涉农资金整合力度不减，贫困村第一书记和驻村工作队不撤。按照“四逐四准”工作方法，全力推进“两补”“两看”。持续打好未脱贫人口脱贫攻坚战、已脱贫人口巩固提升保卫战、非建档立卡低收入人口致贫阻击战。

（二）全面深化农村产业革命

对照“八要素”和“六个转变”补短板强弱项，以坝区示范打造和产业调整为重点，大力发展“一红一白”主导产业。一是坚定不移推动产业结构调整。以坝区为示范，加快推进规模化、标准化生产基地建设，实现海寨、五里坪、新田等坝区食用菌投产，力争亩产突破万元。围绕茶叶、烤烟、小米、食用菌等特色产业扎实有力推进产业结构调整。在北部石漠化片区，探索推动乌金鸡养殖，着力将乌金鸡打造成扶贫产业的另一张名片。二是全产业链推动主导产业发展。坚持“人均1亩茶”和“一园两区三带”茶产业战略规划，以“六个坚持、两线推动”为抓手，高标准建成南中北三条产业示范带，以公安部帮扶万亩茶园为带动，完成新植茶园5

万亩；持续加强“白叶一号”茶园管护，深化与浙茶集团合作，完善浙茶产业园配套，助推茶产业发展迈上新台阶；组建普安红集团，统筹引领普安红茶产业持续健康快速发展；拓宽“普安红”销售渠道，新增省内外高铁站、“普安红”专卖店（销售中心），借助淘宝直播和省内外展销等平台，让“普安红”红天下；大力推动茶叶精深加工、夏秋茶下树，保持茶叶综合产值达12亿元以上，稳定保障10227户农户增收。全要素、全产业链推进长毛兔产业发展，逐步破解兔种繁育、养殖成本、园区建设等难题，建成兔毛分拣和饲料加工厂，降低养殖成本、提升综合效益，持续扩大养殖规模和带动覆盖面。三是全面提高农业生产组织化程度。大力引进州级以上龙头企业、州级示范合作社，深入推进“龙头企业+合作社+农户”的组织方式，坚持把合作社建在党支部、产业链上，按照契约型、分红型、股权型等方式，帮助全县“村社合一”合作社发展壮大，组织贫困户全部入社，全县所有学校与合作社精准对接。围绕茶叶、长毛兔、小米、乌金鸡、林下菌药材等特色产业，提高农业产业发展规模化、组织化、产销对接水平，确保产业发展覆盖所有村社，让农户稳定分享产业链各增值环节收益，实现群众增收、企业增效、村集体经济积累增长。

（三）强化易地扶贫搬迁后续扶持

普安县抓实易地扶贫搬迁新区的基本公共服务体系建设、培训和就业服务体系建设、文化服务体系建设、社区治理体系建设和基层党建体系建设五个体系，做好易地扶贫搬迁“后半篇文章”，完善新市民居住区配套设施，落实新市民“1+13”政策，抓实就业、教育、医疗等后期扶持和社区管理工作。做好已搬迁人口的低保、医保和养老保险等各类社会保障的转移衔接。以产业覆盖带动真搬实住，建成西城区才华手袋厂扶贫车间，打造东城区林下菌药核心区，推广家庭工厂模式，以产业聚集持续带动有劳动力的搬迁家庭每户至少1人以上稳定就业。加强对搬迁群众的感恩教育和思想引导，不断提高搬迁群众的自我管理、自我服务、自我提升能力，以实实在在的工作举措解决搬迁后续问题，切实提升搬迁群众的获得感和幸福感。

（四）构建稳定脱贫长效机制

强化综合保障性扶贫，认真落实兜底保障和社会救助政策，对特殊贫困人口落实兜底保障，确保应保尽保、应扶尽扶。建立健全防贫监测预警保障机制，加强对脱贫不稳定的贫困人口和边缘户摸底监测、动态管理，及时帮助补齐短板，防止返贫致贫。建立健全解决相对贫困的扶弱帮困长效机制，实施防贫扶助险和农民扶助金制度，织密筑牢防贫网底。

三、普安县巩固脱贫面临的问题与挑战

迄今为止，普安县的脱贫攻坚工作取得了决定性胜利，实现了“脱贫摘帽”，基本消除了现行贫困标准下的绝对贫困问题。但是，在脱贫攻坚收官之年，需要进行反思的是当所有超常规措施变成常态，脱贫攻坚的成效能否巩固？贫困地区的贫困群众又能否稳定脱贫？研究表明，制约普安县稳定脱贫的因素尚未完全消除，巩固普安县脱贫成效仍面临不少问题与挑战。

（一）普安县巩固脱贫面临的问题

1. 贫困户内生动力不足

随着脱贫进程的推进，剩余贫困人口中能力和内生动力不足的比例趋高，其中主要是因病致贫、因残致贫和老龄化等缺乏劳动能力的群体，但也不乏因懒致贫、不愿脱贫的现象，这对贫困户的脱贫教育和精神扶贫工作提出了挑战。习近平总书记强调，贫困群众既是脱贫攻坚的对象，更是脱贫致富的主体，要激励和引导贫困群众靠自己的努力改变命运。外部发展机会和扶持政策等红利都是外因，只能起到辅助作用，贫困户自身脱贫意愿是否强烈才是内因，依靠外部帮扶能解决暂时的贫困问题，但随时都可能出现返贫现象。只有自身脱贫意愿强，所有的帮扶资源和帮扶措施才能达到应有的效果，也才能实现真脱贫。调研发现，在当前的扶贫工作中，存在群众不急干部急的问题，不少贫困户存在基本素养缺失、懒惰、福利依赖等多种问题，脱贫的积极性、主动性不高，存在“等、靠、要”

的思想，争当贫困户，对捐钱捐物享受低保等输血式扶贫依赖度高，对产业扶贫、就业扶贫参与度低，脱贫不是干出来的，而是等出来、要出来、熬出来的，这类人无疑是返贫概率很高的一类人，需要更为基础、更为长期的培养和引导，绝非一蹴而就就能解决的。

2. 扶贫领域专业人才缺乏

扶贫领域人才缺乏是制约脱贫攻坚推进和脱贫成效巩固的一个关键因素，表现为人才素质偏低、人才增量推进乏力、专技人才能力缺失等多方面，尤其是在发展“短、平、快”产业方面的专业技术人员严重缺乏，技术服务力量薄弱，技术服务供应不足。众所周知，脱贫攻坚是一项复杂的系统工程，涉及诸多领域，在政府大量扶贫资金、政策、人力投入后，要实现长期稳固脱贫，需要高度重视发挥人才作为第一生产力的优势。特色是在深度贫困地区，更是急需大量经营管理人才、农村实用人才和专业技术人才发挥引领带动作用。2018 年 3 月发布的《贵州省助力深度贫困县与极贫乡镇脱贫攻坚人才需求白皮书》指出：需求量紧缺程度排在前三位的是乡村医疗卫生人才、基础教育人才和新型职业农民。此外，这些地区对景区带动、法律服务、市场营销、公共文化服务志愿者及财务管理人员的人才需求也很大。同时，扶贫领域人才供给不足与供需错位并存。虽然白皮书的调研是针对全省的深度贫困县，但对普安县后续的巩固脱贫成效工作也具有重要的指导意义。普安县经济基础薄弱，教育、医疗发展相对滞后，对人才的培养和引进都缺乏优势，由于贫困人口较多，人才需求缺口较大，有些地方甚至达不到一个村有一个专业技术人才的配备标准，这些都制约了普安长期稳定的脱贫。

3. 扶贫产业的可持续性有待提高

当前，脱贫攻坚扶持的产业多为农业产业或与农业相关的产业，如茶产业、长毛兔、开农家乐等，这些产业带动脱贫致富的效果十分显著，但能否长久存在确有疑问。由于农业产业缺乏分工和规模效应，抵御自然灾害和市场风险能力相对较弱。同时，面临产业结构单一、同质化倾向明显、产业竞争力不强的问题，小生产与大市场之间存在着结构性矛盾和功能性冲突难以在短时间内消除。虽然，近年来，普安县委、县政府积极推进农业供给侧结构性改革，大力开展农村产业结构调整，但在推行过程中，依然面临不少现实难题。一是新型经营主体带动力不强。虽然“龙头企业+合作社+农户”模式推广较快，但发育还不成熟，由于起步较晚，龙头企业规模小、带动力弱的问题仍十分普遍。500亩以上坝区龙头企业覆盖率不高，省级以上龙头企业较少。新型农业经营主体不够壮大，农业产业化经营体系还不成熟。二是组织化程度不高。合作社发动农户、组织农户能力较弱，土地流转率低，面向小农户的社会化服务缺乏，在产业布局、产业选择、市场对接等方面存在诸多困难。同时，农产品标准化、规范化、专业化种植水平不高，尚未形成小农户与现代农业发展有机衔接的良好机制。三是产业链条短、产品附加值低的问题十分突出。四是基础要素投入不足。对坝区基础设施建设资金投入不足，土地整治、田间道路、排灌设施等短板依然突出，冷链体系建设不配套，机械化水平有待提升。五是品牌效益不够明显。除“普安红”品牌以外，县内缺少有特色、有价值、有名气的农特产品品牌。六是产业发展资金匮乏。普安县属于贫困县，中央专项资金、涉及脱贫攻坚财政专项扶贫资金、县级财政资金都聚焦在脱贫攻坚方面，在产业结构调整方面资金投入不够，产业发展推进困难。

（二）普安县巩固脱贫面临的挑战

1. 新冠肺炎疫情影响贫困户收入增加

2020年初暴发的新冠肺炎疫情对我国经济社会的负面影响是长期且显著的。一是疫情影响外出务工。由于工资性收入在贫困户中占比较高，受疫情影响，不少企业和项目不能开工或开工较晚，导致部分务工人员近期无法外出务工。长时间不返岗或返岗后收入水平偏低，贫困群众就业期缩短，会对部分贫困户如期脱贫带来较大影响。二是影响产品销售。由于疫情防控期间物流流通不畅，对于需要即产即销的大棚蔬菜、食用菌等出现运输难、销售难等多种问题。部分贫困户靠养殖业增收，受人员流动限制，活禽运输管控、屠宰场所关闭、市场消费低迷等因素制约，不得不延长养殖周期，增加成本投入，加上产品无法进入市场，影响养殖规模的扩大和再生产的实施。三是影响帮扶实效。在稳定控制疫情之前，扶贫项目有不少不能开工建设，有的不能按计划投入运营，对贫困群众的直接带动和辐射作用发挥不出来。

2. 经济下行压力加大，地方政府财政压力大

当前，经济进入新常态，我国经济下行压力加大，加之2020年初新冠肺炎疫情的影响，稳增长难度加大，虽然普安县近年来经济增长依然保持着两位数的高位运行区间，但作为国家级贫困县，财力薄弱，对中央转移支付依赖度高。加之在发展扶贫产业、基础设施建设、易地扶贫搬迁等方面投入很大，面临着还欠账的巨大压力，后续的产业可持续发展、基础设施的管理维护，以及易地扶贫搬迁后续的配套设施建设等都需要大量的资金投入。此外，县级财政扶贫配套资金往往无法落实，可持续脱贫财政压力大。

3. 易地扶贫搬迁后续扶持工作仍面临多重困境

易地扶贫搬迁是一项浩大的工程，仅仅搬出来、住进去是远远不够的，能否真正融入新的社区是一个很重要的问题，否则很可能搬得出、留不住。在书写易地扶贫搬迁的“后半篇文章”时，普安县仍面临不少挑战。一是搬迁社区的产业保障和搬迁群众就业服务未落实到位，搬迁户中的老人、妇女的就业问题未能得到妥善解决，直接影响这部分群众的搬迁意愿；二是由于搬迁群众文化素质较低，对搬迁工作的思想认识不到位，对他们的思想教育和文化服务短时间内难以达到预期，同时，搬迁户的生计能力需要重新构建，这些也难以在短时间内实现；三是培训就业的针对性、实用性不强，安置区引进企业较少且活力不是很强，带动群众发展的功能没有发挥到位；四是部分新市民计划“1+13”系列措施的牵头部门没有做好指导工作，主动作为和协作力度不够，工作方法缺乏创新，工作成效不明显；五是由于县财政进展缓慢，搬迁后续扶持资金拨付缓慢、不及时，影响了搬迁安置区的配套设施和公共服务建设，搬迁群众的生活质量也因此受到影响。

四、巩固普安县脱贫成效的对策建议

2020年中央一号文件指出，脱贫攻坚的最后堡垒必须攻克，全面小康

“三农”领域突出短板必须补上。具体到普安县的扶贫开发工作，势必应当继续保持攻坚态势，紧盯脱贫人口和边缘人口持续发力、筑牢防线，强化攻坚责任，加大产业扶贫、就业扶贫、易地扶贫搬迁后续扶持，形成完善“造血”功能、改造“输血”机制、健全“失血”救助的工作格局，以更加精准的措施，更加务实的态度，更加扎实的做法，巩固提升脱贫成效，确保贫困人口“两不愁三保障”全面实现，确保贫困现象不反弹，贫困人口不返贫，实现稳中求进，保持政策总体稳定，以稳打稳扎，切实巩固脱贫成效。

（一）宏观战略层面

坚持以习近平新时代中国特色社会主义思想为指导，认真贯彻落实习近平总书记关于扶贫开发工作的重要论述以及对贵州工作的重要指示精神，2020年中央一号文件，增强“四个意识”，坚定“四个自信”，做到“两个维护”，持续坚定信心不动摇、咬定目标不放松、整治问题不手软、落实责任不松劲、转变作风不懈怠。进一步强化责任落实、优化政策供给、深化帮扶举措、强化过程监管，坚持“政策不变、力度不减、机构不散、干部不撤”原则，坚决落实“四个不摘”要求，建立健全防止返贫致贫监测机制，围绕“四逐四准”“八个一”工作部署，着力推进脱贫攻坚与乡村振兴有效衔接，扎实推进相对贫困治理，巩固提升脱贫成果，确保稳定脱贫和可持续发展，全面高质量完成脱贫攻坚任务。

（二）中观制度层面

1. 建立致贫返贫监测预警机制

依托贵州省扶贫大数据平台，对已脱贫人口、边缘人口返贫高风险人群进行全面摸底排查、分析研判、动态监测和预警分析，整合县卫健、教育、民政、应急、公安、自然资源、住房、水利等部门数据信息，依靠驻村扶贫工作队、包村干部、“第一书记”和村支“两委”等基层力量，便于相关部门随时掌握每户家庭的人口信息、收支情况、就业情况、医疗教育、社会保障等基本信息，特别是已脱贫人口“两不愁三保障”落实情况，实施返贫监测预警，确保将返贫户和新增贫困户及时纳入帮扶对象。通过对大量信息的采集分析，并对可能的返贫原因进行大数据分析，由系统提出有针对性的帮扶建议，再将系统反馈的信息推送给相关职能部门，由其负责具体落实。出台实施收入水平略高于建档立卡贫困户群体的扶持政策，探索建立解决相对贫困的长效机制。

2. 建立健全社会保障制度

认真落实社会保障政策，强化稳定脱贫支撑条件和制度基础。一是逐步提高养老、医疗、教育保障水平，探索政策性保障与商业保障的有机结合，拓宽保障资金来源，提高贫困家庭的抗风险能力。二是针对因病、因残致贫返贫人群，因人施策、兜底补短，从根本上阻断贫困蔓延。三是落实养老保险政策，确保脱贫户养老保险全覆盖。对“无业可扶、无力脱贫”的残疾人、孤寡老人等特殊贫困群体提供基本保障。四是加大临时救助、慈善救助等社会救助力度，对于因灾致贫、因病致贫等突发性因素导致暂时生活特别困难的家庭开展临时救助，根据救助对象的情况，综合运用发放临时救助金和实物、提供转介服务等多种救助方式，对受灾人口给予及时充分的救助帮扶。

（三）微观措施层面

1. 坚持扶志扶智结合，增强稳定脱贫内生动力

大力宣传“团结奋进、拼搏创新、苦干实干、后发赶超”的新时代贵州精神，宣传扶贫成效和脱贫典型，及时总结推广巩固脱贫成效中形成的好经验、好做法，形成勤劳致富、脱贫光荣、返贫可耻的社会氛围。开展各类评比竞赛活动，对巩固脱贫成效中的先进典型大力宣传，实行多干多支持，采取生产奖补、劳务补助、以工代赈等方式，把扶贫主体和扶贫对象的潜力激发出来，增强他们的主体意识和内生动力，摆脱对扶贫政策的依赖，激发贫困人口脱贫不返贫、追求美好生活的强烈愿望。同时，注重抓好反面典型警示，对因懒致贫、因赌致贫、因子女不赡养老人致贫等问题，建立失德、失信、失孝负面清单，加强教育引导，必要时采取司法干预。扎实做好思想引导，通过政策宣讲、典型宣传和思想政治工作，引导

贫困群众解放思想、转变观念、提振信心，发挥主观能动性，用自己的智慧和勤劳的双手创造美好生活。

2. 发展特色产业，确保贫困人口有稳定的收入来源

继续推进农业供给侧结构性改革，大力实施振兴农村经济的深刻的产业革命。一是选好产业。依托普安的资源禀赋和产业基础，进行科学论证，因地制宜发展当地特色优势产业。同时，要让所选择的产业真正得到最广泛的群众认可和支持，建立民主决策机制，让扶贫资源和资金的利用由群众说了算，充分调动农民参与产业扶贫的积极性、主动性和创造性，激发农民的致富内生动力，实现稳定脱贫。二是支持脱贫户配套生产经营设施，建设高标准种养业基地，实现长短结合特色产业项目全覆盖。三是加大对龙头企业、专业合作社等新型经营主体的扶持力度，增强带贫益贫能动性。采取党支部、村集体、企业、基地、“合作社+农户”等多种形式，带动贫困户发展产业，通过股份合作、订单帮扶、生产托管等方式，推动贫困户与新型经营主体建立稳定、紧密、互利的利益联结关系，实现市场主体发展壮大与贫困户脱贫致富的互利双赢。四是培育优质农产品品牌，加大电商扶贫力度，大力推广“农超对接、农企对接、农社对接、农校对接”，建立农产品稳定的销售渠道。五是推进农业三产融合，开发农业多种功能，拓展农业新业态，推进旅游、电商与农业产业的深度融合，搭建县、乡、村三级电子商务服务体系。立足优势产业，着眼产业链、价值链建设，聚焦资源要素，突出集群成链，按照做大第一产业、做强第二产业、做活第三产业的思路，推动农村第一、第二、第三产业融合发展，提高农业产业的综合效益和整体竞争力，促进农民持续较快增收。

3. 加大对贫困户脱贫能力的培养

从长远来看，无论是推进农民的职业化、农业的产业化还是农村的现代化，都需要培育和造就一批有知识、有能力、懂技术、会经营、善管理的专业技术人才。这也是当前巩固脱贫成效，实现稳固脱贫的必由之路。巩固提升脱贫成效，必须把增强贫困群众的脱贫能力作为基本措施。这就需要对所有已脱贫人口和边缘人口进行分类管理，有针对性地对他们进行技能培训，让贫困户结合自身特点，习得一技之长。打通职业教育、普通

教育、继续教育的衔接通道，加大有针对性的实用技能培训。人社、农业农村、扶贫等部门联合组织开展好“订单培训”，确保更多务工人员掌握技术含量相对较高的实用技能，帮助他们掌握一技之长。创新培训方式，把农业技术培训办到田间地头，把就业培训办到工厂车间。按照“五步工作法”要求大力开展新型职业农民培训，依托新时代文明实践中心、学习大讲堂、干部夜校等载体和各级各地高等教育、中等职业教育资源，以专业大户、科技示范户、农村青壮年、返乡创业农民、退伍军人、大学生农村创业者为培训对象，实施新型职业农民经营主体带头人轮训、现代青年农场主培训、农村实用人才带头人培训和农业产业精准扶贫培训等培训计划，重点围绕农业生产、经营和服务开展培训，培养大量具备现代信息技术、农业产业化、适度规模经营、农村环境与发展等领域的综合素质人才，提升他们的思维、理念、营销、组织等方面的现代性，切实提升贫困户脱贫致富的能力。

4. 把就业创业作为巩固脱贫的重要手段

健全农村人口就业保障机制，加强就业扶持，开展技能培训，推进东西部劳务协作并注重加强对就业人群的权益保护，帮助解决农村人口的就业难问题，进一步增加其工资性收入，确保有劳动力的贫困家庭至少一人稳定就业。积极拓展就业渠道，建立多元化就业体系，进一步拓展本地企业吸纳、能人大户带动等就业渠道。坚持创业带动就业，鼓励农民工返乡创业，当地能人就地创业、低收入劳动力自主创业，不断拓展就业渠道。强化易地扶贫搬迁后续扶持，大力兴办社区工程、扶贫车间、培育就业扶贫基地，妥善解决好各类搬迁群众的就业问题。开发公益性岗位，优先安置残疾或不便外出的低收入群体，确保就近就地就业比例大幅提高。

5. 实施对巩固脱贫成效工作的监督考核

考核导向决定工作方面，考核指标决定工作目标。把控制新增贫困纳入年度目标考核的重要内容，制订行业成果巩固方案，明确任务清单，抓好督导落实，确保任务细化到量、具体到点、落实到人。完善考核办法，重点考核脱贫攻坚成效的巩固，考核指标要围绕公共脱贫成果、有效防止返贫进行设计，将返贫法律作为监督考核的重要指标。充分发挥人大、政协、民主党派的作用，加强对扶贫脱贫、防止返贫工作的民主监督力度，严格监督考核结果运用，对出现巩固脱贫成果工作进度慢、措施落实不到位、未完成年度目标任务、出现大规模返贫的相关责任人实行一票否决。

B.5　普安县生态经济发展研究

郝　洪[①]

摘要： 本研究以生态文明绿色发展指标体系为依据，着重分析了普安县产业结构，以及在发展生态农业，污染指标情况和资源利用发展的情况，总结普安县生态经济发展现状，从中查找阻碍普安县生态经济发展的制约因素，提出创新生态经济产业结构，推进生态文明建设等未来发展路径，为促进普安县生态经济健康发展，建设生态普安提供理论支撑和智力支持。

关键词： 普安县　生态经济发展　绿色发展指标　生态文明建设

党的十九大报告对生态文明建设专门作了论述，坚持人与自然和谐共生，建设美丽中国；为实现建设社会主义强国，在新时代发展新经济，开创新经济发展路径指明了方向和道路。全球疫情对经济发展的冲击更让我们清醒地认识到人与自然必须和谐共生的重要性，同时建设美丽中国，就必须毫不动摇坚持这一理念。实现社会主义强国，新时代发展新经济，无论是国内外发达国家还是发展中国家，探索行之有效的经济发展道路意义重大。黔西南州作为国家生态保护与建设示范区、全国生态文明示范工程试点之一，以及全省唯一以市州为单位的生态文明先行示范区，在推进生态经济建设方面进行了探索，积累了经验。

普安县作为“中国古茶树之乡”[②]，生态文明先行示范区内县域之一，一直以来，按照国家、省、州生态文明先行示范区建设的总体要求，牢牢

① 郝洪，普安县发展和改革局资源节约和环境保护股负责人。

② 2011 年普安县被中国茶叶流通协会命名为“中国古茶树之乡”，2017 年被授予“中国茶文化之乡”。

守住发展和生态两条底线，践行“绿水青山就是金山银山”的理念，坚持将茶产业作为普安县的绿色生态产业进行重点打造，以推进生态文明、建设美丽黔西南为根本方向，逐渐树立保护生态环境就是保护生产力、改善生态环境就是发展生产力的理念，为生态文明建设和发展生态经济方面奠定了一定的基础。

一、普安县生态经济发展现状

生态经济是指以生态文明思想为指导，将环境和经济协调发展作为目标，统筹运用现代科学技术、生态学原理、生态文明思想、市场经济理论和系统工程方法，达到经济和生态的双赢良性循环发展，建立经济、社会和环境三位一体协调发展的现代社会体系。生态经济有其一定的特点，主要是在保证自然环境不受破坏的前提下，在生态系统可承受的范围内发展经济，扩大经济的再生产过程，建立一个资源配置合理、经济实力增强、产业结构优化、自然环境良好的经济与生态协调发展的系统。“十三五”以来，普安县积极践行新发展理念，坚持深化供给侧结构性改革，守好发展和生态两条底线，经济社会发展进一步形成稳中有进、稳中向好、稳中提质的良好局面，全县生态经济发展呈现出如下特点。

（一）生态经济产业结构不断优化

1. 经济实力稳步增强

地区生产总值由2015年的60.1亿元增加到2018年的89.35亿元，年均增长13.2%，分别高于全省（9.9%）、黔西南州（12.6%）的GDP增速3.3个、0.6个百分点，经济总量持续保持稳中有进的良好发展态势。从三次产业增加值的发展情况来看，全县第一产业增加值、第二产业增加值和第三产业增加值由2015年的9.75亿元、28.33亿元和22.02亿元增加到2018年的19.3亿元、35.2亿元和34.7亿元，年均分别增长6.7%、12.4%和17.9%。人均地区生产总值由2015年的22847元增长为2018年的35013元，逐渐摆脱低收入水平，稳步进入中等收入水平。在一般公共预算收入、固定资产投资和全社会消费品零售总额方面，由2015年的8.01

亿元、73.8亿元和7.74亿元增加到2018年的8.82亿元、87.72亿元和10.49亿元，分别年均增长5.5%、21.8%和11.6%。2018年普安县经济发展综合测评在全省县域经济第二方阵中排第10位，比2017年上升2位。

2. 产业转型步伐稳中有快

坚持以供给侧结构性改革为主线，着力推进数量向质量转变，兼顾效率和动力的变革，全县大力推进现代产业体系建设，重点支撑实体生态经济发展，提高全要素生产率，推动现代产业蓬勃发展，加快工业经济高质量生态转型发展。三次产业转型升级和融合发展步伐取得新突破，现代高效特色产业体系初见雏形。三次产业结构从2015年的21.7∶39.4∶38.9调整为2019年的21.8∶33.8∶44.4。第一产业比重有所上涨，第二产业比重稳步上升，第三产业比重涨幅较大，总体来看，第一、第二、第三产业结构逐渐优化，产业质量转型升级步伐不断向前（见表1）。

表1 普安县、黔西南州及贵州省地区生产总值与三次产业增加值及其增速比情况

单位：亿元，元，%

区域	指标	2015年	2016年	2017年	2018年	2019年
普安县	地区生产总值（增长率）	60.10（13.5）	70.93（14.3）	81.94（13.3）	89.35（12.1）	93.74（11.6）
	第一产业增加值（增长率）	14.45（6.2）	16.77（6.7）	18.42（6.3）	19.39（7.0）	20.43（6.0）
	第二产业增加值（增长率）	25.30（13.6）	27.81（13.5）	32.08（12.3）	35.21（11.6）	31.69（13.0）
	第三产业增加值（增长率）	20.35（15.9）	26.35（20.3）	31.45（18.6）	34.75（15.3）	41.61（13.5）
	人均生产总值（增长率）	23386（17.4）	27653（14.5）	32040（15.9）	34936（10.9）	35873（2.68）
黔西南州	地区生产总值（增长率）	801.65（13.6）	929.14（13.3）	1016.7（12.5）	1163.75（12.0）	1272.8（9.8）
	第一产业增加值（增长率）	168.3（6.5）	188.84（6.2）	204.08（6.6）	212.9（18.3）	226.88（6.0）
	第二产业增加值（增长率）	273.29（13.5）	289.31（12.3）	340.68（10.7）	375.80（18.3）	444.77（12.1）
	第三产业增加值（增长率）	360.06（15.6）	441.99（17.2）	522.84（16.2）	575.05（14.3）	601.15（9.5）
	人均生产总值（增长率）	23464（13.6）	32833（12.8）	37471（11.8）	40608（11.4）	—

续表

区域	指 标	2015 年	2016 年	2017 年	2018 年	2019 年
贵州省	地区生产总值（增长率）	10502.56（10.7）	11734.43（10.5）	13540.83（10.2）	14806.45（9.1）	—
	第一产业增加值（增长率）	1640.62（6.5）	1846.54（6.0）	2020.78（6.7）	2159.51（6.9）	—
	第二产业增加值（增长率）	4146.94（11.4）	4636.74（11.1）	5439.63（10.1）	5755.54（9.5）	—
	第三产业增加值（增长率）	4715（11.1）	5251.15（11.5）	6080.42（11.5）	6891.37（9.5）	—
	人均生产总值（增长率）	29847（12.7）	33127（9.8）	37956（9.4）	41244（—）	—

资料来源：省、州数据来自《贵州省统计月报》；普安县数据来源于普安县《领导干部统计手册》。

从“四型”产业增加值占 GDP 比重来看，普安县生态经济主要以生态利用型产业为主，也就是茶产业和生态旅游业。2019 年全力推进“一红一白”主导产业，集中打造南中北三线 2 万亩茶产业示范带，完成茶叶种植 3 万亩，推动茶叶精深加工、夏秋茶下树，实现茶叶综合产值 12.63 亿元；完成天然林禁伐管护界定工作 4.3 万亩、石漠化治理 3 万亩、低产低效林改造 1 万亩、申报退耕还林 11.35 万亩，森林覆盖率达 53.15%，生态优势日益凸显。山地旅游稳步发展，投入运营旅游景区（点）3 个，各类旅游餐饮、购物企业 19 家，成功举办国际山地自行车赛道徒步等系列活动。全年旅游接待人数达 200.72 万人次，同比增长 35.81%，旅游收入 19.45 亿元，同比增长 40.6%。此外，低碳清洁型产业稳定起步发展，2019 年新建青山营山、新店小坪地、楼下黔光照 3 个光伏发电项目，实现太阳能光伏发电 2.7 亿千瓦时。

从单位 GDP 能耗降低率来看，普安县能源消耗对生态经济发展的影响从无到制约。根据黔西南州“十三五”节能减排综合工作方案目标情况，5 年能耗增量控制目标为 140 万吨标准煤（2015 年全州能耗总量 743.28 万吨标煤，5 年增速 3.51%），单位 GDP 能耗降低目标为 14%（2015 年全州单位 GDP 能耗为 0.93 吨标煤/万元，5 年减速为 2.97%）。2019 年全州能源消耗总量为 759.24 万吨标准煤，同比增加 38.96 万吨标准煤，增长 5.41%；单位 GDP 能耗为 0.6631 吨标煤/万元，同比下降 4%，完成了省下达的能耗增量控制在 80 万吨标准煤以内（州下达目标 56.5 万吨标准煤以内），单位 GDP 能耗下降 1.5%的年度目标任务。其中，能源消耗增量比 2015 年增加 67.57 万吨标准煤，增长 9.77%，完成“十三五”目标进度 48.26%，完成控制在 80%以下的目标范围；单位 GDP 能耗比 2015 年下降 23.12%，完成“十三五”目标进度 65.14%，完成控制在 80%以上的目标范围。普安县能源消耗总量为 62.37 万吨标准煤，同比增加 25.55 万吨标准煤；单位 GDP 能耗为 0.7471 吨标煤/万元，同比下降 10%（见表 2）。

从 2019 年能源消耗总量指标来看，2019 年普安县能源消耗突增 25.55 万吨，其原因是青山火电厂大量用煤发电，从而导致全县能源消耗过多，占比全州能源总量大，严重影响制约普安县推进生态经济的发展。

表 2 2015—2019 年普安县及黔西南州能源消耗总量和单位 GDP 能耗情况

单位：万吨标准煤，吨标煤/万元

地区	指标	2015 年	2016 年	2017 年	2018 年	2019 年
普安县	能源消耗总量	34.22	35.64	35.84	36.15	62.37
	单位 GDP 能耗	0.57	0.52	0.4605	0.4145	0.7471
黔西南州	能源消耗总量	743.28	793.16	765.11	774.08	759.24
	单位 GDP 能耗	0.93	0.87	0.7482	0.6757	0.6631

资料来源：省、州数据来自黔西南州节约能源办公室。

（二）生态农业环境逐步改善

民以食为天，农业是国民经济发展的基础，是人类生存发展的衣食之源。生态农业根据生态系统内物质循环和能量转换规律，通过运用现代科学技术和系统工程方法，合理安排生产结构和产品布局，促进物质在系统内部的循环利用和重复利用，尽可能以少的燃料、肥料、饲料和其他原材料的输入获得尽可能多的农产品及其加工制品的输出，从而获得生态经济效益。以农业耕地为例，作为发展生态农业的基础保障，近年来普安县耕地质量逐步提升（见表3）。

表3　2018年度与2017年度耕地质量等级变化情况对比

单位：公顷

年度	耕地质量等别						合计
	9	10	11	12	13	14	
2017	91.87	5428.64	12985.52	15288.22	12355.46	655.90	46805.61
2018	91.87	5416.33	12960.00	15254.17	12339.93	655.90	46718.20
增减（-+）	0.00	-12.31	-25.52	-34.05	-15.53	0.00	-87.41

2017年度耕地质量等别更新评价总面积为46805.61公顷，耕地评定为9—14等别共计6个等别，9等耕地质量最好，面积为91.87公顷，14等最差，面积为655.90公顷。2018年度耕地质量等别更新评价总面积为46718.20公顷，耕地评定为9—14等别共计6个等别，9等耕地质量最好，面积为91.87公顷，14等最差，面积为655.90公顷。

2017年度国家平均利用等别是11.78等，2018年度国家平均利用等别是11.78等。通过对表中指标数据的分析比较，2018年度普安县耕地质量等别更新评价结果与2017年度耕地质量等别更新评价结果相比：9等别与14等别耕地面积不变，10、11、12、13等别耕地减少。其中，12等别耕地减少最多，面积为34.05公顷；10等别耕地减少最少，面积为12.31公顷。总体来说，耕地等别变化不大（如图1）。

由此可见，普安县耕地环境影响不大，生态农业发展环境趋于平稳并逐步改善。

（三）生态旅游经济效益凸显

近年来，普安县充分挖掘“中国古茶树之乡”“中国茶文化之乡”品牌价值，推出“住茶园、游茶园、品茶饮、购茶产、体验茶俗”的乡情体验模式，打造生态养生基地，推动大健康产业发展。2019年全县大力发展智慧旅游，加快发展山地旅游业，开发山地旅游装备、温泉疗养、康养旅游、户外运动等旅游产品，加大旅游营销推荐力度，推动旅游业持续“井

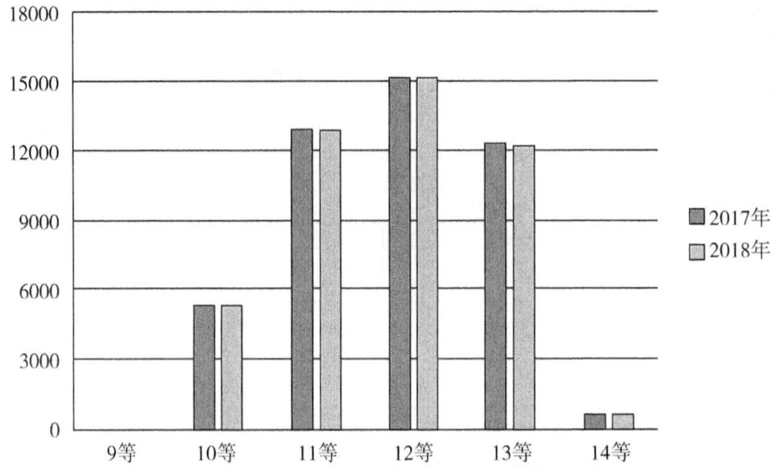

图 1　2017 年与 2018 年普安县耕地质量利用等别柱状变化

喷”。建成普安县智慧旅游平台并投用，同时打造推出联盟村、细寨村、哈马村、卡塘村、崧岿村、吟路村、红寨村等乡村旅游村寨，其中联盟村和细寨村获得标准级乡村旅游村寨；同时于 2019 年成功打造、创建国家 3A 级旅游景区。此外，建成普安国际山地自行车赛道和自行车主题公园，每年定期举办户外运动赛事；不断加大了旅游宣传营销，制作《奇行圣境·茶源普安》旅游宣传片，制作《天下普安》《普安红·普安绿》等主题歌曲进行旅游宣传推介。

表 4　2017—2019 年普安县旅游接待人数和旅游收入变化对比

单位：万人次，亿元

指　标	2017 年	2018 年	2019 年
接待旅游人数（增长率）	96.38（55.96%）	145.68（51.15%）	273（87.4%）
旅游总收入（增长率）	7.22（56.9%）	11.20（55.06%）	32.7（191.96%）

资料来源：普安县 2019 年和 2020 年国民经济和社会发展主要指标计划（草案）。

从表 4 中可以看出，无论是旅游人数还是旅游收入，2017—2019 年 3 年增长率都在 50%以上，由此可见这几年普安县旅游业发展的趋势，特别是 2019 年旅游人数达到 273 万人次，收入达 32.7 亿元，同比分别增长 87.4%和 191.96%。如此大的增长情况，是因为生态茶产业的发展，特别是在“白叶一号”茶产业工程的投入实施以来，普安县通过“以茶促旅、以旅兴茶”的探索，将茶旅一体化进行实践，强力推进精品旅游景区国际旅游目的地建设，开展 A 级景区创建，引导各地开发具有鲜明地方特色的旅游商品。推进全省精品旅游景区——普安茶文化生态旅游景区建设和普安国际山地旅游目的地建设，建成了普安国际山地自行车赛道、布依茶源小镇、自行车主题公园、世界茶源文化公园、天下普安·古茶城等重点旅游项目；开展 A 级旅游景区创建工作，普安森林温泉成功创建 3A 级旅游景区；待茶马古道、崧岿寺等旅游景区建设完成后，也将启动 A 级旅游景区创建工作；积极引导旅游商品开发，目前已经开发了普安红、龙溪石砚、普安砚壶、少数民族手工艺品等旅游商品，并积极参与全省优秀旅游商品评选活动，助推全县旅游商品开发，为游客提供更好的服务，同时提升了普安县生态旅游经济发展效益，为发展生态旅游经济奠定了一定的基础。

二、普安县生态经济发展存在的问题

（一）产业结构不合理

普安县发展生态经济的产业结构严重不平衡，“四型”产业占比较低，以生态茶产业发展为主，经济结构薄弱。应积极调整原有的产业结构。比如传统经济生产的过程中产生了污染环境的废气、工业垃圾等。城市的生态经济建设是影响一个城市的环境质量和经济发展的重要因素，工业污染是城市最主要的污染源之一，是当今城市环境危机的根源所在。普安县也不例外，工业废气的排放，导致城市空气严重污染，制约生态经济发展和生态文明建设，严重破坏了居民的生活。

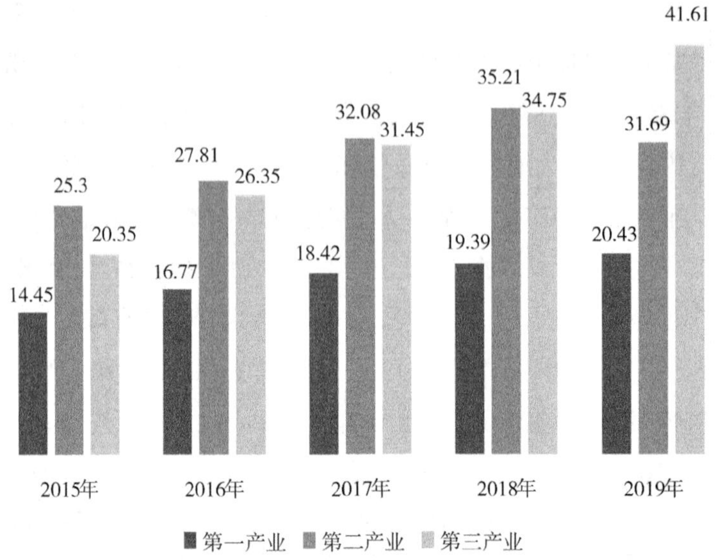

图 2　普安县 2015—2019 年产业结构柱状图　（单位：%）

（二）资源利用率低，能源消耗量大

从表 5 中可以看出，在普安县经济发展中，资源利用率低与能源消耗量大并存。一是资源利用率低。通过对绿色发展指数进行分析，普安县 2017 年和 2018 年用水量存在大量浪费现象，新增水土流失治理率从 2017 年的 7. 78%到 2018 年的 61. 19%，大量土地资源流失；虽然固体废弃物利用率有所提高，农作物秸秆利用率上升，但是利用率提高幅度小，比如一般工业固体废物综合利用率提高 0. 78 个百分点。

二是能源消耗总量大，效率低。普安县煤炭企业一直以来走的是一条粗放开发、简易加工、高耗能、低效利用的数量速度型发展道路，生产方式以煤炭开采为主，生产中将大量与煤共伴生的资源作为废弃物直接排放。普安县 2018 年度单位 GDP 能耗降低率同比下降 1. 25 个百分点，单位 GDP 二氧化碳排放降低率同比下降 68. 13%。这显然体现出资源的不合理利用，同时还造成了环境污染加重。

表5　2017—2018 年普安县资源利用变化对比

类　别	计量单位	2017 年	2018 年	变化（-+）
单位 GDP 用水量降低率	%	-2.44	-13.75	-11.31
单位工业增加值用水量降低率	%	11.5	-7.98	-19.48
农田灌溉水有效利用系数	—	0.45	0.48	0.03
单位 GDP 建设用地面积降低率	%	11.7	9.1	-2.6
一般工业固体废物综合利用率	%	99.22	100	0.78
农作物秸秆综合利用率	%	74.05	80.92	6.87
能源消耗总量	万吨标准煤	0.56	0.86	0.3
单位 GDP 能耗降低率	%	11.25	10	-1.25

资料来源：黔西南州生态文明建设领导小组办公室 2017 年度和 2018 年度《大生态考核》数据。

（三）生态环境污染不断加重

环境质量逐渐降低，污染进一步加重。根据表 6 的指标和数据，首先，从空气质量方面来看，城市空气质量优良天数比例 2018 年较 2017 年下降 0.7 个百分点，城市细颗粒物（PM2.5）浓度降低率 2017 年为 27.59%，2018 年降低率反而为-0.29%，显然影响空气质量的因素为城市细颗粒物浓度。其次，从减排方面来看，2018 年普安县氨氮排放量降低率、二氧化硫排放量降低率和氮氧化物排放量降低率分别为-26.98%、-44.34%和-633.78%，从表 6 可以看出，环境污染严重程度加深；除此之外，化肥使用增加，从单位耕地面积化肥使用量上，由 2017 年的 147.1 千克/公顷增加到 2018 年的 147.47 千克/公顷，增加了 0.37 千克/公顷，由于大量或超标使用化肥，化肥成本已成为众多地区种植业成本中比重最大的项目，一般要占到总成本的 40%—50%，加上其他生产资料的投入，种植业生产成本迅速增加，致使经济效益相对持续地下降。最后，在环境污染治理投资占 GDP 比重方面，2017 年投入环境污染治理占 GDP 比重为 0.28%，而 2018 年投资占比却下降为 0.19%，同比降低了 0.09 个百分点。一方面环境污染加重，另一方面治理投入减少，这就直接制约和限制生态经济的发展。

表6　2017—2018 年普安县环境治理及质量情况对比

类　别	计量单位	2017 年	2018 年	变化（-+）
化学需氧量排放量降低率	%	0.61	23.95	23.34
氨氮排放量降低率	%	34.79	-26.98	-61.77
二氧化硫排放量降低率	%	9.38	-44.34	-53.72
生活垃圾无害化处理率	%	84.2	81.88	-2.32
县级以上城市空气质量优良天数比例	%	99.7	99	-0.7
县级以上城市细颗粒物（PM2.5）浓度降低率	%	27.59	-0.29	-27.88
单位耕地面积化肥使用量	千克/公顷	147.1	147.47	0.37
单位耕地面积农药使用量	千克/公顷	2.31	2.12	-0.19
环境污染治理投资占 GDP 比重	%	0.28	0.19	-0.09

资料来源：黔西南州生态文明建设领导小组办公室 2017 年度和 2018 年度《大生态考核》数据。

（四）缺乏生态经济意识

在新时代，经济新常态转型的发展阶段，虽然生态文明思想和“两山”理论早已形成指导理论，但是在部分基层地区落实力度不足，甚至没有生态经济概念意识。此外，人们的消费观念已经不是传统的节俭节约，而是一味地追求奢侈浪费，当今，一些人把所消费掉东西的多少，消费水平的高低，看成是事业成败和自我价值实现的主要标志，变成了消费机器。应该树立“美好的生活需要”与“适可而止的消费”的观念，在维持和延续环境资源的前提下有节制地消费。在生活方式方面要走生态道路，树立生态消费的新思路，包括在能源消耗、交通方式的选择、日常生活消费方式的选择等方面都要避免浪费。

三、普安县生态经济发展的未来路径

（一）注重绿色发展，根治环境污染

实施大生态战略行动，大力推进生态文明建设。坚持把生态文明建设、生态环境保护、根治环境污染放在更加突出的战略位置，坚持绿色优先、保护优先、自然恢复为主的基本方针，依法治理环境污染，牢牢守住生态底线，实现绿色发展。

1. 推动绿色循环低碳发展

转变资源利用方式，创新探索，提高资源利用效率。发展节约型农业，推动工业和重点服务业的节能降耗，争取更多有效实施节能改造、节能技术产业化建设示范重点工程，落实节能发电调度、电力需求管理、合同能源管理等节能机制，统筹推进建筑、公共机构等领域节能。积极推行有毒有害原材料的替代和污染物减排管理。同时，加强再生资源回收利用，推动共伴生矿、尾矿等资源综合利用以及绿色矿山建设，开展农林废弃物和工业三废的综合利用。围绕县重点产业，打造跨行业、跨企业、跨地区的循环产业链，推进产业园区循环绿色改造。推行绿色低碳生活方式，推广绿色建筑，开展低碳社区和低碳校园建设，探索打造低碳产业园区试点工作。

2. 加大生态系统建设力度

大力实施封山育林、人工造林、退耕还林还草，加大珍稀濒危物种保护力度。继续推进石漠化综合治理，开展城乡绿化美化，继续实施山体公园化绿地建设工程，加强森林资源保护，实施森林抚育及低产低效林改造，建立保护森林资源的长效机制。切实做好水土保持工作，实施坡耕地治理、小流域综合治理等工程。全面推行“河长制”，推进河湖管理保护常态化，将县域内河流、水库纳入河长制范围；加强水源地保护，实施集中式饮用水源地“围网”工程。大力发展生态农业、生态产品加工业、生态旅游业。

3. 加大环境有效保护力度

划定生态红线，确定产业布局。推行全流域、跨区域和城乡协同治理模式，实施污染物排放总量控制，加强大气污染防治，加快水泥、冶金等重点行业减排设施改造升级，推进煤炭清洁利用。全力保障水生态环境安全，强化饮用水水源环境保护，深化重点流域、湖泊污染防治。加强土壤、重金属、工业固体废物和医疗废弃物污染防治。深化农村环境综合整治。加强生态文明法制建设，推进跨区域合作，推动环境污染第三方治理，加大环保执法力度，严厉打击环境违法行为。

4. 严守县域生态保护红线

加强山水林田湖草系统治理，划定并保护好饮用水源地，重视山体形貌维护、植被修复养护、水系岸线防护，慎砍树、禁挖山、不填湖、少拆房，不人为取直道路，不盲目改变河道流向。大力开展生态保护红线勘界定标工作，制定普安县生态保护红线分类管控实施细则，限制合理利用自然资源的开发建设活动的强度，禁止破坏主导生态功能的开发建设活动。建立常态化巡查、核查制度，严格查处破坏生态保护红线的违法行为，建立生态保护红线的生态功能评价制度，强化评价结果运用，确保生态功能不降低、面积不减少、性质不改变。

5. 实行严格耕地保护制度

严格划定永久基本农田，实行特殊保护。转变农业发展方式，推进农业现代化，严格规范用地管理，加强监测督查，对土地违法违规问题动真碰硬、重典问责。同时强化各级政府主体责任，在深化农村土地制度改革、推进新型城镇化过程中，坚定不移实行最严格的耕地保护制度、最严格的节约用地制度，将良田沃土、绿色田园留给子孙后代。严格保护全县永久基本农田，依法依规做好耕地占补平衡，规范有序推进农村土地流转，严防耕地“非粮化”“非农化”。

（二）创新生态经济结构，充分利用生态资源

持续推进高质量发展，抓住“十四五”时期发展的战略历史机遇，深化供给侧结构性改革，推进全县产业转型升级，着力实现国民经济由快速

增长向高质量发展转型。按照统筹推进新型工业、现代特色农业和现代服务业协同发展的要求，创新生态经济产业结构，做大做强特色高效农业，逐步提升工业存量，实现工业增量高端导入，以发展现代服务业为主导，强化文化与旅游整合发展，着力构建新生态经济产业体系，充分利用生态资源助推生态经济发展。

1. 推进特色高效的新型农业现代化建设

加快推进农业基础设施建设，以发展特色农业产业为重点，以现代山地高效农业示范园区建设为平台，以培育新型农业经营主体为支撑，加快打造现代山地特色农业产业集群，推进农业规模化、产业化发展，着力提高供给体系质量和效率，稳定粮食种植业，大力发展茶、长毛兔、核桃、芭蕉芋、烤烟、食用菌、生态家禽等特色农业，扎实推进“一红一白”产业建设，以玉米调减、“退一进十”和500亩以上坝区产业结构调整为抓手，以产业结构调整示范推动产业发展。

（1）稳定粮食种植业。调整粮食种植结构，在总面积保持基本稳定的基础上，进一步扩大和推广高效优质粮食品种的种植面积，稳定粮食产量。积极发展无公害、绿色、有机的粮食产品。落实最严格的耕地保护制度，稳定粮食播种面积，增加农业科技含量，不断提高粮食单产。全县粮食以水稻、玉米生产为主，水稻生产以楼下、青山、龙吟、江西坡等乡镇为主；玉米生产以楼下、青山、雪浦、兴中、新店等乡镇为主。

（2）统筹发展茶产业。以“一园两区三带”为茶产业发展战略规划，以江西坡茶产业基地为核心，加快形成“初制标准化、精制规模化、拼配数据化”格局，贯穿融合第一、第二、第三产业。组建普安红集团，加快推进浙茶集团（普安）茶产业园和木本源“普安红”项目建设，统筹引领普安红茶产业发展。以普安县宏鑫茶业开发有限公司、贵州省布依福娘茶业文化发展有限公司为龙头，以“普安红”为主品牌，同时发展“普安万年青”“夜郎国茶”为主体的绿茶品牌系列，以建设世界茶源谷为契机，围绕“茶旅+”，充分挖掘茶文化，打造集茶种植、科研、加工、茶旅于一体的茶业全产业链。力争到2025年，全县茶园达到无公害标准，培育省级农业龙头企业9家，州级农业龙头企业25家，省级著名商标2—6个。优化发展核桃产业。沿江罐油路、普兴线、省道 313 罗汉段为主线，以现有核桃产业带为基础，围绕 25 度以上陡坡耕地治理，以新店镇为中心，向毗邻的青山镇、地瓜镇、罗汉镇等乡镇拓展，以新店镇核桃产业现代高效农业示范园区为核心的“一园三带一中心”核桃产业布局发展核桃产品精深加工业，鼓励支持企业通过改进工艺，到 2025 年力争全县核桃基地面积达到 45 万亩以上。

（3）大力发展芭蕉芋产业。以市场为导向，以企业为龙头，以质量为支撑，以企业增效、农民增收为目标，以建设特色农业产业基地为基础，以延长产业链为发展突破口，采取“公司+基地+农户”模式，实行生产、加工、销售一体化运作，大力发展普安县芭蕉芋产业。在全县 12 个乡镇以国道、省道、县道及乡村道路沿线为重点，突出以坝子地为主，坡耕地为辅，加强芭蕉芋机械化种植水平，打造芭蕉芋品牌。

（4）高效发展烤烟产业。优化烤烟产业布局。按照“生态、品质、市场”三优先原则，重点打造山地生态烟叶产业带，推进核心烟区、重点烟区建设。加强基本烟田和基础设施建设与保护。坚持“稳定一批、提升一批、恢复一批、补充一批”的原则，选择烟叶生产设施配套、土地平整、交通便利、适宜种烟、集中连片 200 亩以上耕地规划建设基本烟田。推进烟区“三变”改革，建立完善土地流转机制，加快烟田规模化、规范化流转，大力培育职业烟农，引进农业企业，积极发展各类新型生产经营主体，提高规模化种植水平。

（5）突出发展食用菌产业。通过食用菌种植园区建设，积极推动农业产业结构调整，在创建示范园区的基础上，以青山镇下节河村、歹苏村、盘水街道白石村为重点，带动全县各行政村发展香菇种植，依托园区积极发展旅游观光农业。围绕食用菌产业链建设目标，组织实施原料基地建设、龙头企业培育、质量安全体系、市场流通体系、技术支撑体系建设。培育产业引导龙头，着力打造食用菌产业集团。针对食用菌质量安全问题，加强食用菌质量安全控制技术的研究，加大全程质量监管和检测能力建设。

2. 逐步优化产业结构，大力推进产业转型升级

利用高新技术和先进实用技术来改造提升传统产业，实现信息化、自

动化、绿色化发展，提高传统产业的综合效益。加快推进煤炭产业“五化”升级改造。坚持煤矿集团化、综合机械化、自动化、信息化、标准化“五化”改造升级标准与要求，推动煤炭产业稳步发展，按照“一矿一策”建设安全高效的现代化矿井。逐步提高煤矿产业综合机械开采率，实现煤矿综合机械化改造和煤矿扩能建设，进一步实施煤矿兼并重组，全力破解矿产压覆问题，有效释放煤矿产能，提高煤炭开采量。加快推进信息化和智能化建设，重点突破煤矿智能化开采软硬系统，实现重点关键技术攻关。纵深推进绿色化发展，多途径促进传统煤炭能源实现清洁、高效、循环发展，提高煤炭的清洁化利用水平，开发利用脱硫石膏、粉煤灰等资源产品，延长煤炭产业链条，提升煤炭产业综合效益，推动煤炭产业高质量发展。着力推进煤电一体化产业发展。探索绿色循环经济新路径，全力打造青山循环经济产业园区，围绕中电（普安）电厂投产发电，推动煤电深度融合一体化发展。抓住东西部产业转移机遇，找准产业升级路径，承接沿海东部地区转移的相关产业，以青山工业片区为发展重点，形成煤电一体化的产业集群。采用清洁煤气化技术，以合成气为主要核心，向下游延伸产业链，发展煤化工（甲醇、烯烃、合成氨及下游产品）、煤制油等，通过系统优化组合，兼顾发展电力、建材等相关产业，使资源能够得到充分的利用。

3. 以发展茶产业为主线，贯穿融合第一、第二、第三产业

以普安县宏鑫茶业开发有限公司、贵州省布依福娘茶业文化发展有限公司为龙头，以“正山堂·普安红”为品牌，深度挖掘茶文化产业链。依托“四球古茶，普安独有”的唯一性，慢性病康疗与国民养生的独特性，融合地方传统少数民族文化，同时大力推进世界茶源文化广场、布依生态小镇、国际山地自行车赛道等一批重大项目建设进程及精准扶贫和民生改善，形成“产养游一体化”的生态经济发展模式。

（三）大力推进生态文明建设，提升生态文明意识

1. 积极发展生态利用型产业

大力发展智慧养老产业，建立覆盖城乡的养老服务产业化模式，培育

社会化、综合性健康养老服务机构，加快建立社会养老服务体系。深度推进医养结合发展，鼓励有条件的养老机构开展医养结合试点，推进普安县老年养护楼、梵居云天禧园·普安县健康养老服务基地等项目建设。面向居民家庭和社区服务需求，以改善民生为导向，推进酒店服务、车辆检测综合服务、殡葬服务、水务、电力服务等社会服务，加快制定或完善行业服务标准和服务规范，推行企业服务标准化。

2. 全力发展山地全域旅游

围绕以茶文化体验、温泉康体养生、生态休闲观光、户外山地运动、红色旅游、科普旅游等为主要内容，借助沪昆高铁站的辐射带动作用，积极打造精品旅游线路，全力推进“旅游+”产业发展，以“奇行圣境·茶源普安”为理念，全面实施《普安县全域旅游发展规划》，按照“科学规划设计、分类分步实施”的原则，依托普安红茶与普安四球茶国家地理标志证明商标等品牌，推进普安县茶旅一体化发展战略，着力打造世界茶源谷景区、铜鼓山遗址、普白森林公园、茶马古道-贵州-崧岿寺、白水瀑布、细寨村美丽乡村建设等精品旅游线路。强力推进世界茶源谷景区建设与普晴拓展区城市规划、产业发展相结合，注重专业旅游、推广人才的引进，把茶文化底蕴与自身资源禀赋相结合，辐射带动其他产业的发展，推动旅游产业“井喷式”发展。依托江西坡生态小镇基本建成一批覆盖全生命周期、内涵丰富、结构合理的“诊疗、康复、健身、健康、长寿”健康产业体系，助推康养旅游业的发展。做好“中国苗族第一镇·龙吟”苗族文化旅游小镇建设。推进全县集生态、休闲、旅游、科普教育、生产功能于一体的观光休闲农业园区的建设。

3. 坚持大生态建设，实施乡村振兴同生态文明意识提升战略

按照“产业兴旺、生态宜居、乡风文明、治理有效、生活富裕”的总要求，完善县域村庄规划，强化规划的科学性、严肃性和约束力。推广镇村联动模式，大力实施完善“六项行动计划”死角，加强农村基础设施建设“短板”。强化山水林田路综合治理，完成农村危旧房改造，开展农村环境集中连片整治，加大农村污水处理和改厕力度。依托乡村生态资源，在保护生态环境的前提下，加快发展乡村休闲旅游业。引导农民在房前屋

后、道路两旁植树护绿，提高美丽乡村创建率。加强农村精神文明建设，以环境整治和民风建设为重点，扎实推进文明村寨创建工作。集中力量打造乡村旅游扶贫示范区（村）、乡村旅游扶贫重点村寨和乡村旅游扶贫示范点（户）。从身边感受、家乡变化、环境优美等方面，潜移默化提升全民生态文明建设意识。

参考文献

[1] 杨秀萍．习近平绿色发展理念的多维透视［J］．中共杭州市委党校学报，2018（5）：54-60.

[2] 姚翼源，黄娟．五大发展理念下生态治理的思考［J］．理论月刊，2017（9）：24-28，39.

[3] 黄娟．新时代社会主要矛盾下我国绿色发展的思考——兼论绿色发展理念下“五位一体”总体布局［J］．湖湘论坛，2018（2）：60-69.

[4] 李杰实．强化绿色发展理念　推动节能环保型社会发展［J］．节能与环保，2018（8）：46-47.

[5] 刘金，曹康康，黄志斌．绿色发展的系统特征、价值取向以及实践路径论要［J］．学术界，2018（5）：206-213.

[6] 刘春蓉．后发地区新型工业化发展的路径与对策—— 以广东梅州为例［J］．改革与战略，2015（5）：122-127.

[7] 郑志来．江苏省“一带一路”战略融合发展路径与对策［J］．科技进步与对策，2015（17）.

[8] 崔晶玲，刘慧．县域普惠金融发展情况调查与路径探析 ——以临汾为调查对象［J］．中国集体经济，2017（25）.

[9] 王苗苗．县域生态经济发展的路径分析——以霍山县为例［J］．现代商业，2017（25）：73-74.

[10] 陈含桦．“新常态”背景下产业结构高级化、新型城镇化与经济增长——基于省域面板数据的空间计量分析［J］．商业经济研究，2017（21）.

[11] 曹飞．基于演化博弈视角的地方政府间建设用地指标配置策略

研究——促进差异化发展的城镇化观察［J］．商业研究，2017（10）．

［12］杨柳，杨帆．略论中国建设生态文明的大战略［J］．探索，2010（5）：152-156.

［13］高红贵．关于生态文明建设的几点思考［J］．中国地质大学学报，2013（9）：45.

［14］沈满洪．“两山”重要思想在浙江的实践研究［J］．观察与思考，2016（12）：25.

［15］高红贵，赵路．基于生态经济的绿色发展道路［J］．创新，2018（3）：13.

［16］中央党校哲学教研部．五大发展理念——创新　协调　绿色　开放　共享［M］．北京：中共中央党校出版社，2016：158.

［17］王金南，李晓亮，葛察忠．中国绿色经济发展现状与展望［J］．环境保护，2009（5）：53-56.

B.6 史话“石”说 追寻红色

——普安县委党校奇石文化融入红色教育的探索与实践

刘应刚 彭刚善 柏诺雪 李顺红①

摘要：红色文化是中国共产党人创造出来的宝贵精神财富。追寻红色历史，传承红色文化，是党校的职责和使命所在。普安县委党校创新办学理念，采用天然奇石画面讲述党史、军史、新中国史、改革发展史、社会主义发展史。将一方方天然奇石，通过画面或文字组合，引入党校红色教育，形成了一幅幅画卷。这一新颖做法，在教学实践中不断充实完善，形成了自己的特色和品牌。广大党员干部、学生、群众，通过接受教育后，深深懂得今天的幸福生活来之不易。纷纷表示要紧跟党走，爱国爱家，支持国防和军队建设。在自己的本职岗位上堂堂正正做人，脚踏实地干事，不忘初心、牢记使命、勤奋敬业，为实现中华民族伟大复兴的中国梦而努力奋斗！

关键词：奇石文化 县级党校 红色文化教育

引 言

中国是一个在世界上有影响力的国家，是文明古国。五千多年来，中华民族在960多万平方千米的土地上，创造了光辉灿烂的悠久历史文化。这是中华民族的自豪和骄傲。然而，到了近代，一个曾经让四方仰视、八方来朝的泱泱大国，却成了任人宰割的羔羊。1840年鸦片战争后，中国陷

---

① 刘应刚，中共普安县委党校常务副校长。彭刚善，中共普安县委党校副校长。柏诺雪，中共普安县委党校信息科研科科长。李顺红，中共普安县委党校中级讲师。

入了半殖民地半封建的深渊。为了寻求救国图存之路，无数仁人志士抛头颅、洒热血，最终都以失败而告终。俄国十月革命一声炮响，给我们送来了马克思列宁主义。中国共产党人，以马列主义作指导，结合中国革命具体实际，经过艰辛探索和流血牺牲，换来了今天的幸福。中国共产党人有崇高的革命理想，有坚定必胜的信念，有顽强的意志，有不怕流血牺牲的大无畏革命精神，一路克服重重艰难险阻、涉过一道道激流险滩，开辟出了中国发展的新篇章。

今天，在世界各地，在我们的驻外大使馆、在亚丁湾的护航编队、在国家领导人出访的欢迎场景、在国际体育竞技场所、在友好国家的阅兵场，都能看到鲜艳的五星红旗在迎风飘扬、在人们的手中挥舞。作为中国人，看到这些场景时，我们感到扬眉吐气，感到自豪和骄傲！这一切充分证明了中国的影响力在提升，从站起来、富起来到强起来，日益走向世界舞台中央。

经过 28 年的浴血奋战，我们夺取了新民主主义的胜利。在国家取得独立后，经过艰辛努力，勤劳勇敢的中国人民，经历了抗美援朝、建设家园、改革开放，不断探索建设发展之路，一路走来，成就巨大，令人瞩目。在中国共产党的领导下，我们国家政治稳定，民族团结，人民生活幸福。我们正在以习近平同志为核心的党中央正确领导下，昂首阔步迈向光辉灿烂的美好明天。

中国共产党的红色基因。红色中有革命先烈的鲜血和生命，红色中透着信仰，红色中有我们的追求，红色中有国家和民族未来的希望。奇石是一种自然资源，经过历代文人雅士的赏玩，形成了一种文化。中华文化，博大精深。以习近平同志为核心的党中央提出要坚定“四个自信”，在“四个自信”中，有一个自信是文化自信。党校教育，重在理论。党校是干部教育的理论阵地，也是文化阵地、话语阵地。用马克思列宁主义理论武装干部头脑，使受教育者坚定理想信念，是党校的职责和使命所在。如何讲好党的历史、红色历史、红色故事，是摆在党校人面前的一个课题。普安县委党校在教学实践中，大胆探索，勇于创新，将奇石文化融入党校红色教育中，形成了自己的特色和鲜明的导向，取得了很好的效果。

一、背景情况

奇石里透出文化，浸透着文人雅士的追求。宋代大书法家米芾人称“石圣”，对石头痴迷。他总结出古人的赏石标准为“漏、透、瘦、皱”，这几个字透出了文人雅士追求做人处世的舍弃、坦诚、清纯、空灵、风骨等，以及对艺术讲风格、留白，为文讲究曲径通幽的品位和追求，甚至还包含着精神追求中的某种洁净和对自然的尊崇。在古代，由于生产力水平不高，受交通条件限制，文人间的赏石存在很多局限性，形成了古人赏石的重山石、重轻巧、便收藏的特点，有很大的地域特征，如太湖石、灵璧石、鸡血石、寿山石等，地域特征明显。而一些追求石头价值高低的玉石之类，则带有经济价值和财富的追求，贴着金钱的标签，与追求高雅的文化所走之路截然不同。而文人文房四宝中的砚石，虽含高雅成分和精神追求，但石头是经过加工形成，属于艺术品，不再归入天然奇石系列。

中华文化是经过历史沉淀孕育出来的，包容博大。奇石文化是中华文化的组成部分之一。我们说文化自信，是因为中华文明是世界上最早的文明。我们的祖先在五千多年的历史进程中，创造了光辉灿烂的历史文化。文化是民族智慧的结晶，是精神财富，是我们拥有的自豪。中华文化历史沉淀时间长，有根有魂。随着对外开放的大门越开越大，世界各国对中华文化有了更多的了解。在世界矛盾冲突增多、思想文化领域斗争艰巨、大国博弈不断升级的今天，中华文化应是解决世界若干问题的法宝和有力武器。和平与发展，是世界的两大主题。中华文化中所推崇的儒家治世之道，道家养身之妙，释家修心之法，正是处理国际关系秩序、人与人、人与自然关系的精妙之方。

时代在发展，今天的赏石，已发展到讲究色、泽、质、纹、神、形等，甚至包括石座的搭配，都需要有艺术水准。受人们喜爱的观赏石品种也越来越多，以石所在环境，分为山石、水冲石等。在水冲石中，包括长江、黄河、乌江、金沙江、珠江、红水河等。黔西南州境内，南北盘江似两条银色的丝带，盘绕着这片土地。两江所经之处，有湍急咆哮的河流，有舒缓的河道，有深壑狭谷。流水所经之处，石质各异，色泽不一，形成了千奇百怪的石形，有的是鹅卵石，有的是形石，有的似文字，有的似数字，有的如人，有的似兽，惟妙惟肖，栩栩如生，是奇石的富藏区。在盘江水冲石中，尤其是瀑布石，更具有典型性，深受各地石友喜爱。而躺在河中的那些大石头，经过亿万年冲刷后，形成了外表光滑、有洞有形的特点。因其较大较重，无法展示于人，躲在深闺人未识。而一些具备条件可以拉出来的大型水冲石，用现代装载设备吊拉到公园里、文化广场，视觉冲击力很强，常引来人们驻足观望，为城镇增添不少色彩。这充分说明黔西南州获得“观赏石之乡”绝非浪得虚名，是有奇石宝藏和内容的。

二、主要做法

（一）目的和初衷

普安县委党校建设红色记忆奇石教育馆，主要目的和初衷就是倾听历史回响，追寻红色记忆。

启动这项工作，是从2017年春开始的。当时的想法是，党校对学员进行理论教育、理想信念教育是必需的。能不能找到一种让学员容易理解、生动有趣、便于记住的方式呢？于是我们想到了奇石文化。我们所走的第一步，就是让奇石进校园，主要用于让学员参观。让学员在听课之余感到轻松，劳逸结合，在轻松中获取美学修养，提升审美水平，提升道德文化修养。后来，我们认真观赏每一方石头后，发现奇石其实是有故事的，如何把这些故事组合起来，向学员加以讲述，增长学员知识，成了我们探索和努力的方向。于是，利用学校阵地，开始筹建普安县红色记忆奇石教育馆。其做法是：采用天然奇石画面或数字，以“印象”方式展现各个时期的历史画面，通过画面讲述党史、军史、中国革命史、建设史、改革开放发展史。我们的设想，就是想用这种生动灵活的方式，让学员学党史、知党史、不忘过去走过的艰难岁月，懂得今天的幸福生活来之不易，从而坚定理想信念，居安思危，感党恩、跟党走，积极支援国防和军队建设。让大家都明白这样一个道理：今天的好日子来之不易，好日子是奋斗出来的，每个人都要懂得珍惜。要实现美好未来，我们每一个人都不是旁观者，都要为之奋斗，为之努力，方能成功。

（二） 原则和构想

党校姓党。这是一条原则。党校在教学中，必须坚持这一原则不动摇。如何把奇石这一自然资源与党校红色教育进行衔接，是我们在工作中必须思考和面对的问题。我们认为，奇石作为一种天然的实物存在，给人以画面的直观感。把这种直观画面想象为历史上曾经发生过的事，党的建设、军队建设、国家建设中的重大事件、重大突破，令人难忘、令人振奋的事，找一个合理的切入点，通过画面加以讲述，就能够产生结合。这当中需要把握的是：历史事件必须是大的、有影响力的、曾经在国人心目中留下印痕的、多数人知道和了解的。奇石画面必须有某种神似或形似。而神似和形似的标准，当以多数人的认可作为基准。如果多数人认为根本不像或者差距太大，那就有点牵强附会。人们都不认可的东西，讲述的效果自然不会理想。这种神似和形似中，有点印象或者朦胧是可以理解的，也是正常的。绝对的像是不可能的。正是出于这样的设想，我们首先要确定的是奇石的形状、图案，或者数字，与我们所确定的主题有无契合，如无，哪怕这石头再好再美观，都应当舍弃；如果有，应该放在什么位置。其次，就是合理确定石头摆放位置。位置确定后，就是写好讲稿，把故事讲好。故事中，应当从正面去讲述，达到既让人听得清，能理解，又能学到知识，寓教于乐，不偏离教育的方向。

经过大家的共同努力，终于建成了红色记忆奇石教育馆。红色记忆奇石教育馆主题鲜明，共设四个篇章：第一，我的祖国。包含中国地形地貌、传统文化、传统礼仪、中国名片、标识记载等。第二，艰难岁月。从1840年的鸦片战争开始，讲述了中国共产党领导人民进行顽强抗战、推翻国民党反动统治，实现国家解放、民族独立的这段历史。第三，建设家园。讲了从1949年中华人民共和国成立，到党的十一届三中全会这段历程中所发生的一些大事等。第四，走向未来。着重讲述我国改革开放后取得的成就片段，以及在习近平总书记的带领下，为实现中华民族伟大复兴中国梦目标所取得的巨大成就。最后的落脚点，是以民族大团结进行收尾，祝愿老百姓的日子繁花似锦，祝福伟大的祖国在未来的发展中一帆风顺、红红火火！各个篇章概括了一定的历史时段，可以单独讲述一段历史，所有篇章组合起来，又是中国共产党带领人民所经历方方面面的大事，从而形成了一部巨幅画卷。石头有故事，故事讲得生动，让人联想，令人回味，耳目一新，具有很强的视觉冲击力，让人找回封存的记忆，取得了很好的效果。

（三）困难和问题

在建馆过程中，我们面临的困难很多。

一是场馆场地小。奇石教育馆的建设，需要有数百方以上的石头才可以组建，每方石头有大有小，上座后所占空间大。而用于教学参观，则必须满足能够容纳上百人，这对场地面积要求高。我们在建设初期，是在一间简易的小教室里，只有数十平方米的场地，十分拥挤，无法满足教学需要，也不能一次接纳 50 人以上的团队参观。后来对原用于学员健身房的地方进行了改扩建，在里面增设了灯光、电视机、宣传画、音响等，基本满足了教学要求。从发展的角度来看，一些历史故事尚不完整，还需要扩大规模。而且，从最近发现的一些石头来看，还有一些石头是可以进馆的。这样的面积和场地，显然远远满足不了未来的发展需要。

二是资金困难。党校的收入来源主要靠财政拨款，执行相关财政预算指标，经费来源有限。可以说，整个场馆的建设经费，是一点一滴慢慢筹措起来的。想方设法筹集到一点资金后，又多渠道向有关领导作汇报，争取各单位各部门的大力支持。县妇联、县人武部等部门和单位对我们的工作鼎力相助，县委、县政府领导知道这件事后，也给予高度重视，大力支持，使这个教育馆从当初的只有数十方石头、场馆只有数十平方米，发展到今天拥有数百方石头、场馆 200 余平方米的规模。虽然场馆面积和内容在原有基础上有所改观，但迄今为止，还有许多地方需要改进，依然面临资金投入不足的问题和困难。

三是奇石资源来源有限。石遇有缘人，这是流传在石友间的一句话。它所要表达的意思，就是能不能找到符合进馆条件的奇石，带有一定的偶然性。有时，刻意去找，可能花了很多时间和精力会一无所获；有时，一不小心，就会获得一方心仪的奇石。奇石作为一种天然物品，具有稀缺性，有的甚至是唯一性，要找到所需要的石头画面或文字图案，需要花费一番工夫。奇石分布在全国各地，不是所有的奇石信息都公开，有的石头无法找到，有的找到了，作为收藏者，是摆放于家中自娱自乐，不会拿出来交易。有的就算拿出来交易，也是漫天要价，或者视为珍宝，给什么价都不出手。

四是奇石馆装修不上档次。普安奇石教育馆在建设过程中，受经费限制，采取一切从简，只进行了简单的装修。整个场馆布局，仅仅停留在可以“摆放”这个层面上，没有请专业人士和专业队伍进行科学设计规划，没有新的设计理念，没有采用高科技手段，一些墙上的图片布置显得拥挤、凌乱，缺少气派。所有的设施设备十分简陋，里面仅有一台低端电视机，音响、话筒也是低端产品，解说与显示之间无法同步，没有特殊灯光配置，不能产生很好的视觉冲击力。

五是解说人员欠缺。普安县奇石教育馆现仅有解说员一名，且是用本地方言进行解说，其余人员正在培养中。从表象上看，是用一方方石头在讲故事。只要深入下去，就会发现这里其实并不那么简单，讲好课并不容易，讲解员需要掌握若干历史知识。如果要使整个课程富有吸引力，不仅要有学问作支撑，要讲得生动有趣、提神提气，还需要有讲课技巧，需要知识的积累和信息的不断更新。由于受专业限制和对奇石文化的研究，大家在讲得清讲得好上，目前还存在一定的差距。新培养的讲解员，讲解不够生动、感人，不能很好把握时间、速度和节奏，不能做到“因石讲述”“因人施讲”，在创新教育方式方法上还存在一定的差距。

六是还有很大发展空间。奇石教育馆开创了党校教育的新理念，并没有走到最高、最好和最后。发展的空间还很大，这需要更多的人去发挥想象和空间思维。比如，在馆内，建设家园这一部分，奇石数量少，显得单薄。对于“文革”这段历史，应该如何来表达？对省、州、县的本土红色历史文化，应该如何表现和反映？发展进程中取得的重大突破，又当如何加进来？等等，都需要我们在今后的工作中加以研究和突破。

（四）奇石与红色历史的融入

大自然真的是具有鬼斧神工，选入教育馆内的许多奇石画面，可勾起人们大脑的联想，激活封存于人们记忆中的某个历史片段。这些石头，仿佛被赋予了生命，变“活”了，变“神”了。这里，选择几方奇石，与大家分享。

“红船”是我们党的起航之船。1840 年鸦片战争爆发，西方列强的坚船利炮，打开了国门，中国陷入半殖民地半封建深渊。为了寻求救国之路，无数仁人志士抛头颅、洒热血，最终都以失败而告终。中国——我们的母亲，在痛苦中挣扎，在血与火中饱经磨难。1917 年，俄国十月革命一声炮响，给我们送来了马列主义。1921 年夏天，中国共产党在上海召开第一次全国代表大会。因遭到法租界巡捕袭扰，被迫转移到浙江嘉兴南湖的一条小船上继续进行。我们党，就这样在烟波苍茫、湖波浩渺的孤舟中正式诞生。这是中国革命史上开天辟地的大事。中国共产党这条红船，承载着国家和民族的命运，在风雨飘摇中划来，一路劈波斩浪，拉开了中国革命的序幕。

图 1　红米饭，南瓜汤

由两方石头组合的“红米饭，南瓜汤”，让我们想到了井冈山的生活片段。“红米饭，南瓜汤，秋茄子，味道香。”这是当年唱的歌词，也是革命乐观主义精神的表现。面对极其困难的生活，红军将士唱着革命歌曲，不怕苦，不悲观，这精神支撑着每个人，大家在这种精神鼓舞下，一路前行，不畏漫道雄关。

“十送红军”的画面，让我们仿佛回到了当年千军万马江边站，十万百姓泪汪汪的情景，凄婉动人的歌声，一步九回头的依依不舍，体现了军民鱼水情深，令人动容。

图2　十送红军

雪山草地，是长征中最艰苦的地段，饱受饥饿、寒冷、围追堵截的红军将士，凭着顽强的革命意志，一路风餐露宿，靠一双铁脚板硬是走到了革命圣地延安。

图3

图4

“抗战路”这方形石，黔西南人都知道，就是黔南州境内晴隆县的二十四道拐，也称“史迪威公路”，是抗日战争中重要物资的保障供应线，也是一条战争生命线，是“有功之路”。

图5

“王二小”，让人们想到那个把日本鬼子引进八路军埋伏圈的放牛娃，那个小英雄。

图 6　抗日英雄王二小

百万雄师过大江，这画面，让我们仿佛看到了解放全中国的那最后一击……

图 7　百万雄师过大江

图 8　先烈祭

“先烈祭”是由人头与身体组合，人们自然会联想到为革命胜利抛头颅、洒热血的女革命先烈，如杨开慧、伍若兰、赵一曼、江姐、刘胡兰等。毛泽东主席说：“成千成万的先烈，为着人民的利益，在我们的前头英勇地牺牲了，让我们高举起他们的旗帜，踏着他们的血迹前进吧！”看到这方石头，我们每个人心中，都会透出几分沉重、几分肃敬、几分庄严。每个人都明白：今天的幸福确实来之不易，需要活着的人和后来人敢于担起使命，砥砺前行。

上甘岭战役是朝鲜战争中的著名战役。我们的志愿军战士，为了保家卫国，心中有信仰，不怕流血牺牲，不惧武装到牙齿的所谓“联合国军”，让侵略者领教了中国军队的顽强、英勇和大无畏精神。

图 9 上甘岭

命名为“蘑菇云”的画面，让我们想到了原子弹爆炸，这是我们的科学家研制出来的核武器，它可以打破敌人的核垄断、核讹诈。为了母亲的微笑，为了祖国的安宁，“两弹一星”功勋卓著，历史，要永远记住他们。

图 10 蘑菇云

“东风快递”是我国的远程洲际导弹。高手在民间，网友才情满满，仿联邦快递广告词，创出了“东风快递，使命必达，犯我疆土，虽远必诛”这样的句子，听起来是多么地有豪气。

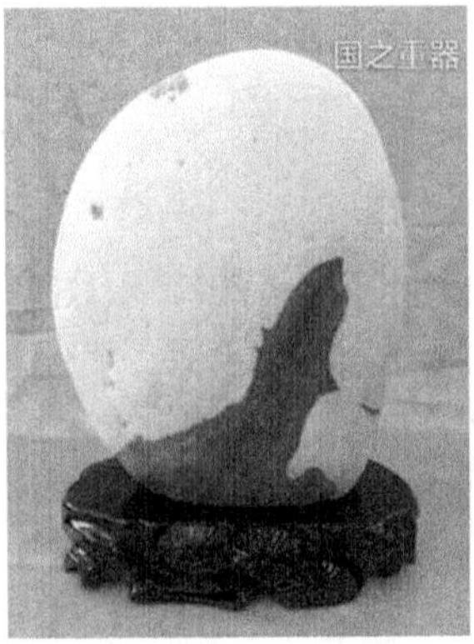

图 11　导弹

“一带一路”是习近平总书记提出的世界交流口号，也是共谋发展的平台，得到了世界众多国家的参与，表明中国改革开放的大门越开越大。

图 12　一带一路

图 13　一带一路

（五）愿望和效果

“共和国是红色的，不能淡化这个颜色。”2019 年 3 月 4 日，全国“两会”期间，习近平总书记赴北京友谊宾馆看望参加全国政协十三届二次会议的文化艺术界、社会科技界委员，并参加联组会，他与政协委员互动时如是说。我们要牢记习近平总书记的指示精神，牢记红色，爱护红色，珍惜红色，传承红色。

不忘初心，方得始终。通过教育，使所有受教育者能够自觉做到立党为公，执政为民；堂堂正正做人，脚踏实地干事；不忘初心，牢记使命。紧密地团结在以习近平同志为核心的党中央周围，奋发有为，用自己的辛苦换取百姓幸福，使老百姓的日子过得美好。

红色记忆奇石教育馆建成后，在外界引起了强烈反响，取得了意想不到的效果。得到各级领导、干部、学生、群众的认同和称赞。来到这里参观学习的人员，有公安部的领导、浙江宁波的各级领导，有贵州省人大、贵州省委宣传部、贵州省文体旅广局的领导，有来自中央电视台、人民网、贵州报业集团、天眼新闻、《黔西南日报》等媒体的记者，有来自上海、南京、重庆、西藏、四川、云南等地的领导、商人、旅游团队，还有许多路过普安的客商，也慕名前来参观，使这个馆的名气越来越大，故事内容越来越丰富。让人感到惊喜的是浙江嘉兴专业维护中共一大“红船”的老总，得知普安建有这个教育馆后，专程来普安县委党校参观了解情况；在西部边境与外军对峙的一名驻守边关的现役军人，了解到普安有这个红色教育馆后，驾车行程超千米，把自己珍藏多年、十分喜爱、命名为“丰碑”的奇石送到普安馆珍藏。在这里，除了主馆名为普安县红色记忆奇石教育馆外，还加挂了普安县党员干部“不忘初心、牢记使命”主题红色教育基地、普安县富国强军讲习所、普安县“双拥”陈列馆、普安县妇女儿童爱国主义教育基地、普安县爱国主义教育基地、黔西南州爱国主义教育基地等牌子。每年前来参观者络绎不绝。自建馆以来，到这里参观学习的人数，已近3万人次。这里正成为全县各单位、各部门以及周边市县区单位进行党性教育和爱国主义教育的重要场地。

三、经验启示

（一）要选好切入点

党校姓党，这是必须坚持的原则。进入党校的文化课，必须坚持坚定正确的政治方向。党中央所提倡的，要坚决弘扬，党中央所明令禁止的，坚决不要去触碰。在教育教学中，坚定汲取红色文化、红色元素，坚决按照习近平总书记所说的“共和国是红色的，不能淡化这个颜色”的要求，做到所追寻的必须是红色历史和与之相关联的内容，红色是主基调。把坚持正向作为目标。举什么旗，走什么路，是一个重大的原则问题，党校所传播的东西，要有满满的正能量，要提供向上的精神食粮，向广大党员干部、学员、参观群众所讲述的，必须是富有明确方向性的、积极的、向上的、革命性的文化思考和理想信念。

（二）要长期坚持

做任何一件事，要想取得成功，必须树立久久为功的思想，任何急于求成和做不成的观点都是不可取的。世上无难事，只要肯登攀。凡事都可以做，只要认真去做，用心用情去做，就可以做成功。但要想把一桩事在短期内做成做好，显然不现实，也不可行。无论是寻找石源，还是将石头与历史相结合，都需要花时间和精力。况且，有的时候是想急也急不出来的。比如你要构造一段历史画面，就要去寻找与之相契合的石头，而这石头并不像白菜、葱蒜一样在市场上有卖的，这方石头可能在石友手中，可能还藏在大自然中，是可遇不可求的。做任何事，坚持和做有心人是很重要的。普安县委党校能够把奇石教育馆建成今天的规模，是观赏石协会伍瑞元老师一直坚持不懈的结果，他时常关注奇石文化和奇石市场，看到有合适的石头就购买。他是一个对奇石有研究的人，有自己独到的赏石眼光和水准，花了20多年的工夫才形成这样的规模。

（三）要上下齐心支持

上下同欲者胜。打仗如此，做其他工作也如此。在建馆的过程中，县观赏石协会和县委党校积极筹建，观赏石协会收集相关石头，党校提供场地，整理相关解说词。后来，又得到了县妇联、县人武部等部门的支持。县委、县政府领导知道后，进行实地参观，对这项工作不但没有反对，还积极支持，县委书记、县长等领导多次到党校指导工作，提出构建设想，帮助党校解决遇到的困难和问题。如果这件事只有观赏石协会积极，党校不支持也做不了，观赏石协会、党校做了，县里不认可、不支持，也不行。如果出现一些领导利用自己的话语权，在不同的场合强势打压，给做事的人乱扣“帽子”、打“棍子”，让人灰心、冷心、忧心、伤心，那也肯定做不下去。

（四） 要顶住外界干扰

在建设中，支持的因素占绝大多数，但也有一小部分不和谐的噪声。比如有的人在外制造舆论，说什么党校和观赏石协会是为了好收费赚钱，是打着私心建馆。还有的说是“不务正业”“里面有猫腻”“一些贪官玩石头都出事了”之类的语言。当这些语言传过来的时候，建馆的人或多或少会有一定的想法，但当认真分析发现，这些话语多数是在私下说说，多数人还是相信正面的。凡做事者，总会遇到不同声音，这很正常，不能因此而把所做之事停下来。我们在做的过程中，始终坚持正向，以公益服务为主。服务不受时间限制，只要群众有需求，可以做到随喊随到，免费提供解说，绝不收取任何费用。时间长了，大家看在眼里，就会得出正确的是非判断。做事者，当时常记住：身正不怕影子斜。只要你做的是正事，在做的过程中行得正，坐得端，就不怕一些“怪话”，“怪话”往往会因智者的理性判断而终止。同时，要相信，正确的行动总会得到有正能量者支持。一些噪声、杂声，总会在正确声音面前消遁。

（五） 要培养优秀讲师

一堂课好不好，与老师的讲课水平密不可分。普安县的奇石教育馆之所以能够一炮打响，引起社会各界的广泛关注，就在于这里有一位对奇石文化有研究的伍瑞元老师。他解说的水平高，讲解到位，生动有趣，使听者能够在短时间内学到东西。因此，在一定程度上，人们想到这里来参观学习，在一定意义上其实就是冲着伍老师来的。我们在对外开放的过程中，也发现，伍老师解说讲得好，但他的普通话水平不高，而且换作用普通话讲，就没有那么流畅和到位。换其他老师讲，普通话好，但同样讲不流畅，也讲不出他的那种味道，这是普安红色记忆奇石教育馆急需解决的一大问题。因此，在今后的工作中，提升教师的讲解水平，应是一项长期和艰巨的任务，需要通过不断的打磨，不断的锤炼，反复交流，多层次发掘，多下功夫研究，才会取得效果。

（六）要作为一件事认真去做

不管做什么事，看准了的，就要咬定青山不放松。普安县红色记忆奇石教育馆，一路走来，得到的感受就是，要办成一件事真的不容易。特别是面对场地小、资金不足等困难时，常有想放弃的感觉。在今后，要多想办法，争取更多的支持，加大投入力度，使奇石教育馆变得更加“高大上”，更加有视觉冲击力。

（七）要让其发挥良性作用

一件事做得好不好，并不是做来看的，而是用来产生价值的。党校建教育馆，主要目的是服务教学。好不好，还需学员说了算、参观者说了算。因此，要加大对外宣传力度，让更多的人到这里学习和参观，通过学习参观学到东西，增长知识和才干。更重要的是，能够通过学习，使大家的灵魂得到洗礼，内生的动力得到激发，从内心世界生出要紧跟党走，懂得感党恩，明白今天的幸福生活来之不易，要努力在自己的岗位上，多为国家的发展工作、多为人民的幸福作出自己应有的贡献。

（八）要用好这张名片

普安县委党校红色记忆奇石教育馆，是普安独创，也是普安独有。这样的规模和构思，在贵州全省乃至全国都具有唯一性和独特性。目前外界知道得并不多，了解也不够全面。在今后，要加大宣传力度，让更多的人到这里接受教育，尽力融入旅游产业发展中，为经济社会发展作出贡献。同时，要把话语权牢牢掌握在手中，坚决传播正面的红色历史文化知识，确保不出任何偏差。

B.7 普安县委党校干部教育培训创新发展研究

彭刚善①

摘要： 党校是在党委直接领导下培养党员领导干部和理论干部的学校，是培训轮训党员领导干部的主渠道，承担着为学员“补钙壮骨”、增强党性、坚定信念、提升素质等职责任务。党校办学是否有特色，是否具有吸引力，是否能够满足广大学员的要求，是能否完成党和国家干部培训规划目标的重要前提。在新时代条件下，党校必须以习近平新时代中国特色社会主义思想为指导，深化办学理念，创新党校发展，加强师资管理，狠抓校园及基地阵地建设，以适应党对干部的需要，为实现“两个一百年”奋斗目标作出党校人应有的贡献。

关键词： 党建　党校办学　教育培训创新

一、绪言

建党校、管党校、发展党校，并充分利用党校阵地系统地对广大党员、干部进行再教育再提升的体系，是我们党的一大政治特色和优势，是马列主义与中国革命具体实践相结合的一种客观体现，其地位和作用不可

① 彭刚善，中共普安县委党校副校长。曾获“普安县优秀教育工作者”“普安县首届十佳青年”“全省党办系统优秀信息员”等称号。具有多年教育教学、机关文秘、纪检监察、宣传思想文化及党校教育工作经历，有多篇理论文章及摄影作品在州级以上报刊发表；2018 年 12 月参加全国党校系统学习贯彻习近平新时代中国特色社会主义思想校长研修班培训期间撰写的文章被编入《全国党校系统师资培训文丛》（第 4 册），曹普主编，中共中央党校出版社 2020 年出版。2019 年 10 月被贵州省总工会特聘为“新时代工人（职工）讲习所省级讲习员”。

低估。党校干部教育培训的创新发展，是展示党校特色、提升党校地位，确保广大学员喜欢来、乐意住、学有获、心向往的重要前提，更是确保完成国家干部培训规划目标、发挥党校作用的客观要求。

我们党历来重视党校工作。党和国家领导人毛泽东、刘少奇、华国锋、胡锦涛、习近平等同志都曾担任过中央党校校长；毛泽东、邓小平、江泽民、胡锦涛、习近平等几代领导核心对加强和改进党校工作分别提出了许多具体的要求和意见；党中央坚持真理，与时俱进，改革创新，不断加强党校工作顶层设计，深化党校教育体制改革，出台了《中国共产党党校（行政学院）工作条例》《干部教育培训工作条例》等一系列政策措施，从体制机制上逐渐形成了一套规范有效的中国特色干部继续教育体系；各级党委通过党校阵地持续开展党员干部的理论教育和党性锻炼，教育和培养了一代又一代党和国家事业的建设者和接班人，对推动社会主义建设事业的发展作出了重要贡献。

党的十八大以来，人民迈步新时代，全党迎来新景象。以习近平同志为核心的党中央不忘初心，牢记使命，继往开来，紧扣“四个全面”战略布局和“五大发展理念”，强化政治引领，扭住增强党员干部“四个意识”不放松，教育广大党员干部坚持“三严三实”，坚定“四个自信”，做到“两个维护”；以管党治党为核心，以政治思想和意识形态工作为抓手，以党校为主阵地、主渠道，持续强化党员干部的党性教育、理论提升及“补钙壮骨”工作。2015 年 12 月 9 日，中共中央印发《关于加强和改进新形势下党校工作的意见》（中发〔2015〕35 号），强调“加强和改进党校工作是协调推进‘四个全面’战略布局的迫切需要，是落实全面从严治党的内在要求，是促进党校事业健康发展的紧迫课题”。同年 12 月 11—12 日，全国党校工作会议召开，习近平总书记出席并发表重要讲话，对“办党校管党校建党校”提出了更加明确的要求，特别强调“党校事业是党的事业的重要组成部分”，“党委书记是办党校管党校建党校的第一责任人……”习近平总书记在全国党校工作会议上的讲话，是习近平新时代中国特色社会主义思想的重要构件，是引领党校迈步新时代、迎来新发展的行动纲领。2017 年 10 月，党的十九大胜利召开，以“八个明确”和“十四个坚持”为思想内核的“习近平新时代中国特色社会主义思想”正式提出并写入党章，为全党全军全国各族人民实现民族复兴中国梦绘就了宏伟蓝图，标志着指导我们思想的理论基础又有了新突破，马克思主义中国化又有了最新成果。2018 年 11 月，中共中央印发《2018—2022 年全国干部教育培训规划》，提出“以坚定理想信念宗旨为根本，以全面增强执政本领为重点，突出政治训练、政治历练，把提高政治觉悟、政治能力贯穿全过程，坚持政治统领、服务大局，坚持以德为先、注重能力，坚持精准培训、全员覆盖，坚持改革创新、共建共享，坚持联系实际、从严管理，围绕建立源头培养、跟踪培养、全程培养的素质培养体系，深化干部教育培训改革，着力提高培训针对性、有效性，高质量教育培训干部、高水平服务党和国家事业发展，为决胜全面建成小康社会、夺取新时代中国特色社会主义伟大胜利、实现中华民族伟大复兴的中国梦提供有力保证”的宏伟目标。要实现这些目标，党校教育培训就要紧扣时代主题，提高政治站位，不断创新发展，以适应新时代党和国家建设的新使命、新要求。

二、普安县委党校的历史概况

普安县委党校始建于 1958 年 6 月，历经坎坷，直到 1985 年才在县城西北凤凰山麓（山岔沟）正式开辟相对独立的阵地，新建教室、办公和学员宿舍为一体的砖混结构综合楼一幢，建食堂 1 间，设培训教室 2 间，床位 50 张，建筑面积 992 平方米，校园面积 3600 平方米。适时举办干部培训班，并经上级批准招收脱产中专学历班，为全县干部政治能力建设和学历提升奠定了坚实基础。2007 年 11 月，根据上级相关精神，普安县委党校整体搬迁到位于县城中心的县职业中学，与职校实行“资源共享”，原址及校产让出，幸好仍然保持原来的正科级参公事业机构，保留原有的 9 名人员编制及办学、财务的相对独立，维持了党校的基本功能。

值得肯定的是，在历史长河中，普安县委党校始终能够坚持党性引领，服务大局，与时俱进，履职尽责。在完成干部教育培训任务的同时，还兼办了诸多届次的学历班，尤其是 1999 年底至 2008 年，积极创造条件，申报获批建立贵州省委党校函授学院普安函授站，分别招收和开设了法律、行政管理、经济管理、公共管理4个专业，既有专科班，也有本科班，学制均为两年半。至2011年最后一批学员毕业，共有1075人就近完成学业，获得贵州省委党校函授学院学历证书。2004年，省委组织部、省人事厅、省教育厅、省委党校下发《关于重申党校函授教育学历待遇的通知》，明确“取得党校函授教育学历，待遇参照国民教育相应学历的有关规定”政策待遇。

普安函授站的创建和运行，较大程度缓解了干部工学矛盾，减轻了经济负担，为全县干部党性意识、能力素质和学历提升发挥了应有的作用（见表1）。

表1　2000—2008年贵州省委党校普安函授站招收学员人数统计①

单位：人

年份	专科				本科	合计
	法律	行政管理	经济管理	公共管理	法律	
2000	109	131	115	—	—	355
2001	99	64	35	—	—	198
2002	40	29	—	—	—	69
2003	—	29	—	—	65	94
2004	—	—	—	19	33	52
2008	106	—	—	—	201	307
合计	354	253	150	19	299	1075

1998—2015年，普安县以自主举办培训班、选派参与上级培训班、以会代训、集中统一考试等多种方式加强干部教育培训。其中，县委党校举办各类专题培训班1061期（次），培训干部89097人次；选派到州级以上党校及培训机构学习培训1934人次。②

三、新时代条件下普安县委党校创新发展探索

党的十八大以来，“创新”成为热词，位居“五大发展理念”之首，

① 《普安县志（1998—2015）》，第587页。
② 《普安县志（1998—2015）》，第585页。

涵盖党和国家建设的各个领域。习近平总书记强调，各级党校“要锐意改革，不断推动教学科研、人才队伍、管理服务、学风校风等各方面工作的创新”。[①] 回顾党校的办学历程，我们也曾走过弯路，特别是受“文革”的影响，党校与国民教育一样，也曾受到严重冲击和影响。经过粉碎“四人帮”“真理标准大讨论”“拨乱反正”和改革开放以来的“三讲”教育、“保持共产党员先进性教育”“学习实践科学发展观活动”“党的群众路线教育实践活动”及“三严三实”教育、“两学一做”等主题教育的不断深入，各级党校紧跟党走，在思想引领和理论支持等方面发挥了应有的作用。

在党的十八大精神指引下，贵州省委强化政治引领，奋力“构筑精神高地”，激励和鞭策全省人民特别是各级干部要“干”字当头，敢闯新路、弯道取直、迎难而上、拼搏奋进、后发赶超，于 2013 年启动实施全省县（市、区）级党校体制升格评估工作，为党校创新发展提供了广阔的平台和空间，努力快速缩小与全国的差距。在此背景下，普安县委按照“一级党委办一级党校”的要求，迅即统筹规划启动新校区建设，并跻身全省“百校大战”50 所重点扶持建设学校行列。2014 年 3 月，普安县委党校率先通过体制改革评审，升格为副县级机构。同年 8 月，与县职校一起迁到现址（城东新区）。建有综合教学办公楼一幢 3900 平方米，学员公寓三层共 2800 平方米，食堂一层共 1000 平方米，运动场 600 平方米，校园环境、教学设施设备等基础条件得到明显改善。2016 年，普安县在学习贯彻全国党校工作会议精神的同时，根据贵州省委《关于加强和改进新形势下全省党校工作的实施意见》（黔党发〔2016〕8 号），结合县情实际，以县委名义制定并印发了《关于进一步加强和改进新形势下党校工作的实施意见》，促进县委党校体制位阶前移、办学理念更新、教学阵地拓展、培训效果提升、社会评价趋好……调整充实校委会班子，引进和遴选高素质人才充实到党校工作；县政府在牵头明晰党校资产的基础上，投入大额资金对设施设备进行更新改造，保证了办学条件达标；党校班子狠抓考核指标体系及

① 习近平，《在全国党校工作会议上的讲话》，2015 年 12 月 11 日。

内部建设，于2017年12月以“优秀”等次通过省级复查评估；2019年3月再次实施机构改革，定位为“县委直属事业单位”，实行“一个机构、四块牌子”，在原“中共普安县委党校”“普安县行政学校”的基础上，从县委宣传部划转“中共普安县委讲师团”职能，2020年又加挂“普安县社会主义学院”牌子，“阵地”“熔炉”功能进一步扩大，任务也日益繁重。主要是人员编制和内设机构没有核增，仍然维持体制升格时的21名编制和教务科、科研信息科、总务科、图书室、办公室5个副科级内设机构。

为适应新时代党校工作发展需要，普安县委党校新班子坚持以习近平新时代中国特色社会主义思想为指导，积极探索，开拓创新，不断深化办学理念，狠抓校园和阵地建设，努力改善办学条件，强化师资队伍建设，加大教学科研力度，为推进整体工作创新发展进行了一些积极有效的尝试。

（一）加强阵地基地建设

加强党校基础设施建设和现场教学基地建设，坚持改革创新，不断完善体制机制，增强办学活力，是《中国共产党（行政学院）工作条例》的明文规定。在具体工作中，普安县委党校坚持党校姓党、实事求是、因地制宜的原则，更新办学理念，加强阵地基地建设，创新党校发展。

1. 建设“红色校园”

习近平指出：“共和国是红色的，不能淡化这个颜色！”[①] 党校校园文化建设必须有自己的特色，尤其是要努力做到政治性与学术性的有机统一，展现党校师生员工的精神内涵和独特气质。回顾中国共产党领导人民追求国家独立和民族复兴的历史进程，“红色”始终象征革命胜利，始终代表着中国共产党人独特的精神品格和气质风貌，始终是党校教育的底色和主题。据此，普安县委党校紧紧围绕“红色”主题做文章，把建设“红色校园”作为一项重要工程来实施。

一是把校园主体外墙粉刷成红色，升国旗、挂党徽、建标识，彰显党

① 习近平2019年3月4日看望参加全国政协十三届二次会议的文化艺术界、社会科学界委员时的讲话。

校“实事求是”的精神，亮出“不忘初心、牢记使命”“空谈误国，实干兴邦”等誓言，校园内外无处不显“党校”元素，使人们一看便知这里是党校，使学员一到党校就有“学”的欲望，离开时又有再次想来的期待。

二是在校园醒目位置建设文化墙，注重“红色”元素，镌刻“红船精神”，制作悬挂马克思、毛泽东、邓小平、江泽民、胡锦涛、习近平等画像及其谈党校、论学习的经典语录；在校园走廊及报告厅、办公室、会议室等适当位置设计制作励志格言警句、社会主义核心价值观及党校教育培训管理相关规定，充实和丰富校园文化内涵。

三是以“红色党史”为主题，以党旗、党徽、入党誓词、“中共一大至十九大”“不忘初心、牢记使命”“星星之火，可以燎原”“风流人物，还看今朝”及“中国共产党早期在普安的革命活动”为板块，精心建设“党史教育室”，使之成为党员干部开展党性教育的主要课堂之一，成为对外交流接待的一个重要平台。凡到党校培训，必须铭记“党校姓党”，必须学习党章党史，接受党性教育，党员同志还必须“过政治生日”，或重温入党誓词，努力提升知党情、感党恩、跟党走的信念和决心，增强守初心、担使命、找差距、抓落实的思想意识。

2. 建设“书香校园”

党校必须是能读书、有书读的地方。为积极响应习近平总书记“领导干部要爱读书读好书善读书”① 的号召，普安县委党校在倡导师生员工多读书、读好书、会读书的同时，创新打造了阅读环境优雅、文化气息浓郁的“干部读书基地”，建设“书香校园”。

一是整合图书室、阅览室、书绘室、远程教育室等阵地并随时开放，编印《“晨读”教材》，把每天“晨读”半小时作为主体班次的规定课程，引导和鼓励学员在党校培训要勤读书、读好书，当一名忠实的读者。

二是与县妇联配合，独创性地组织学员及机关单位妇女干部利用“干部读书基地”举办“旗袍读书会”，展示巾帼风采，现已逐渐成为普安县委党校读书活动中的一道亮丽风景。

---

① 2009 年 5 月 13 日习近平在中央党校 2009 年春季学期第二批进修班暨专题研讨班开学典礼上的讲话。

自从创建了“干部读书基地”，有了“晨读”和“旗袍读书会”，普安县委党校的读书方式更加耳目一新，读书氛围日益浓厚，品书交流活动也多了起来。学员们普遍认为，现在的普安县委党校与体制改革前相比，不仅在视觉上有了较大改观，主要是在内涵上已有质的飞跃；到普安县委党校培训，既可达到理想信念和党性观念的升华，还有机会参与“军事打靶”“学唱红歌”等训练，尤其是能够参与思想文化气质的交融。长此以往，定会引领更多的干部轻松愉悦地读书学习，定会逐渐形成新时代党校教育培训创新发展的一种理念传承。

3. 建设“文化校园”

普安是“中国古茶树之乡”“中国茶文化之乡”，茶产业是普安县的一项重要富民产业。为配合抓好茶产业发展，宣传推介“普安红”茶品牌，县委党校围绕中心，服务大局，创新性地设计打造了“茶文化室”，适时邀请茶专家、茶艺师到校给学员进行专题培训，与学员“品茶论道”。在“论道”中，由茶艺师演示泡茶，学员分组围坐茶席，不论职务高低，不分男女长幼，都以普通学员身份参加。大家紧扣一盏茶、一本书、一个主题，各抒己见，取长补短，讨论和分享学习心得，碰撞思想火花。同时，校领导还秉承“贴近学员生活，吸纳点滴文化”的理念，将文联、摄影家协会、书画家协会、观赏石协会等群团组织引入党校参与建设，从点滴兴趣切入，充实“学海无涯”“学无止境”的精神内涵，不断提升学员的审美能力，有效丰富校园文化生活，使学员们在增长知识的同时，又有效拓宽了视野，默默陶冶了情操，犹如开辟了“第二课堂”。

4. 拓展“红色阵地”

一是创新建设“普安县红色记忆奇石教育馆”。该阵地由普安县委党校策划和牵头，县人武部、县委组织部、县委宣传部、县妇联等单位积极配合，县观赏石协会会长伍瑞元同志鼎力支持，于 2017 年 10 月建成并用于教学和对外开放。阵地取名“普安县红色记忆奇石教育馆”，馆室的门头设计是“红色记忆”四个大字加红色五星，主题为“倾听历史回响，追寻红色记忆”“牢记初心使命，共圆强国梦想”，主要表现形式是利用“奇石”的天然形状和画面，按照“我的祖国”“艰难岁月”“建设家园”“走向未来”四个篇章展陈，借“石”说史，史话“石”说，展示和讲述党史、军史、国情，讲述中国革命建设、改革发展和民族复兴的光辉历程，是党校学员及广大干部群众开展党史军史学习、重温革命历程、加强理论教育和党性锻炼的重要场所。馆室建成至今，已接待了来自公安部、浙江、宁波、南昌、西藏及本省各级专家学者的参观学习达 2 万余人次，其中仅在第二批“不忘初心、牢记使命”主题教育期间就接待 2500 余人次。贵州省人大、省委宣传部、省委党校、省广电局、省武警总队、贵州日报报刊社、省妇联，黔西南州委宣传部、州委党校、兴义军分区、州妇联、州烟草局及盘州市委统战部等各级各单位的领导及专家学者均先后到基地参观，一致认为普安县委党校真正拓展了新时代干部党性教育的方式和渠道，做到了真正地在党爱党、在党言党，是最“石在”的办学理念创新，非常值得学习和借鉴。

2019 年 1 月，县人武部把该阵地命名为“普安县富国强军讲习所”；县妇联加挂了“普安县妇女儿童爱国主义教育基地”牌子；同年 9 月，普安县委明确该基地为“不忘初心、牢记使命”红色教育基地；同年 10 月，县委、县政府把该阵地命名为“普安县爱国主义教育基地”；同年 12 月，州委、州政府把该阵地命名为“黔西南州爱国主义教育基地”。

普安县红色记忆奇石教育馆的创建和开放，充分体现了普安县委党校领导班子的理念创新，在提升本校声誉的同时，较好地提升了普安的对外形象和影响。

二是联合创建“红军长征纪念馆”。1935 年 4 月 21—22 日，中国工农红军第一方面军第三军团在彭德怀、杨尚昆的带领下，长征途中经过普安县楼下镇泥堡村，在“四合天井六合门”的保氏民宅宿营 2 天 1 夜并设立指挥部，刷写“反对王家烈①犹国才②抽丁当兵”等革命标语，开仓放粮，施药救民，宣传红军北上抗日思想。红军严明的纪律和爱国爱民情怀在当地播下了革命的种子，留下了红色足迹。2014 年秋冬，普安县委组织部牵头，县委党校及楼下镇党委配合，在泥堡村原红军驻地打造了“红军长征

① 王家烈（1893—1966 年），字绍武，贵州省桐梓县人，中华民国时期黔军军阀，曾任国民革命军第二十五军军长兼贵州省主席。

② 犹国才（1897—1950 年），字用侬，贵州省桐梓县人，中华民国时期黔军（黔系军阀）高级将领，国民党陆军中将。

纪念馆”，同年12月30日揭牌并开放，加挂了“黔西南州党史教育基地”“普安县党史教育基地”“普安县委党校革命传统教育基地”等牌子。此后，普安县委党校的主体班培训均将该基地作为现场教学点之一，适时组织学员开展“重走长征路”，请老同志讲长征故事，进行革命传统教育，充分发挥基地作用。

5. 拓展“户外体验基地”

努力创新教学方式，深入开展体验式教学，是《中国共产党党校（行政学院）工作条例》的明确要求。这种教学方式可以加强和提升学员之间团结协作、交流互动、磨炼意志、赏心悦目、强身健体、感悟真知等功效，深受学员普遍欢迎。

距普安县城15千米的“白叶一号”感恩茶园基地，是习近平总书记关注的东西部协作脱贫帮扶项目，承载着习近平总书记的关怀和浙江省安吉县溪龙乡黄杜村20名党员的深情厚谊。2018年4月，浙江省安吉县黄杜村的20名党员给习近平总书记写信，表达出“吃水不忘挖井人，致富不忘党的恩”和“先富帮后富”的心愿，希望捐助1500万株“白叶一号”茶苗帮助西部贫困地区的群众脱贫。习近平总书记收到来信后作出重要指示强调，“吃水不忘挖井人，致富不忘党的恩”这句话讲得很好；增强饮水思源、不忘党恩的意识，弘扬为党分忧、先富帮后富的精神，对于打赢脱贫攻坚战很有意义。按照总书记的重要指示，国务院扶贫办会同浙江省有关部门经过实地走访踏勘，决定把普安作为受捐茶苗数量最多的县。自该项目实施以来，在国务院扶贫办和浙黔两省有关领导的多次实地指导下，高质量、高标准建成“白叶一号”感恩茶园2000亩，覆盖10个村（社区）贫困户862户2577人，茶苗成活率达95%以上，统筹推动了荒山变茶山、贫农变茶农、山区变景区的“三变”战略，为普安干部群众创建了一个“感恩党中央、感恩总书记”的鲜活课堂，是一个十分难得的户外体验教学基地。

此外，普安县城周边的“世界茶源文化广场”“国际山地自行车赛道”“莲花山风力发电场”“南山坡徒步栈道”等观光休闲场所和“夜郎故地·青山古镇”“中国苗族第一镇·龙吟”等，普安县委党校都一一进行踏勘，将其整合拓展为“学员户外体验基地”，加挂牌子，坚持每期主体班培训组织开展一次以上体验式教学，“走基层、磨意志、看发展”“看实景、查实情、学实招”“诵经典、唱红歌、增激情”等均被提炼为体验教学的主题，有效提升了党校教育培训吸引力。

（二）深化教学改革

《中国共产党党校（行政学院）工作条例》规定，教学是党校（行政学院）的中心工作。既然是中心工作，就必须摆在重要位置。

1. 抓师资素质

习近平总书记强调，党校教育对象不是一般学生，这样的“不一般”对党校师资的要求也不一般，党校师资队伍建设力度也应该不一般。[①] 在教学活动中，教师是主体，学员是客体，客体因主体优而优，因主体劣而劣，这是基本常识，也是必须强调和遵行的基本规律。也就是说，一所党校好不好，学员喜欢不喜欢，除了要求具备良好的办学条件外，最关键的是看主体如何，也就是教师的整体教学水平如何，如果主体不行，一切枉然。有的即使有机会参加培训，从内心也不愿意，或者来了也不满意。在过去相当长的一段时期，普安县委党校在人们的印象中就是一个无所事事的“养老”之地，就是没有前途的“边缘化”单位：校园环境破败、设施设备简陋、教学管理松懈、员工精神萎靡、师资能力不足，“能干的引不进，干不好的出不去，拔尖的留不住”[②]。有的同志虽然身份是教师，但根本不能承担或参与教学科研工作；有的同志在党校工作几年、十几年，甚至几十年没有讲过一堂课，也没有撰写过一篇科研文章。面对这些现状，如何能够履好职、服好务，不断满足广大学员的基本需求，适应党对干部教育培训的需要，成为普安县委党校领导班子急需解决的现实问题。

为此，普安县委党校以体制改革为契机，狠抓师资队伍建设和教学业务水平提升。一是严把教师入口关。如果想到普安县委党校工作，除具备相应的政治素质、教学资格和学历水平外，最关键的一条就是必须热爱党

① 习近平，《在全国党校工作会议上的讲话》，2015 年 12 月 11 日。
② 习近平，《在全国党校工作会议上的讲话》，2015 年 12 月 11 日。

校事业，必须能上课、能写作。二是坚持岗位练兵。由校委会统筹，教务科牵头，将全体教师循环编排，持续开展“岗位练兵”教学讲评活动。事前，每名教师需结合党校教学基本要求，结合国际国内形势，结合党委政府中心工作，结合自身研究方向和专业特长，自行准备课题课件，轮流给本校员工上课，然后由大家进行点评，对讲得好的给予肯定，不足的给予指出，并由讲课人完善，直到经过大家把关认可、分管领导批准之后才能正式给学员上课。三是分批轮训。主要采取“走出去”和“请进来”的方式，把教师分期分批送到中央及省、州党校或名校师资班培训，或请上级党校教授、社科专家来校做专题辅导，讲授“如何当好党校教员”“如何申报撰写科研课题”等课程，提升党校教师教学科研水平。四是内外互补。要求校内教师认真学习领会习近平总书记“时刻牢记自己党校教师的身份，热爱党校，珍惜荣誉，在自身党性锻炼上更要严格，努力做模范党员，用实际行动影响和带动学员”① 的教导，不断自我提高；校外从省州党校和业务部门聘请多位资深教授、专家学者作为“特聘教授”或“特聘讲师”，每年至少召开一次外聘教师座谈会，就教学科研等问题进行深入交流探讨，结合外聘教师专长，协力本校教师高质量完成教学科研任务。此外，校委会还通过多种方式给教师施加压力，鼓励教师多备课上课，多到乡镇街道和基层讲课，在实践中锻炼提升。通过这些方式，全校教师整体水平得到大幅提升，“精品课”及“名师”工程有所突破，广大学员及社会认可度大幅提升。

2. 抓学员管理

党校学风如何，直接体现在学员的管理上，体现在党校是否“姓党”和“党管干部”的要求能否真正实现，也体现出党校的管理水平和培训质量。客观地说，党的十八大以前，干部培训普遍是人性化管理，“进了党校门，领了两个盆，认识几个人，方便走后门”是当时党校培训的真实写照。受其消极思想的影响，至今有的学员到党校培训还有“放松放松”的观念，没有真正带着“提升”的理念来学习。另一种情况是点名调训落实

① 习近平，《在全国党校工作会议上的讲话》，2015 年 12 月 11 日。

不到位，一些学员单位因受人员少、任务重等客观因素影响，学员参训期间请假频繁，甚至有的单位经常派员“替补”参训，而这些“替补”学员往往都是老、弱或无所事事者，因其认为学无所用，故消极对待，给党校教学管理带来一定的困难，学风受到较大的影响。

针对上述情况，普安县委党校的措施就是校委会成员统一思想，充分认识加强学员管理本身就是一种培训，党管干部的最基本要求就是管好学员。在工作中不折不扣落实中央组织部《干部教育培训学员管理规定》和贵州省纪委、省委组织部、省委党校《干部在党校学习培训期间加强作风建设的十五项规定》，严格参训同志“普通学员”身份要求，强化纪律规矩意识，坚持出操点名、班级考勤、晚上查寝等制度，对违反相关规定的及时在班上作检讨、严批评，情节严重、影响恶劣的一律采取通报批评、勒令退学等措施，必要时按规定采取组织处理或给予党政纪处分；同时，细化考勤制度，学员请假必须出具经学员单位主要领导签字、学员抽调部门同意的书面假条，经教务科备案后方可离校；累计请假时间超过总学时1/7的，一律按退学处理；未经批准擅自离校的，一律责令退学。强化学员意识形态教育，加强学员微信群、QQ群管理，严禁传播错误言论；严禁在相关平台妄议中央和上级党委政府及组织的决策决定；不信谣，不传谣，不随意跟帖，乱发议论。违反相关规定的，一律问责。

3. 抓质量立校

一是在教学计划中严格执行“党的理论教育和党性教育的比重不低于总课时的70%”“党性教育课程的比重不低于总课时的20%”的规定，扎实有效开展干部教育培训工作。在具体教学中，坚持以教学马列主义、毛泽东思想、邓小平理论、“三个代表”重要思想、科学发展观及习近平新时代中国特色社会主义思想为主业主课，紧扣时代主题和国情、省情、州情、县情，精心准备课题课件，进行精彩讲授，强化学员理论素质和党性修养，努力提高他们的执政能力和水平。二是坚持与时俱进，不断推进教学改革创新，灵活采取面授、电教、远程教学、讨论交流、考察调研等多种方式开展教学，并充分利用视频、PPT课件等现代化教学手段，开展案例分析和情景教学，激发学习兴趣，启发学员深入思考。三是注重现场教学和体验教育。自2016年起，每期主体班次开班后立即组织军训一周，有条件时还组织学员到靶场进行实弹打靶，传授枪械知识，提升国防意识和军事素质；组织学员到党史教育室开展党史国情教育，到反腐倡廉警示教育基地接受廉政教育；适时开展“红歌教学”活动，陶冶情操，增强校园活力；适时组织学员到烈士陵园、红军长征纪念馆等红色基地接受革命传统教育和爱国主义教育；在政策及经费条件允许的情况下，每年坚持带领中青班、妇干班等主体班学员“走出去”，到井冈山、延安、遵义、息烽等红色教育基地开展异地培训，实地体验和感受中国革命成功的来之不易。一方面开阔学员视野，激发学员斗志，加强学员的党性锻炼；另一方面也给带队教师提供更多机会，学习先进的办学理念及教学管理方法，更好地为本校工作服务。四是加强与周边县市党校交流合作，互派骨干教师给对方学员讲课，互相带领主体班次学员到对方党校交流，开展短期培训，至少听取对方1—2堂室内专题课，参观1—2个现场教学点，达到资源互补、共同提升的目的。五是坚持服务地方经济社会发展。以提高学员组织领导、锐意进取的思想意识和依法办事、化解矛盾、做群众工作等方面的能力为重点，着力培养守规矩、作奉献、有本事、重品行的基层干部队伍；强化党校教育培训为党委政府中心工作服务的思想，坚持在每期主体班次均适当加入地方经济社会发展方面的课程，请县领导作县情教育和产业布局解读；请茶叶专家到校“品茶论道”，传播“普安红”茶文化，让学员在培训中感悟普安、热爱普安。通过以上措施，一方面丰富了教学内容的“多样性”，合力补齐教学科研短板；另一方面也加强了本校“名师”培养，有效提升了党校办学的整体水平。

2016—2019年，普安县委党校认真贯彻落实习近平同志在全国党校工作会议上的重要讲话精神，贯彻落实相关条例和规定，强化纪律规矩教育，共举办学制5天以上的干部培训班50期，培训干部5384名。其中，2016年培训5期共301名；2017年培训15期共1857名；2018年培训15期共1153名；2019年培训15期共2073名。自2017年起，首次策划并带领主体班学员赴井冈山、遵义、息烽及周边县市开展异地培训，强化党性教育，开展军事训练，或在本县户外体验基地开展主题活动。培训方式的科学、规范、创新和拓展，较大地提升了普安党校的吸引力，深受广大干部的向往和青睐（见表2）。

表2 2016—2019年普安县委党校干部培训统计

年份	期次（期）	学制（天）	学员（名）	培训班名称	备注
2016	5	6	85	新任副科级领导干部培训班	重走长征路
		6	70	新任股级干部培训班	重走长征路
		5	69	新发展党员干部培训班	
		5	35	少数民族、妇女、非党干部培训班	重走长征路
		5	42	七一重要讲话精神、六中全会精神学习研讨班	
2017	15	7	90	财经纪律培训班	
		5	91	财务管理知识培训班（第1期）	
		5	85	财务管理知识培训班（第2期）	
		7	119	事业单位新进人员初聘培训班（第1期）	
		7	120	事业单位新进人员初聘培训班（第2期）	
		7	120	事业单位新进人员初聘培训班（第3期）	
		7	119	事业单位新进人员初聘培训班（第4期）	
		10	90	村（社区）常务干部培训班（党组织书记）	赴息烽、遵义异地培训3天
		30	41	中青年干部培训班	赴井冈山异地培训7天
		30	40	少数民族、妇女、非党干部培训班	
		25	39	干部能力提升班	赴盘州考察学习
		25	35	站股级干部培训班	
		13	56	全县非公有制经济培训班	赴井冈山异地培训7天
		4	374	科级干部、脱贫攻坚一线干部深入学习贯彻党的十九大精神专题研讨班（第1期）	
		4	438	科级干部、脱贫攻坚一线干部深入学习贯彻党的十九大精神专题研讨班（第2期）	

续表

年份	期次（期）	学制（天）	学员（名）	培训班名称	备　注
2018	15	3	96	2018 年财经纪律专题培训班	
		7	93	2018 年新发展党员及入党积极分子培训班	
		31	41	2018 年中青年干部培训班	赴井冈山异地培训 7 天
		31	38	2018 年少数民族、妇女、非党干部培训班	
		5	90	2018 年村（社区）主任培训班	赴盘州岩博村参观考察
		5	90	2018 年村（社区）党组织书记培训班	赴盘州娘娘山参观考察
		4	59	全县教育系统各级各类学校党支部书记培训班	
		5	120	2018 年新进事业人员培训班（第 1 期）	
		5	121	2018 年新进事业人员培训班（第 2 期）	
		5	118	2018 年新进事业人员培训班（第 3 期）	
		5	118	2018 年新进事业人员培训班（第 4 期）	
		5	124	2018 年新进事业人员培训班（第 5 期）	
		7	15	2018 年普安县电子商务培训班（第 1 期）	赴贵阳培训
		7	15	2018 年普安县电子商务培训班（第 2 期）	
		7	15	2018 年普安县电子商务培训班（第 3 期）	

续表

年份	期次（期）	学制（天）	学员（名）	培训班名称	备　注
2019	15	5	449	2019 年脱贫攻坚下沉干部培训班（第 1 期）	县文化中心培训
		5	434	2019 年脱贫攻坚下沉干部培训班（第 2 期）	
		5	70	习近平新时代中国特色社会主义思想专题研讨班	
		5	89	普安县脱贫攻坚干部能力提升培训班（第 1 期）	赴兴仁党校 1 天
		5	89	普安县脱贫攻坚干部能力提升培训班（第 2 期）	赴兴义党校 1 天
		5	100	普安县脱贫攻坚干部能力提升培训班（第 3 期）	赴晴隆党校 1 天
		5	96	普安县脱贫攻坚干部能力提升培训班（第 4 期）	
		5	94	普安县脱贫攻坚干部能力提升培训班（第 5 期）	
		5	96	普安县脱贫攻坚干部能力提升培训班（第 6 期）	
		5	92	普安县脱贫攻坚干部能力提升培训班（第 7 期）	
		5	95	公安部、工商银行帮扶普安县脱贫攻坚干部能力提升培训班（第 1 期）	赴茶源街道清茶竹风培训 5 天
		5	90	公安部、工商银行帮扶普安县脱贫攻坚干部能力提升培训班（第 2 期）	
		5	100	公安部、工商银行帮扶普安县脱贫攻坚干部能力提升培训班（第 3 期）	
		5	94	宁波市对口帮扶普安县基层党组织书记培训班	
		5	85	宁波市对口帮扶普安县脱贫攻坚干部能力强化提升培训班	
合计	50	420	5384		

（三）深化科研决策咨询工作

长期以来，普安县委党校的科研决策咨询工作是最大的弱项和短板。一方面是因为专职教师少，整体素质不高，语言文字能力弱，缺乏申报撰写课题的意识和本领；另一方面是领导重视程度不够，传导压力不够，示范引领不够，没有认识到“科研工作是党校（行政学院）发展的基础支撑”① 的重要性，导致科研决策咨询工作总是打不开局面，总是处于省州挂末。

为此，普安县委党校新班子看在眼里，急在心上，努力寻找破题的办法：一是班子领导带头学习科研课题的撰写知识，自觉提高学术本领，主动领衔和承担相关课题研究并积极参与申报，发挥示范带头作用。二是多渠道分别邀请省州党校及省社科院、省州社科联及贵阳市委党校、兴义民族师范学院相关专家、教授和学者到校给教职工做专题讲座，现场开展课题评审，指导和讲评课题研究和撰写的相关知识。三是加强组织领导，强化职责担当。明确要求教务、科研等业务科室必须履职尽责，主动担当，科长必须争取承担课题负责人，专职教师必须领衔或参与课题研究。四是加强制度建设，制定《科研规划》《调查研究制度》和《科研决策咨询管理办法》等规章制度，并保障科研经费，确保每年课题研究不能为“空白”，并力争有突破、上台阶。

2016 年以来，普安县委党校紧扣上级党校及社科系统课题申报文件精神，围绕习近平新时代中国特色社会主义思想及党校工作、县域经济社会发展及脱贫攻坚等热点难点问题开展课题调研，取得较大突破。在课题立项方面，2016—2020 年共撰写申报课题获立项 30 项，其中，2016 年获州委党校、州社科联立项各 1 项；2017 年获州委党校立项 6 项；2018 年获省委党校立项 1 项，州委党校立项 5 项；2019 年获省委党校立项 2 项，省社科联联合课题立项 3 项，州委党校立项 1 项。更可喜的是 2020 年，仅上半年便获省社会主义学院立项 4 项，省委党校专项课题立项 1 项，获州委党

① 《中国共产党党校（行政学院）工作条例》（2015 年 10 月 14 日起施行）。

校课题立项5项，创历史新高。在课题结项方面，2016—2020年共完成课题结项14项，其中，2017年完成州委党校课题结项1项，州社科联课题结项1项；2018年完成省委党校课题结项1项，州委党校课题结项3项；2019年完成省委党校课题结项1项，省社科联联合课题结项2项，州委党校课题结项4项；2020年上半年已完成州委党校课题结项1项。在论文发表方面，2016年以来公开发表论文29篇；在决策咨询方面，以县委党校名义编印《普安决策咨询》内部资料共12期，已获得县领导签批5篇（见表3、表4）。

表3　普安县委党校2016年至2020年上半年科研课题立、结项签批情况统计

课题负责人	课题名称	立项单位	立项时间	结项时间	领导签批	级别	
						省级	厅级
刘应刚	黔西南州“大山地旅游”发展体系研究——以普安县为例	州社科联	2016	2017	★		●
董家荣	黔西南州乡干部队伍现状存在问题及对策研究	州委党校	2016	2017			●
刘应刚	新形势下县级党代表闭会期间发挥作用研究	州委党校	2017	2018			●
柏诺雪	强化党校传统文化教育的意义和途径研究	州委党校	2017	2018	★		●
张瑞凌	黔西南州就业形势与对策研究	州委党校	2017	2018			●
刘应刚	易地扶贫搬迁移民的社会融合研究——以黔西南州为例	州委党校	2017	—			●
张　毅	新形势下县级党校干部培训创新发展研究——以普安县委党校为例	州委党校	2017	—			●
喻丰力	新形势下中国共产党理想信念教育的基本经验研究	州委党校	2017	—			●
彭刚善	新时代条件下党校干部教育培训创新发展路径研究	州委党校	2018	2019	★		●
潘佳美	习近平新时代中国特色社会主义思想形成过程研究	州委党校	2018	2019			●

续表

课题负责人	课题名称	立项单位	立项时间	结项时间	领导签批	级别	
						省级	厅级
李顺红	新形势下基层信访与维稳的对策研究——以普安县为例	州委党校	2018	2019			●
喻丰力	“三变”改革视角下的农村集体产权制度研究	州委党校	2018	—			●
柏诺雪	新时代中国共产党的历史使命研究	州委党校	2018	2019			●
张瑞凌	大数据时代下我国意识形态安全面临的挑战及应对策略	省委党校	2018	2019			●
刘应刚	全面建成小康社会后贫困人口后续发展研究——以普安为例	省社科联（联合课题）	2019	2019	★	●	
柏诺雪	贵州省农村基层党组织引领乡村振兴能力研究——以黔西南州为例	省社科联（联合课题）	2019	2019		●	
史　倩	贵州乡村旅游提质增效研究——以黔西南州为例	省社科联（联合课题）	2020	待定		●	
潘佳美	黔西南州深度贫困地区精准扶贫研究	州委党校	2020	2020			●
李顺红	新冠肺炎疫情防控中地方政府网络舆情引导机制研究	省委党校专项课题	2020	待定			●
李顺红	贵州省应对新冠肺炎疫情中网络舆情引导机制研究	省社会主义学院	2020	待定			●
史　倩	马克思主义统一战线思想中国化源与流研究	省社会主义学院	2020	待定			●
柏诺雪	贵州抗击“新冠肺炎”的经验与启示研究	省社会主义学院	2020	待定			●
张　佳	习近平新时代坚持以人民为中心的发展思想研究	省社会主义学院	2020	待定			●

续表

课题负责人	课题名称	立项单位	立项时间	结项时间	领导签批	级别	
						省级	厅级
史　倩	农村贫困地区大龄“剩男”问题研究——以普安县盘水街道平桥村为例	州委党校	2020	待定			●
柏诺雪	重大突发公共卫生事件快速风险评估和响应机制研究——以黔西南州为例	州委党校	2020	待定			●
潘佳美	重大突发事件下贵州民生保障与社会救助研究	州委党校	2020	待定			●
喻丰力	农村村组干部年龄结构困境研究——以普安县为例	州委党校	2019	待定			●
李顺红	基层党校在红色文化传承与发展中存在的问题与对策研究	州委党校	2020	待定			●

表 4　普安县委党校 2017—2019 年论文发表情况统计

作者	论文标题	刊物名称	期次	刊物级别			
				核心	重点	一般	内部
董家荣 张　鸿	完善信访体制机制　规范信访工作初探	《黔西南论坛》	2015 年第 4 期				
张　毅	加强和改进党校干部教育培训的思考	《学习月刊》	2016 年第 1 期				
张瑞凌	数据挖掘技术在党校信息化管理的应用分析	《教育》	2016 年第 17 期			公开	
张瑞凌	浅谈计算机网络技术对现代经济发展的意义	《商》	2016 年第 25 期			公开	

续表

作者	论文标题	刊物名称	期次	刊物级别			
				核心	重点	一般	内部
李顺红	多媒体技术在党校汉语言文学教学中的应用研究	《教育》	2017年第10卷			公开	
李顺红	党校弘扬优秀传统文化的必要性与具体措施	《教育》	2017年第2卷			公开	
柏诺雪	现代教育思想在党校汉语言文学中的应用	《教育》	2017年第2卷			公开	
柏诺雪	强化党校传统文化教育的现实意义与优化路径	《教育》	2017年第6卷			公开	
张瑞凌	大数据视角下党校思想政治教育工作的实施与优化	《教育》	2017年第8卷			公开	
余　凤	党校行政管理工作中存在的问题及强化对策	《幸福生活指南》	2018年第3期			公开	
余　凤	新形势下党校行政管理建设浅析	《魅力中国》	2018年第33期			公开	
潘佳美	新时期如何做好党史工作	《魅力中国》	2018年第20期			公开	
柏诺雪	新时期党校党建工作创新发展路径的选择	《成功》	2018年第9期			公开	
柏诺雪	如何促进党校党建工作的信息化发展	《幸福生活指南》	2018年第4期			公开	
柏诺雪	提高基层党校党建工作的途径	《魅力中国》	2018年第15期			公开	
柏诺雪	社会治理视角下的基层党建创新	《魅力中国》	2018年第29期			公开	
柏诺雪	农村基层组织设置和活动方式创新初探	《黔西南社会科学》	2018年第3期			公开	

续表

作者	论 文 标 题	刊物名称	期次	刊物级别			
				核心	重点	一般	内部
李顺红	浅析新时期汉语言文学教学存在问题的对策	《成功》	2018 年第 8 期			公开	
史 倩	县级党校教师队伍建设的问题与对策研究——以普安县委党校为例	《课程教育研究》	2018 年第 21 期			公开	
张 佳	浅析新时期党校党建工作的创新策略	《魅力中国》	2018 年第 28 期			公开	
刘应刚	对实施乡村振兴战略的路径思考	《黔西南社会科学》	2018 年第 2 期			公开	
李 艳	浅议基层党校法学的学科地位	《当代旅游》	2018 年第 28 期			公开	
李 艳	互动教学在党校法律课程教学中的应用	《幸福生活指南》	2018 年第 5 期			公开	
张瑞凌	脱贫攻坚战是实施乡村振兴战略的优先任务	《智富时代》	2019 年第 4 期			公开	
张瑞凌	大数据时代下中国意识形态现状透视与对策	《社会科学》	2019 年第 1 期			公开	
李顺红	红色文化在我省干部教育培训中的重要作用	《视界观》	2019 年第 49 期			公开	
史 倩	做坚定有为的新时代青年马克思主义者	《理论观察》	2019 年第 4 期			公开	
彭刚善	高举时代旗帜　创新党校发展	《全国党校系统师资培训文丛》	中共中央党校出版社 2020 年出版		公开		
李顺红	普安县社会治理成功典范	《普安县经济社会发展报告》（2019蓝皮书）	中国社会出版社		公开		

四、存在的困难和问题

尽管普安县委党校近年来有了许多可喜的变化，许多创新做法深受同人及社会各界的肯定和好评，但现有条件和水平距上级的高标准要求还有较大的差距，主要表现在：

一是硬件建设比较滞后。教育教学设施设计先天功能存在缺陷，没有完全独立的校园，没有党校的标志性建筑，没有规范的报告大厅，学员住宿条件相对落后，环境绿化美化比例不达标，校园没有封闭式管理的条件，等等。

二是“资政”作用发挥不明显。过去忽视了这方面的工作，新进的同志还有一个探索过程，教学科研和决策咨询资政能力还比较薄弱，尤其是在省级以上课题研究上突破不大，教师学术专著仍是空白，用学术讲政治的能力水平更是有待提高。

三是师资职称结构比例不合理。现有教师职称普遍偏低，一些教师刚从国民教育岗位调来，职称也需要进行转评，“名师”培养难度大，距上级要求还有较大的差距。

五、结语

在时代条件下，党对干部的要求越来越高，对党校建设管理和培训的要求也越来越精细。作为政治理论前沿阵地和干部综合素质提升熔炉的党校，必须紧跟中央和上级党委的部署，紧跟时代发展步伐，强化党性引领，提高政治站位，坚持创新发展，在抢占精神高地的战斗中发挥先锋作用，以不断满足广大学员素质提升的要求，适应党和国家对干部教育培训的需要。

参考文献

［1］中共中央关于加强和改进新形势下党校工作的意见（2015 年 12 月 9 日）。

［2］习近平在全国党校工作会议上的讲话（2015 年 12 月 11 日）。

［3］干部教育培训工作条例（2015 年 10 月 14 日起施行）。

［4］中国共产党党校（行政学院）工作条例（2019 年 9 月 24 日中共中央政治局会议审议批准，2019 年 10 月 25 日中共中央发布）。

［5］普安县志（1998—2015）。

Ⅳ 调研篇

B.8 普安县生态文明建设研究

黄 昊[①]

摘要： 在界定生态文明内涵的基础上，全面客观地阐述普安县生态文明建设的现状。分析普安县生态文明建设取得的成就，剖析普安县生态文明建设中存在的不足。立足于普安县生态文明建设的实际与需求，借鉴并参考国内外在生态文明建设中的成功做法与经验，对普安县生态文明建设提出一些有针对性的对策建议与思考。

关键词： 普安县 生态文明 生态发展

普安县位于乌蒙山区，地理经纬度是：东经 104°51′10″—105°09′24″，北纬 25°18′31″—26°10′35″。乌蒙山横穿县境，中部高，四面低，县域东西最大距离 33 千米，南北最大距离 96.55 千米。海拔最高 2084.6 米，最低 633 米，平均海拔 1400 米。气候属于亚热带季风湿润气候，年平均气温 14°C，年降雨量 1400 毫米。矿产资源丰富，有黄金、煤、铁、硅、铅、锌等 28 种矿产，其中煤炭理论储量 172 亿吨，600 米浅层 54 亿吨。人口 35 万，以汉族为主，有布依族、苗族、回族、彝族等 29 个少数民族。普安县历史文化悠久、茶文化源远流长，是中国著名的茶文化之乡。[②]

普安县按照国家生态文明建设的战略部署要求，遵照习近平总书记对贵州守住发展与生态两条底线的要求，落实贵州省大生态发展战略的具体要求，因地制宜地、积极地开展生态文明建设，蹚出了一条有特色的生态

① 黄昊，贵州省社会科学院社会所副研究员；研究方向：科学技术哲学、生态思想。

② 普安县人民政府：《走进普安》，http：//www.puan.gov.cn/zjpa/，2020/08/20，2020/10/13。

文明发展之路，在生态文明建设方面取得了可喜的成就。

一、生态文明的界定

（一）生态文明的历史发展脉络

在人类历史上，尽管不同地域、不同文化底蕴、不同宗教信仰的文明沿着各自独立的演进脉络发展，但基本上都是由低级向高级、由简单向复杂发展。综观人类历史，人类大体上经历了原始的狩猎和采集文明、农耕和畜牧文明、工业文明，到现在的生态文明或者绿色发展、可持续发展阶段。

在原始的狩猎和采集文明阶段，人类的总数不多而且对自然的影响较小，基本可以忽略不计，这时对自然的伤害主要是各种不可预测的自然灾害，自然灾害造成严重的生态影响很多会被自然的力量修复，有的即使不能被修复也成为自然造化的神奇。

在农耕和畜牧文明阶段，人类对自然有影响，而且有的影响确实巨大，对自然生态环境造成了局部的严重生态灾害，如随着人类数量的急剧增长，为了生存大部分的土地被开垦出来发展种植业。总体上看，在农耕和畜牧文明阶段，人类的行为尽管在局部地区造成较大的生态灾害，但是灾害的后果依然在自然的承载范围内，绝大多数是可以通过自然的自我修复能力恢复的。

在工业文明的时期，人类运用科技的力量创造了巨大的财富、能力得到巨大的提升，但是人类也具有了毁灭地球上人类及绝大多数生物生存环境的力量；与此同时，人类生存的基础——自然环境却被大规模地破坏，危及人类的生存与发展。人类被迫思考一种新的发展路径，在人类理性反思的基础上——生态与环保的思想复归到原来的重要位置，生态与环保从理念到大规模的实践。

1962 年卡逊（Rachel Carson）所著《寂静的春天》出版，1972 年《增长的极限》发表，1992 年《21 世纪议程》发布。可持续发展或者生态文明是一种全新的生产方式、生活方式，以生态理念、生态经济、生态消费为核心，经济社会发展不超出区域的自然环境、生态和资源的承载力，关注人与自然的协调、可持续的发展，保护环境维持生态平衡的最高级的文明形态，是人类进步的标志，也体现了人类文明发展的历史必然。①

党的十七大提出建设生态文明以来，国内的生态文明建设开始大面积铺开，生态文明建设开始从理念到实践，并在实践中不断地逐步完善发展。贵州在立足自身资源禀赋的基础上，落实中央关于生态文明建设的决策部署，依据贵州的实际，将大生态作为贵州发展的三大战略之一并全面实施且取得了骄人的成绩。贵州由于历史与地理的缘由，很多地方的生态环境还处于原生态，具有发展生态文明的先天优势，但是贵州较好的生态环境优势也很脆弱，一旦破坏也很难修复。为此，发展生态文明对贵州而言是一个正确的、长久的战略选择，其价值和意义对贵州而言怎样正面评价都不为过。

（二）生态文明的内涵

国外学界极少有生态文明的提法，较多的是生态发展、可持续发展的提法，国内学界的生态文明与国外的可持续发展在界定上有很多内涵与外延一致的地方，较多时候可以理解为二者就是一回事。

国内学界对生态文明的界定，不同的学者存在不同，但是大体上沿着纵横两条不同的路径进行。纵的路径是从人类文明发展的历史进程来说，人类经历了原始的狩猎和采集文明、农耕和畜牧文明、工业文明，随之而来的是生态文明，目前来看，这是人类文明发展的最新阶段与最高阶段；横的路径是从经济建设、政治建设、文化建设、社会建设和生态文明建设五位一体的视角进行，将生态文明建设作为五位一体建设的重要方面和基础。生态文明的出现不是一种偶然，既是人类社会发展整体呈现波浪式、螺旋式向前、向上发展的逻辑之必然，也是人类本质力量的复归，更是人类对工业文明以来人与自然关系进行理性反思的结果。

---

① 黄昊："科技投入对贵州生态文明先行示范区建设的支撑研究"，2014 贵州省软科学联合基金项目（黔科合体 R 字〔2014〕LSK2016），2016 年，第 14 页。

生态：“研究生物之间及生物与非生物的环境之间相互关系的学科。”①文明指的是“一文采光明，文德辉耀。易大有：‘其德刚健而文明，应乎天而时行，是以元亨。’疏：‘经天纬地曰文，照临四方曰明。’二有文化的状态，与野蛮相对”。② 对文明的理解有狭义广义之别，狭义的文明指人类创造的精神财富，广义的文明指人类所创造的财富的总和，涵盖物质与精神两方面。

生态文明的内涵学界多认同的主要有以下几点：第一，这是人类文明发展的一个新阶段，是工业文明之后的又一高级的文明形态；第二，以人与自然和谐发展、和谐共生为主要核心与本质的社会形态；第三，发展方式和思维方式的生态化为其最主要内涵；第四，要求人们尊重自然、顺应自然、保护自然；第五，生态文明思想要渗透到社会建设的方方面面；第六，生态文明发展的最终目标是为了人类的终极幸福服务。

二、普安县生态文明建设的现状分析

普安县的生态文明建设在按照要求做好规定动作的同时，结合普安的实际也在生态文明建设上做出了很多有特色的自选动作，使得普安的生态文明建设取得了令人刮目相看的成就，当然也存在一些问题。

（一）生态文明建设取得的成就

1. 普安县的生态文明建设顶层规划做得较好

普安县在贯彻落实《国家生态文明试验区（贵州）实施方案》《黔西南州生态文明体制机制改革实施方案》《黔西南州贯彻落实〈国家生态文明试验区（贵州）实施方案〉任务分工方案》的基础上，制订并印发《普安县生态文明体制改革实施方案》《普安县2018年生态文明建设工作要点》和《普安县大生态建设目标评价考核方案》等相关文件③，落实责

---

① 夏征农、陈至立主编：《辞海》，上海·上海辞书出版社，2009年版，第2022页。

② 《辞源》修订组、商务印书馆编辑部：《辞源》，北京·商务印书馆，1998年版，第1358页。

③ 普安县发展改革局：《普安县2018年生态文明体制改革工作总结报告》。

任并践履之。

2. 建构生态文明建设的体制机制并逐步完善

依据生态文明建设的实际需求和生态文明建设的顶层规划要求，成立普安县生态文明建设领导小组，相关县领导担任组长，设立办公室，建构相关的体制机制。普安县在落实上级关于生态文明建设顶层设计要求的同时，立足普安县实际，发挥主动性，积极探索和推动生态文明建设的体制改革。①

3. 普安县的生态文明建设成效明显，生态环境持续好转

普安县有着较好的生态环境资源禀赋基础，通过生态文明建设的实施，使得其生态优势更加凸显。仅仅从森林覆盖率上看，从47%上升到52%。县城的空气优良率的数据有所下降，主要缘由之一是伴随着城镇化的发展，城市的范围面积扩大；缘由之二是伴随着工业化的发展，尽管严格控制，但是有臭氧超标的几天。总体看，空气质量维持在较好的状态。集中水源地的水质一直维持在较高的水平，水质达标率持续100%。天蓝、地绿、水清是普安县生态文明建设开展以来取得的较好成就，也是普安生态文明建设成果的最好体现与映照。

表1　普安县生态文明建设情况简表

年份	营造林（万亩）	石漠化治理（万亩）	退耕还林还草（万亩）	森林覆盖率（%）	城镇污水处理率（%）	县城空气质量优良率（%）	集中式饮用水源地水质达标率（%）
2015	14.58	1.98	3.5	47	47.5	100	100
2016	33.85	9.75	—	49.98	—	100	100
2017	—	—	8.1	49.98	—	100	100
2018	—	4.2	8.1	52	—	100	100
2019	10.5	—	—	52	89	98.9	100
2020	—	3	11.35	—	89	99.1	100

资料来源：普安县政府工作报告（2015—2020年）。

① 普安县发展改革局：《普安县2018年生态文明体制改革工作总结报告》。

普安县在治理水土流失、石漠化治理、天然林的勘界划定保护等生态文明建设方面成绩斐然。

4. 普安县的生态文明建设与经济发展密切契合，生态经济发展成绩喜人

生态文明建设与经济发展是密切契合的，将生态理念渗透到经济发展的各个方面，将生态优势转化为经济优势，经济发展生态化和生态因素经济化是普安经济发展的真实体现，实现了生态文明建设与经济发展的协调发展与双赢。

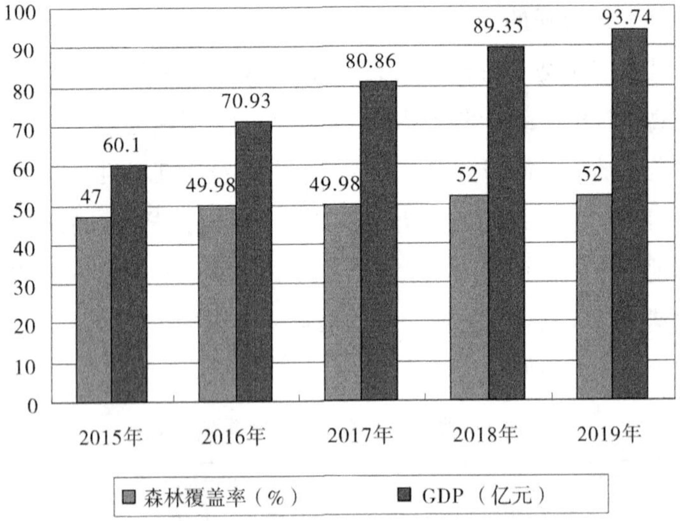

图1　普安县森林覆盖率与GDP

资料来源：普安年鉴（2016年）、普安县政府工作报告（2017—2020年）。

在工业经济发展上注重发展循环经济、注重节能降耗，将生态文明建设的理念贯穿于工业发展的全过程。2018年普安县淘汰落后产能，工业经济能耗下降3%。“2018年，普安县上报关闭天普、福安、桂兴、滇黔、安利来5座煤矿，其中，天普、福安煤矿为15万吨/年生产矿井，桂兴煤矿为9万吨/年生产矿井，滇黔煤矿为30万吨/年待建矿井，安利来煤矿为21万吨/年生产矿井，合计淘汰落后产能90万吨/年，现阶段煤矿证照均已完成注销工作，安利来、天普、福安煤矿已完成井筒封闭工作，10月底

前，按照相关关闭要求，对标对表，逐项完成各项关闭工作，并申请完成验收。”① 普安县推动企业进行节能技术的改造，如淘汰燃煤锅炉，安装清洁能源锅炉。

农业生产上紧密契合生态文明建设的要求，大力发展生态农业，实施农业产业革命。在农业生产上逐步减少农药化肥的使用，提升农产品中无公害、绿色、有机农产品的比例。同时，为了更好地建设生态文明，普安县积极退耕还林、退耕还草，不仅实现了生态环境变得更好，也使得参与退耕还林、退耕还草的农民实际收益变得更多，使农村产业的发展更加合理。如普安县喜打村 2016 年开始实施退耕还林 2606 亩，中央退耕还林直补资金每亩 1500 元。其中支付劳务施工方平整土地、种植树苗费用每亩 300 元；经验收合格后，农户第一年领取退耕还林补助金每亩 500 元，农户第三年领取退耕还林补助金每亩 300 元，农户第五年领取退耕还林补助金每亩 400 元，总计每亩 1200 元。② 这些退耕还林的土地依据实际情况，很多种植经济作物，比原来仅仅种植低产的粮食作物（主要是玉米）的经济效益要好很多。这些安排既考虑到农户因退耕还林短期收入减少的补偿，又考虑到农户因为退耕还林的长期收入的增长与可持续性，更符合生态文明建设的长远目标要求。生态建设使得自然风景资源更加优化与美化，助推了自然风景旅游的发展。

5. 生态文明建设助推决胜脱贫攻坚，决胜脱贫攻坚又更好地促进生态文明建设的发展

普安县在 2020 年 3 月 3 日达到脱贫目标的要求，退出贫困县序列，标志着普安县提前完成决胜脱贫攻坚的任务。在此过程中，生态文明建设助推了普安县的决胜脱贫攻坚。如退耕还林工程中，实施退耕还林的农户很多是贫困户，通过退耕还林工程的实施一举脱贫。普安县环境保护局驻喜打村工作组与村“两委”协调一致，并得到村民的支持完成了 2606 亩种

① 普安县发展和改革局：《黔西南州普安县 2018 年节能工作情况总结和 2019 年工作预安排》。

② 王钟伟：《环保局真蹲实驻推进喜打村落实退耕还林 2600 亩》，普安县政府网站，http：//www. puan. gov. cn/payw/bmdt/201709/t20170920_ 24807422. html. 2017. 09. 20/2020. 10. 23。

植杉树和核桃树的退耕还林规划，参与退耕还林的农户有生态补偿款，并和村民签订了退耕还林种植和养护合同。“精准贫困户龙大叔签订种植和养护合同后说：‘我家 8.9 亩耕地，在此次退耕还林中我要求杉树苗和核桃树苗套种，这 5 年不用管就有钱进，5 年后我自己管理，核桃也挂果了，按每亩种植核桃 23 株计算，每株能卖到 500—1000 元，产生的经济价值远远比种玉米划算得多，不但能脱贫，而且能致富。’”① 就目前的调研结果看，很多地方的护林员多聘请贫困户担任，这既有助于生态文明建设，又助推了决胜脱贫攻坚。

普安县实施扶贫生态移民项目，扶贫生态移民工程的主要对象和补助标准是：“搬迁对象以居住在深山区、石山区特别是石漠化严重地区的贫困农户为主，以生态位置重要、生态环境脆弱地区的贫困农户为主，以三个集中连片特困地区和民族地区贫困农户为主；规划内因自然灾害引发的地质灾害移民和严重地质隐患点村寨优先安排。……搬迁对象必须是纳入规划的农村户籍人口，以自然村寨（村民小组）为单元实施整体搬迁，人数以申报项目时户籍人数为准。搬迁对象不局限于安置点所在乡（镇），可以打破行政区划，跨乡（镇）、跨县进行安置。扶持标准：2015 年度的项目，住房人均补助 1.2 万元，配套基础设施人均补助 0.6 万元，征地人均补助 0.1 万元。各年度扶持标准以当年省人民政府办公厅下发的扶贫生态移民工程实施方案为准。”② 扶贫生态移民的资金主要来源于中央预算内易地扶贫搬迁工程投资、中央财政专项扶贫发展资金、省级财政统筹安排专项资金、州级与县级财政配套资金。

普安县是按照《贵州省扶贫生态移民工程规划（2012—2020 年）》及配套的相应的省级扶贫生态移民工程方案实施的。搬迁的移民主要是深山区、石漠化严重的地区、生态环境脆弱区的贫困户，这些地区的恶劣生态环境很难满足人们的生存需求。这些地方的人们为了更好生存，只能向周围的环境索取，呈现出越垦越荒的状况。将这些深山区、石漠化严重的地

① 王钟伟：《环保局真蹲实驻推进喜打村落实退耕还林 2600 亩》，普安县政府网站，http：//www. puan. gov. cn/payw/bmdt/201709/t20170920_ 24807422. html. 2017. 09. 20/2020. 10. 23。

② 普安县人民政府：《移民相关惠民政策（扶贫生态移民工程）》，普安县政府网站，http：//www. puan. gov. cn/payw/bmdt/201610/t20161027_ 23210663. html. 2015. 12. 21/2020. 10. 23。

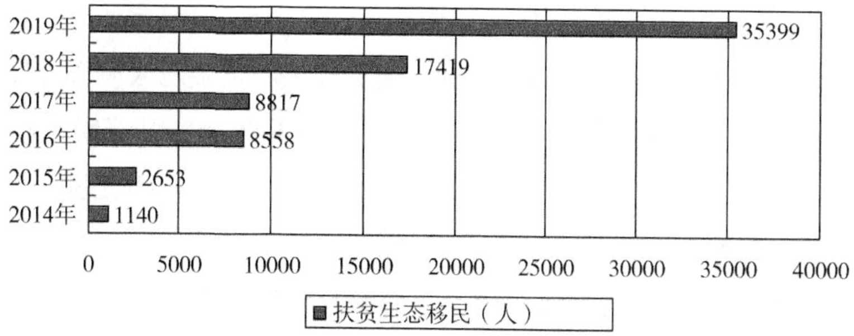

图 2 普安县扶贫生态移民情况

资料来源：普安县政府工作报告（2015—2020 年）。

区、生态环境脆弱区的贫困户迁出，改善了其生存环境，不仅可以脱贫，而且可以享受更好的公共服务，如更好的教育环境、更好的就业环境等，特别是更好的教育环境可以使搬迁出来的贫困户大幅度降低贫困代际传播的概率。目前没有详细的数据材料反映深山区、石漠化严重的石山区、生态环境脆弱区的贫困人口搬迁后的生态环境变化情况，但是有一点是可以确证的，神奇的大自然有强大的自我净化、自我修复功能。这些深山区、石漠化严重的石山区、生态环境脆弱区的贫困人口搬迁后，人类对这些脆弱环境由于不可避免的生产生活等活动造成的损害减少或者直接没有，大自然的自我修复功能、自我净化功能会逐步地显现出强大威力，再辅以人类有目的的、保护性的环保措施，可以毫不夸张地说自然生态环境绝对会加速好转，这一点确定无疑。

普安县生态文明建设与脱贫攻坚在一定意义上是互补的、协调发展的，生态文明建设助推了决胜脱贫攻坚，而脱贫攻坚的实施又促进生态文明建设的更好实施，统一贯穿于普安县经济社会的全面发展之中。

6. 普安县的生态文明建设与农村产业革命协调发展

普安县在退耕还林还草、低产低效林改造等的生态文明建设的实践中，鼓励参与退耕还林还草的农户在条件许可且适宜的条件下改种经济作物，如种植杉树、茶树和果树等，减少玉米等的种植，既满足生态文明建设的需求，也切实提高了农业产业的产值、提高了农民的收入。按照“一县一业”的产业扶贫要求，普安县将茶产业作为农业产业革命的主要抓手。普安县是“中国古茶树之乡”“中国茶文化之乡”，具有种茶、制茶的悠久历史，2018年浙江省安吉县黄杜村党员提出向贫困地区捐赠白茶苗得到习近平总书记的赞赏与肯定。2018年，安吉县向普安县捐赠600万株“白叶一号”茶苗，普安县地瓜镇承接该项目建设2000亩感恩茶园。孙志刚书记还专程实地考察，勉励项目实施的群众把项目建设好，带动更多的群众增收致富。[①] 普安县在农村产业革命的发展中全面渗透生态理念，将生态要素的资源优势逐步转化为农村产业发展的经济优势、比较优势，实现了生态文明建设与农村产业革命的协调一致发展。

7. 生态理念的把握与认识准确

第一，树立尊重自然、顺应自然、保护自然的理念。生态理念必须融入经济、政治、文化、社会发展的各方面和全过程。第二，树立发展和保护相统一的理念。地球是我们向子孙后代借来的，发展必须是绿色发展，平衡好发展和保护的关系。按照主体功能定位控制开发强度，调整空间结构，发展的速度不能超出当地水土资源承载能力和环境容量。给子孙后代留下天蓝、地绿、水净的美好家园与可持续发展的生态及资源基础，实现发展与保护的内在统一、相互促进。第三，树立“绿水青山就是金山银山”的理念，贯彻自然价值与自然环境是资本的理念。保护自然就是增值自然价值和自然资本的过程，就是保护和发展生产力，就会得到合理回报和经济补偿。第四，树立山水林田湖是一个生命共同体的理念。按照生态系统的整体性、系统性及其内在规律，统筹考虑自然生态各要素、山上山下、地上地下以及流域上下游，进行整体保护、系统修复、综合治理，增强生态系统循环能力，维护生态平衡。[②]

8. 突出打好污染防治的攻坚战

2019年检查自然保护区及山地旅游风景区6处、排查非污染性建设项目10余次，认真打好青山保护战；2019年大力开展非煤矿山扬尘专项治

---

① 普安县人民政府：《孙志刚在普安晴隆县督战调研时强调　把查漏补缺巩固提升工作抓细抓实　坚决夺取脱贫攻坚战全面胜利》，普安县政府网站，http://www.puan.gov.cn/payw/bmdt/201610/t20161027_23210663.html. 2020. 10. 14/2020. 10. 23。

② 普安县委办公室、普安县政府办公室：《普安县生态文明体制改革实施方案》。

理，督促采煤与洗煤企业完善洒水防尘设施，管控乡镇的秸秆焚烧，切实做好蓝天保卫战；2019 年认真开展饮用水源地专项排查与整治，严格落实“河（库）长制”，检查畜禽养殖场 20 余家次，2019 年制订《普安县 2019 年度土壤污染防治实施方案》，配合农业农村部门开展禁养区排查及调整，配合省土壤污染状况详查质控实验室质量监督专家到白沙选矿厂进行地块信息核查，委托第三方开展铅厂尾矿库历史遗留问题的治理并积极争取项目资金，切实打好净土保卫战；2019 年继续治理乡村环境问题，严格落实生态环境保护属地主体责任、及时开展陈年垃圾清理、切实加强垃圾收运站点的管理，确保生活垃圾的及时转运与处理。①

9. 生态环境治理卓越有效

第一，在源头上，普安县实施严格的环境准入制度，对新建的项目实施环境评价制度，按照要求完成环保验收备案；对于符合相关政策法规要求的建设项目，积极地开展政务服务，及时审批项目、核发相关的许可。2019 年 8 月 20 日起，建设项目的环境评估上交州级统一实施。第二，在实时的监管环节上，努力搞好环境检测。2019 年，黔西南州生态环境局普安分局对 11 家废水重点监控企业、2 家土壤重点监控企业、2 家大气重点监控企业、4 家挥发性有机重点监控企业开展监督性检测、对比性检测，收集检测报告多份，未发现超标排放现象。2019 年完成功能区、城市声环境检测，全年功能区、城市区域声环境检测符合标准限值。2019 年委托第三方水质检测，涵盖 11 个集中式水源饮用水检测、2 处重点监控断面、17 家重点污染源监控企业，上报数据 17 次。第三，认真做好环境执法监管。2019 年进行环境安全隐患排查，积极督查、督促企业将环境安全隐患、环境安全风险消解在萌芽状态。2019 年加大固体废弃物、危险与危害物的处理和处置的监管力度，出动 100 多人次，检查医院、火电、汽修、垃圾填埋等重点行业企业 50 多家，下达整改通知书 4 份；督促医疗废弃物处置中心切实做好医疗废弃物的日常处置工作；确保核与辐射的安全，加强对辖区内核技术利用单位的检查，确保辐射防护设施安全稳定运行、放射性废

① 黔西南州生态环境局普安分局：《州生态环境局普安分局 2019 年工作总结及 2020 年工作打算》。

物源（物）管理收储率达到100%。2019年，加强噪声、城镇污水治理和一般的固体垃圾的处理监管。在高考、中考期间加大对考点周边的噪声污染源头的管控，确保考生有安静的环境，及时处理噪声环境污染投诉1件；定期、不定期地推动城镇污水处理整治行动，督促完善污水收集管网建设，确保稳定达标排放；加大一般固体垃圾收集点与填埋场的监督执法。第四，强化饮用水源保护。及时优化调整水源保护区；组织实施标准化建设；积极争取上级的专项资金用于水资源保护区专项治理；认真核实水源保护区与矿权重叠情况。第五，以党建促环境治理。在明确分工基础上，加强制度保障、严明政治纪律、深化廉政教育，狠抓廉政任务落实。第六，认真抓好中央、省委生态环境保护督查及“回头看”反馈问题整改。2017年中央环保督查涉及普安县18个问题，移交普安县的投诉问题3件，都已办结；2018年省委环保督查反馈移交普安县环保局信访投诉问题1件，已办结；2019年中央、省生态环境保护督查组“回头看”交办案件都已办结。① 石漠化治理久久为功、水土流失常抓不懈，截至目前治理成效显著。“启动建设县城二期、罗汉等7个污水处理工程，城镇污水处理率提高到89%，主要河流、集中式饮用水源地水质达标率均保持100%。对16家重点企业污染排放实时监控，城市环境空气质量优良率达99.1%，全省排名第9位。实现城镇医疗废物无害化处置、城乡生活垃圾收运设施全覆盖。”②

10. 生态宣导有力

党政干部参加生态文明培训全员覆盖；组织好世界地球日、世界森林日、世界水日和全国节能宣传周等主题宣传；在校园、市场集市等宣传；利用现代最新的数字信息通信技术宣导生态文明。以上所有这些提升了普安县人民的生态文明意识，培育并普及了生态文化，倡导绿色的生活方式，形成较好的建设生态文明的氛围，使得生态文明的理念逐步深入人心，进而更好地促进生态文明建设的开展。

---

① 黔西南州生态环境局普安分局：《州生态环境局普安分局2019年工作总结及2020年工作打算》。

② 龙强：《2020年普安县人民政府工作报告》。

11. 形成生态文明建设的边际支撑体系

普安县的生态文明建设就目前看已经形成生态补偿制度、生态法律体系、生态建设保障体系、生态环境与资源的承载力预警机制、领导干部的生态与自然资源的离任审计、生态损害的责任终身追究制、生态文明建设的绩效考核制度等。尽管很多边际支撑的制度与体系都是在实践中摸索并建立的，有不完善之处，也有不合适之处，但是随着生态文明建设的推进会逐步完善。目前所有这些边际支撑体系有力地促进了生态文明建设顺利推进。

12. 生态文明建设的成果由全民共享

普安县的生态文明建设成果显著，成果为全体人民所共享，人们生活在山绿、水清、天蓝的环境中就是一种值得称道的成就，是最大的惠民福祉之一。

（二）生态文明建设的主要做法

1. 运用最新的生态科技成果，助推生态文明建设

生态文明是一种完全不同于以前的工业文明的生产方式、生活方式。需要大量的生态科技成果的推广与运用来助推生态文明更好、更快发展。不管是预防性的生态科技、治理性的生态科技，还是创新性的生态科技，在生态文明建设中都发挥了重大的作用。从一定意义上可以认为，没有生态科技创新成果的推广与运用，生态文明建设的推进将会更加举步维艰。如普安县的工业节能推广，运用了大量的生态化的节能技术与工艺。农业上产业革命，普安县依据自身的资源禀赋基础，将茶产业作为产业革命的主要抓手，特别是受捐浙江安吉的白茶，附带学习白茶的种植技术，以更好地发展茶产业。

2. 运用项目管理方式，推进生态工程的建设与实施，效率高

普安县的生态文明建设工程，很多是以项目的形式进行的，项目式管理与推进有其不可比拟的优势。如普安县退耕还林、还草，平整土地、种植经济苗木都是以项目招标的方式进行的，保证项目的质量与进度。

3. 生态思想文化与生态文明建设的实践同步推进

普安县的生态文明建设将生态思想、生态文化等形而上的内容与生态文明的实践密切契合在一起，同步推进。从生态文明建设的理念到生态文明的实践，然后又从生态文明的实践中升华生态文化。

4. 坚持生态文明建设中的问题导向与目标导向合一

生态文明建设是史上最新的文明发展形态，没有任何的经验可供参考，在实践中碰到很多问题，特别是群众有不满意的地方、巡视中反馈的问题等，针对这些问题，普安县立即整改，达到让群众满意，切实解决问题，这也是生态文明建设的目标，在实践层面上实现了问题导向与目标导向的重合。

（三）生态文明建设存在的问题[1]

1. 没有形成大环保的体系，责任主体压实不到位

生态文明建设是一个系统工程，需要社会各方面的大力支持、协调配合，“管发展管环保”尽管实施了很多年，但是有些行业部门及其领导出于行业部门的利益驱动，对行业部门生态保护工作不重视，当然对肩负的生态责任也不是很担当，推诿扯皮现象时有发生，未形成协力建设大生态的格局。

2. 很多主体的环保观念有，但是生态理念与生态实践存在脱节现象

很多企业主体知晓相关的生态理念与意识，但是具体的经济行为中依然是重发展、重经济效益、轻环保，先发展后治理的理念一直有市场。有的企业生态环保主体责任不到位；有的企业尽管有生态环保设施但是运行不正常；有的企业生产工艺落后；有的企业管理不到位。以上问题有的是个性的表现，有的是综合性的表现，导致生态问题久拖不决，即使已经解决的生态问题也有可能存在反复。再如有的个体知晓生态文明及相关的理念，但是在日常生活中有时有意或无意地做出一些不合生态文明建设要求的举动。

---

① 黔西南州生态环境局普安分局：《州生态环境局普安分局 2019 年工作总结及 2020 年工作打算》。

随着生态宣导的有力推进与逐渐深入人心，公众的生态意识越来越强，但是公众对生态文明的参与度低。公众参与度低主要体现在两个方面：其一，很多公众不知道如何参与，特别是遇到具体的生态问题时不知道如何参与；其二，很多公众对不符合生态文明建设要求的行为持有意见后果的疑虑。

3. 相关的生态保护设施建设滞后、经费缺乏现象明显

普安县生态保护的基础设施由于历史与地理的缘由等严重滞后。如污水处理设施的建设严重滞后于当地经济社会发展的需求，不管是排污管网的建设还是污水处理能力都低于实际的需求；计划续建的污水处理设施存在资金缺口，有乡镇计划建设污水处理设施还存在征地困难的情况；即使已经建成的污水处理设施的正常运行也存在困难，主要表现在污水处理收费与支出不平衡，存在较大资金缺口，污水管网的维护费用不足。普安县的城镇生活垃圾处理有效，但是存在资金缺口；很多农村的生活垃圾处理项目建设滞后，农村生活垃圾得到有效治理的较少。城镇与乡村的生态保护设施的建设不仅是社会有效治理的一部分，更是生态文明建设的重要基础之一。

4. 生态环境保护的队伍建设不足，检测能力满足不了需求

随着普安县生态文明建设的持续深入开展，生态环保领域的任务更加艰巨，管理的领域更宽泛、事务更加繁复。在此境况下，普安县的生态环保队伍人员不足、原有的监测能力不足的矛盾凸显出来。

三、对普安县生态文明建设的思考

（一）切实将生态理念与思想渗透到个体思想文化的核心层面

进一步深入学习习近平总书记生态思想，树立“绿水青山就是金山银山”的理念，让“良好的生态环境就是最普惠的民生福祉”的理念成为人们的追求。只有个体的生态理念进入思想文化的核心层面，才能使得生态文明建设具有思想的指导，才能有发自内心的强力作支撑，这种支撑才是最长久、最有效的，这也是解决生态理念与生态实践在现实层面存在脱节

可能的根本。

（二） 将生态理念贯穿于社会生产、生活的全过程

进一步提升生态经济的发展规模、提升生态经济发展的质量。倡导生态的生活方式、生态的消费方式，过上一种简单、生态、充实与幸福的生活。

（三） 采用预防性的生态措施，从源头上遏制生态损害的发生

目前已有的世界范围内的生态发展经验已经得出一个确定的结论——生态预防的效果要明显优于生态损害后的治理效果，不管是经济成本还是生态效益、社会效益都是如此。为此，普安县要多采用预防性的生态措施与生态手段，从源头上减少生态损害或者生态污染物与废弃物的产生。

（四） 对于已有的生态损害与污染，加强生态治理与管控

对于已有的生态损害与污染要加强生态治理，强化各种治理与管控，把其不利影响减到最小。

（五） 强化生态责任担当，加大生态环保队伍建设，严格强化生态执法

普安县要强化各级、各行业的生态责任担当，切实扛起生态文明建设的责任。加大生态环保队伍建设，充实人员、配齐设备、提升人员的生态监测能力与执法的综合素养。立足现有的生态法规，严格强化生态执法，切实维护良好的生态状态。

（六） 要重视生态科技成果的运用

不管是预防性的生态措施与手段，还是治理性的生态措施与手段，都需要生态科技及其生态科技成果的运用在其中发挥威力，提供强大的动力源。

B.9 普安县维护社会稳定实践探索

刘 平 李顺红 史 倩[①]

摘要： 稳定是发展的前提和基础，没有一个安全稳定的社会环境，经济社会就难以和谐发展。党的十八大以来，普安县认真贯彻落实中央、省、州有关维护社会稳定的决策部署，以全面深化“法治普安、平安普安建设”为主线。全县各级各部门密切协作，共同发力，深入开展矛盾纠纷大排查、大下访、大化解等活动，扎实抓好防范化解重大突出问题风险隐患，有力维护了全县总体平安稳定，近10年来没有发生一起涉及社会稳定的群体性案（事）件、大规模赴省进京上访案（事）件、重大公共安全案（事）件，有力维护了国家安全和社会稳定。但随着当前经济社会发展的转型升级，一些突出矛盾问题相互叠加，稍有不慎就极有可能引发危害经济社会稳定的重大隐患，我们只有把“发展是第一要务，稳定是第一责任”牢牢抓在手上，时刻扛在肩上，落实到行动上，才能持续实现经济发展、社会稳定、人民群众安居乐业的良好局面。

关键词： 经济发展 社会稳定 安居乐业

引 言

近年来，受国际国内复杂形势的影响和当前经济社会发展中面临的一些突出矛盾和问题，加上2020年突如其来的新冠肺炎疫情带来的严重影响，导致许多行业领域矛盾风险隐患增多，再加上一些对社会不满、心态

---

① 刘平，中共普安县委政法委副书记；李顺红，中共普安县委党校中级讲师；史倩，中共普安县委党校中级讲师。

失衡、情绪偏执等人员和长期闹访缠访人员摸排管控难，维护经济社会和谐发展的压力不断加大。只有牢固树立风险隐患无处不在、没有预测到风险就是最大的风险理念，深入开展矛盾纠纷大排查、大化解，加强普法依法治理，加大重大风险隐患摸排化解，强化重点人员管控等工作，才能更好地推动经济社会的和谐发展。

一、普安县维护社会稳定工作的主要做法及成效

党的十八大以来，普安县维护社会稳定工作，在中央、省、州的坚强领导和上级业务部门的大力支持下，认真贯彻落实党的十八大、十九大和十九届历次全会精神，以及中央、省委、州委政法工作会议精神，进一步提高政治站位，牢固树立“四个意识”，坚定“四个自信”，坚决做到“两个维护”。全县各级各部门以保稳定、促和谐为主线，紧紧围绕“维护社会大局稳定、促进社会公平正义、保障人民安居乐业”三大目标任务，始终把维护社会稳定工作作为促进经济社会和谐发展的一项基础工作来抓。认真开展矛盾纠纷排查化解，确保全县社会大局稳定，治安秩序持续平稳，着力解决影响社会稳定的突出问题，社会稳定工作整体水平得到进一步提升。为维护全县经济发展，社会安全稳定，优化改革发展环境，保障人民群众安居乐业作出了积极贡献。

（一）进一步提高政治站位，深入学习贯彻落实中央、省、州维护社会稳定相关文件及会议精神

全县各级各部门坚持以习近平新时代中国特色社会主义思想为指导，认真学习贯彻党的十八大、十九大和十九届历次全会精神，以及中央、省委、州委维护社会稳定工作会议精神，认真贯彻落实总体国家安全观，把思想和行动统一到中央、省、州关于维护社会大局总体平安稳定的决策部署上来，按时召开专题工作会议进行安排部署，确保中央、省、州各项决策部署落地落实。中央、省、州的决策部署，具有很强的政治性、前瞻性和可操作性，各乡镇（街道）、县属各部门特别是政法部门主要领导带头学，认真学，坚持学深悟透、学以致用。并结合各单位、各部门实际，通

过集中学习与个人自学、党组（党委）组织学等方式，深入开展多形式、多层次、全覆盖的学习贯彻活动，进一步提高广大干部的理论水平和业务能力。

一是结合实际认真学。全县各级各部门以党的十九大和习近平新时代中国特色社会主义思想为指引，进一步增强党的政治领导力、思想引领力、群众组织力、社会号召力，切实加强政治理论和业务知识学习，切实运用新思路、新观点、新方法推进政法工作。进一步摆正自己与群众的关系，与群众交朋友、拜群众为师、听群众意见。

二是高度重视认真学。认真学习习近平新时代中国特色社会主义思想、党的十九大精神和习近平总书记在贵州省代表团重要讲话精神，进一步增强学习本领、政治领导本领、改革创新本领、科学发展本领、依法执政本领、群众工作本领、狠抓落实本领和驾驭风险本领，以“四有干部”为标准，始终做到心中有民，切实从思想深处关心爱护群众，高标准、高质量完成各项维稳工作任务。

三是做到学以致用。各乡镇（街道）、县属各部门切实把党的十九大精神和习近平新时代中国特色社会主义思想学懂弄通，转化为抓好维护社会稳定的能力，切实在“风险防控、脱贫攻坚、污染防治”三大攻坚战中扎实工作，进一步担负起促一方发展、保一方平安的政治责任。

（二）统一思想，提高认识，进一步加强维护社会稳定工作的领导

普安县委、县政府高度重视维护社会稳定工作，坚决扛起促一方发展、保一方平安的政治责任，把维护社会稳定工作与当地经济社会发展工作同部署、同安排、同考核、同奖惩。

一是加强组织领导。成立普安县维护社会稳定工作领导小组，主要领导担任组长，各乡镇（街道）、县属各部门主要领导为成员，一旦发生人员变动和领导职务调整，第一时间调整充实领导小组。各乡镇（街道）、县属各部门结合本辖区、本部门实际均成立维护社会稳定工作领导小组，采取有力有效措施抓实本辖区、本领域、本部门的安全稳定工作，全面形

成县、乡镇（街道）、村（社区）、组（自然村寨）整体联动的工作格局，确保维护社会稳定工作领导到位，组织到位，工作运转正常。

二是强化分析研判。各级党政主要领导切实履行安全稳定第一责任人责任，县委定期召开县委常委会、书记专题会听取维稳工作情况汇报，及时研究辖区内维稳突出问题，党政分管领导切实履行“一岗双责”职责，每月组织召开专题会议研判辖区内维护社会稳定工作形势，安排部署维护稳定工作，做到重大矛盾问题第一时间研判，第一时间采取有力措施化解。

三是强化结果导向。全面贯彻落实省、州维护稳定和信访工作党政职责严肃问责暂行规定，制定出台相关细则或办法，及时制定党政同责、一岗双责意见和信访维稳责任查究办法，把维护稳定工作纳入年终目标绩效考核，进一步增强广大维稳干部的责任意识，做到守土有责、守土尽责、守土负责，着力提高化解重大突出矛盾的能力和水平。

（三）细化措施，周密部署，全面抓实维护社会稳定各项工作

普安县各级各部门坚决扛起维护社会稳定的政治责任，在县委、县政府的统一领导下，精心安排，周密部署，采取有力措施抓实维护社会稳定各项工作。

一是全力维护国家安全和社会政治稳定。全县各级各部门进一步增强政治敏锐性和政治鉴别力，深化维护国家安全战略性、长期性和复杂性的认识，进一步增强忧患意识，居安思危，筑牢维护国家安全的铜墙铁壁，坚决打好对敌斗争和反恐怖斗争，严密防范、有力打击各种渗透颠覆破坏活动、暴力恐怖活动、民族分裂活动、宗教极端活动。大力抓好涉恐、涉暴、涉邪风险防控，严防一些重点管控人员依托普安县良好的区位和交通优势，将普安变为“藏匿点”和中转站。严密防范、严厉打击敌对势力在网上制造传播政治谣言和有害信息、勾结串联、煽动滋事。依法严厉打击各种“街头政治”活动；严防敌对势力利用互联网煽动实施“颜色革命”，严防境外非政府组织及披着维护人权外衣、打着“新闻自由”旗号所谓“独立媒体”的渗透破坏活动，严防发生影响国家安全的破坏活动，做到

未动先知，露头就打，有效防范了涉及国家安全和社会稳定重大案（事）件的发生。

二是建立健全议稳协调机制。县维护社会稳定领导小组办公室牵头制定了季度议稳、矛盾纠纷多元排查化解、重大突出矛盾纠纷整体联动等机制，做到提前部署，件件落实。

超前部署。全县各级各部门领导干部对本地本部门的安全稳定问题进行研判、督导，对本地本部门涉稳问题亲自谋划亲自抓，组织推动各类矛盾纠纷和信访突出问题早摸排、早化解、早落实，确保矛盾问题不堆积发酵升级。

定期研判。及时掌握主要突出矛盾和问题，有针对性地调整工作重点，切实增强前瞻性和主动性，明确要求县委常委会原则上每季度听取一次维稳工作情况汇报，各乡镇（街道）党政主要领导和县属各部门一把手每月至少听取一次本地本部门维稳工作情况汇报，对维稳形势进行准确判断，提出解决问题的具体意见。重要敏感时期、重大节点每周至少要进行一次维稳形势研判和工作调度，特别重要时期每天维稳形势研判和工作调度不得少于一次，重大问题及时研判。研判采取召开会议、听取汇报、实地调研和督导督办等方式进行。

解决问题。把解决矛盾问题作为维稳工作的重中之重，坚持以人民为中心，切实维护人民群众的合法权益，对本地本部门本系统排查出的重大风险隐患，采取集中交办、督办等方式推动矛盾问题的解决和风险隐患的排除。对历史遗留“骨头”问题、疑难复杂“钉子”问题和必须由一把手上手才能解决的矛盾问题，全县各级党政一把手和部门主要负责人亲自剖析、对症下药，按照“三到位一处理”的要求，按照“法理要跟上、法援要跟上、法办要跟上”的原则，最大限度地把矛盾问题解决在当地，控制在燃点之下。

严格奖惩。每季度开展一次常规督查，对不严格落实议稳工作机制的乡镇（街道）和部门进行通报，纳入年终目标绩效考核。对维稳责任落实不到位造成严重后果的，严格追究相关单位和责任人的责任。

分级负责。各级党政一把手、县属各部门主要负责同志对议稳工作情况每季度汇总一次，按照“属地管理、分级负责”“谁主管、谁负责”的原则，进一步落实“谁的人谁负责、谁的事谁负责、谁决策谁负责、谁引发谁负责、涉及谁谁负责”责任，以“普安不出事，普安人不惹事”为目标，坚决贯彻落实中央、省委、州委、县委有关维护社会稳定工作的部署和要求，坚守底线、突出重点、完善制度、引导预期，坚决打好防范化解重大风险攻坚战，为决战脱贫攻坚、决胜同步小康，创造了和谐稳定的社会环境。

三是扎实抓好敏感节点期间的社会稳定工作。在敏感节点期间，各级党政主要领导亲自带头，亲自落实，大力抓好情报信息收集、重点人管控、社会面防控、网络舆情管控、应急处置、源头化解等工作，每天实行零报告制度，做到有事报事，无事报平安。

四是抓实抓好矛盾纠纷排查化解。建立健全经济领域、社会治理领域、特殊利益诉求群体、重大不稳定隐患、各类重点人员等问题清单。针对影响社会稳定的突出问题进行责任分解，做到发现得早、预防在先、处置在小。妥善化解拖欠农民工工资矛盾问题，建立健全农民工工资联席会议制度。加大领导干部定期接访和下访制度建设，副县级以上领导按时下访，定期接访。分行业分领域制订应急处置预案，一旦发生涉及安全稳定的事件，按照“三同步”（依法办理、舆论引导、社会面管控）要求依法果断快速妥善处置。近年来，普安县信访维稳案件居高不下，反映了市场经济之下，基层社会整体认识的思想变化，以及由此引发的矛盾纠纷“易燃性”，但在县委、县政府及相关部门的共同努力下，化解率也在逐年上升，从而把矛盾消化在基层，保证了普安县社会经济的稳定发展。

表1　2018年至2020年10月信访案件内容分类占比及化解率情况统计

序号	年份 / 内容分类	2018年		2019年		2020年1—10月	
		件/次	占比	件/次	占比	件/次	占比
1	城乡建设类	62	14.3%	86	18.5%	88	16.0%
2	国土资源	136	31.6%	137	30.4%	78	19.3%
3	党务政务	1	0.2%	0	0.0%	0	0.0%

续表

序号	年份 内容分类	2018 年		2019 年		2020 年 1—10 月	
		件/次	占比	件/次	占比	件/次	占比
4	环境保护	2	0.5%	1	0.3%	3	1.0%
5	纪检监察	8	1.9%	9	2.5%	6	2.0%
6	交通运输	10	2.3%	15	4.2%	9	3.0%
7	教育文化	6	1.4%	4	1.1%	6	2.0%
8	经济管理	0	0.0%	6	1.6%	3	1.0%
9	劳动和社会保障	45	10.4%	54	9.6%	81	13.6%
10	民政类	22	5.1%	26	7.3%	32	10.7%
11	农村农业	72	16.7%	58	10.6%	68	11.7%
12	其他类	53	12.3%	46	7.3%	87	15.7%
13	商贸旅游	1	0.2%	0	0.0%	0	0.0%
14	卫生计生	5	1.2%	5	1.4%	0	0.0%
15	政法类	3	0.7%	16	4.4%	8	2.7%
16	组织人事	5	1.2%	3	0.8%	4	1.3%
合计		431	100%	466	100%	473	100%
化解率		97%		98%		99%	

五是扎实抓好社会稳定风险评估工作。将社会稳定风险评估工作纳入党委决策程序和政府工作规则，纳入党委、政府综合目标绩效考核，凡在全县范围内实施的重大项目和重大决策事项全部实行风险评估，大力抓好“贵州省投资项目在线监管审批平台”的监管运行，对直接关系人民群众切身利益、涉及面广且容易引发影响社会稳定问题的城市发展和社会管理、社会保障和社会事业、企业改革等方面的重大政策制定、重大改革措施等，评估工作严格按照规定落实，相关部门全程参与，不走过场，不流于形式，实现了全覆盖。

六是扎实抓好防范化解重大风险。扎实抓好各领域重大风险的排查化解稳控工作，对各领域排查出来的突出矛盾风险，由副县级以上领导担任组长，相关部门和乡镇（街道）配合，实行定期调度研判，限时组织化解，确保各类风险问题可控，消灭在萌芽状态。

二、普安县当前维护社会稳定工作面临的困难和问题

近年来，全县各级各部门在县委、县政府的正确领导下，认真贯彻中央、省、州关于坚持防范并举、预防为主的方针和全力维护社会稳定的一系列重要部署和安排，不断加大工作力度，全县呈现出经济持续发展，社会和谐稳定，人民群众安居乐业的良好局面。但随着改革开放的不断深入和县域经济的进一步发展，影响社会稳定工作的新情况、新问题不断涌现，各种社会问题和矛盾不断增多，影响社会安定的消极因素仍大量存在。当前普安县正处于改革发展的关键时期，经济体制深刻变革，社会结构深刻变动，利益格局深刻调整，思想观念深刻变化，这些重大改革给普安县经济社会发展带来巨大活力，也必然带来许多矛盾和问题。再加上一些重大项目建设、城镇开发、园区建设、基础设施建设等引发的矛盾问题不断增多，各种矛盾纠纷相互交织，给当前维护稳定工作带来了较大压力。归纳起来，影响普安县社会稳定的突出矛盾问题主要有：

一是部分煤矿企业矛盾纠纷存量多，群体大，化解较为困难，因煤矿开采引发系列矛盾问题一时难以化解；二是基层基础薄弱，乡镇（街道）综治工作中心没有实现实体化运行；三是农村土地山林等各类社会矛盾点多面广，开展矛盾纠纷大排查、大化解工作不彻底；四是反恐防暴工作压力大，维护社会稳定任务依然艰巨；五是信访不信法现象时有发生，运用法治思维和法治方式处理复杂矛盾问题的能力不足；六是社会面管控难度加大，随着流动人口的增加，社会治理工作量逐步增大，难度增加，黄赌毒等社会丑恶现象屡禁不止，缺乏长效管理机制，社会治安综合治理措施在一些地方和单位落实不够，对维护社会稳定带来一定困难。

三、进一步抓好维护社会稳定工作的对策建议

在充分肯定成绩的同时，我们必须高度警惕麻痹思想、厌战情绪、侥

幸心理、松劲心态，继续毫不放松抓实抓细各项工作。在党的十九大报告中，习近平总书记指出，“社会和谐稳定是我们党不懈奋斗的目标”。中国特色社会主义进入新时代，人民美好生活需要日益广泛，不仅对物质文化生活提出了更高要求，而且在民主、法治、公平、正义、安全、环境等方面的要求日益增长，安全稳定的社会环境是一个地方经济发展、人民群众安居乐业的重要保障。党的十九大为维护社会政治稳定提出了新的更高的要求，因此，我们既要看到形势主流创造的有利条件，充满必胜的信心，又要看到形势的严峻性和任务的艰巨性，绝不能掉以轻心，放松警惕，松懈斗志，切实增强忧患意识和政治责任感，要站在政治和全局的高度，把深入推进社会稳定作为践行“四个意识”“四个自信”和“两个维护”的具体行动，自觉把思想和行动统一到县委、县政府的安排部署上来，居安思危，未雨绸缪，充分发挥职能作用，采取有效措施，真抓实干，扎扎实实地做好各项工作，全力维护普安县社会大局持续稳定。

（一）统一思想，提高认识，切实担负起维护一方稳定的政治责任

县、乡两级作为国家最底层的基层政权组织，肩负着贯彻执行党的路线、方针、政策和中央、省、州一系列重大决策部署的首要责任，是密切联系群众、倾听群众呼声、带领广大人民群众脱贫致富奔小康的主阵地。如果不把思想和行动统一到上级各部门的决策部署上来，就难以实现全县经济社会和谐发展的良好局面。

一要着力提高对维护社会稳定重要性的深刻认识。全县各级各部门务必把思想和行动统一到县委、县政府对维护全县社会大局总体稳定的安排部署上来，各部门主要领导要彻底转变观念，切实扭转只重经济发展、项目建设而忽视社会稳定的错误观念。要充分认识“发展是第一要务，稳定是第一责任”之间的辩证关系，要拿出抓发展、抓项目的措施和办法来抓好各类矛盾纠纷的排查调处工作，深刻理解“矛盾是推动一切事物发展的内在动力”和“对立统一规律”，在发展过程中直面矛盾，全力化解矛盾，才能推动各项工作的顺利完成，才能为经济社会的和谐发展营造一个良好

的发展环境。如果认识上出现偏差，一手硬一手软，任凭矛盾堆积，不采取有效措施及时化解，那最终一定会阻碍地方经济社会的发展。

二要着力强化职责齐抓共管。在实际工作中，许多矛盾纠纷涉及一些行业和部门，有的还涉及村（社区）与村（社区）、乡镇（街道）与乡镇（街道）、县（市）与县（市）、州（市）与州（市）之间跨地区、跨部门、跨行业、跨领域的矛盾纠纷，表现较为突出的是土地边界纠纷、水源纠纷、煤矿开采导致地质裂变、房屋受损和一些“三跨三分离”信访案件。这类矛盾纠纷化解起来相当困难，主要行业管理部门不能你推我让，应主动承担化解主体责任，不能抱着能推则推、能躲则躲的思想，踢皮球、玩空转。要坚决按照“谁主管、谁负责”“属地管理、分级负责”和“谁引发、谁负责”的原则落实各级各部门的主体责任。对一些历时长、跨度大的信访疑难案件，由当地党委、政府牵头，相关部门配合组建工作组逐一配合抓落实，坚决防止踢皮球和搞程序空转，导致矛盾问题没有从根本上得到解决，从而引发上访人产生一些过激言语和行为，严重影响社会稳定。

三要进一步完善矛盾纠纷排查调处工作机制。要进一步建立完善县、乡、村矛盾纠纷排查调处工作机制，严格按照工作机制开展工作，全面形成自上而下的矛盾纠纷排查化解工作机制，做到环环相扣，闭环式调处。建立完善情报信息预警网络体系，坚持经常性排查和集中排查相结合，逐级落实调处纠纷、化解矛盾领导责任制，做到认真研究，责任明确，分工负责，分类调处。

四要大力发挥基层调解组织作用。要坚持打防结合，预防为主、专群结合、依靠群众的原则，全面形成县委、县政府统一领导，部门各负其责、全社会共同参与齐抓共管的社会治理工作格局，努力把矛盾问题解决在初始阶段，第一时间消除不稳定因素。深入贯彻落实《信访条例》，把做好新形势下的信访工作当作民心工程和发展工程，实行领导包案调处落实挂牌督办和责任查究制度，着力打造阳光信访、法治信访。

五要深入研究群体性事件的特点和规律。各乡镇（街道）、县属各部门要结合各自实际制订应急处置预案，建立统一指挥、协调有力、灵敏高效的预警和处置机制，使各类群体性事件能够发现得早、化解得了、控制得住、处置得好，切实维护社会稳定。

（二）认真梳理、精准发力，着力在矛盾纠纷排查、化解上下功夫

实践证明，大量不稳定因素起源于基层，排查、调处、化解工作的关键也在基层，农村稳定则国家稳定，农民富裕则国家强盛。所以，要认真开展矛盾纠纷大排查、大化解活动，完善矛盾纠纷排查调处长效工作机制，坚持依法办事、按政策办事，切实维护广大人民群众的合法权益，坚决维护社会和谐稳定。

一要加强矛盾纠纷排查化解。各级各部门要进一步加大矛盾纠纷的排查化解工作力度，坚持动态排查，重点排查重大工程建设、企业改制、矿群矛盾、城镇开发、环境保护、社会保障、涉法涉诉等重点领域存在的各类矛盾纠纷和遗留问题，落实化解责任单位、责任人、包案领导，使问题得到及时有效处理。

二要加强情报信息收集研判。要密切关注社情民意，及时掌握可能影响社会稳定的矛盾和问题，进一步提高预警处置水平，坚决防止发生重大不稳定事件和群体性事件。要实时掌握信访动态信息，特别是线上线下信息，一旦发现有可能影响社会稳定的信息，立即进行研判，制定有针对性的措施进行处置，实现预警在先，稳控在前、化解在前。

三要强化社会稳定风险评估。切实加强重大决策社会稳定风险评估工作，把社会稳定风险评估作为重大决策的前置条件和程序，把社会稳定风险评估纳入党委决策程序和政府工作规划。凡涉及征地拆迁、农民负担、国有企业改制、环境影响、社会保障、教育、卫生、公益事业等直接关系人民群众切身利益的重大工程项目建设、重大政策制定、重大改革措施出台，以及其他涉及群众利益且可能对社会稳定有较大影响的重大决策事项，必须纳入评估范围，切实做到风险评估应评尽评，评估领域全覆盖。

四要抓好领导干部接访下访无缝对接。全面开展县处级领导和各部门主要领导、乡镇（街道）党政领导定期接访、下访活动，做到主动出击，

变被动接访为主动下访、约访，并将接访、下访活动向各乡镇（街道）、各部门和各村（社区）延伸，形成县、乡、村、组四级大接访工作格局。对重点问题和信访积案，按照“一个问题、一名领导、一个班子、一套方案、一抓到底”的“五个一”要求，落实“包掌握情况、包思想教育、包解决问题、包稳控处理、包依法处理”的“五包”责任制，确保“发现得早、化解得了、控制得住、处理得好”。

五要依法妥善处置群体性事件。要建立健全统一指挥、反应灵敏、协调有序、功能齐全、运转高效的应急处置机制，进一步建立健全突发性群体事件的应急处置预案和各行业、各领域的应急预案，坚持依法办事和按政策办事、妥善处置群体性事件。

六要强化社会面管控。进一步加大打击刑事犯罪力度，建立“严打”经常性工作机制，始终保持对违法犯罪活动打击的高压态势，针对易发、多发案件的区域，组织开展专项整治活动，以群防群治为依托，以各乡镇（街道）、各单位、各村（社区）内部防范为基础，动员各方面的力量，切实加强公共场所、重点区域、重点单位、重点人群和重要设施的管理防范，坚决整治人民群众反映强烈的治安乱点和突出问题，从根本上预防、减少和遏制各类违法犯罪的发生，切实增强人民群众的安全感和满意度。

七要高度重视和扎实做好初信初访工作。牢固树立“群众利益无小事”的思想观念，把解决群众反映的突出问题作为维稳工作的第一要务，怀着对群众的深厚感情，认真接待来访群众，做到群众反映的问题有人管、有人问、有人解决，并且能解决得好。切实加强思想政治工作和法治宣传教育，引导群众增强大局意识和民主法治意识，用理性合法的方式表达利益诉求，自觉用法律的手段维护自身的权利，做到有理不取闹，无理更不闹，自觉维护安定团结的良好局面。

八要加强新形势下隐蔽战线斗争。充分认识新形势下对敌斗争的长期性、复杂性和艰巨性，切实增强国家安全意识、政权意识和忧患意识，牢牢掌握斗争的主动权，决不允许危害国家安全和社会稳定的人员形成组织，决不允许危害国家安全和社会稳定的活动形成气候。要密切注视动向，加强基础工作，逐步完善处置暴力恐怖等破坏活动的预案，提高紧急处置的能力。

九要强化公共安全监管。坚持“谁主办谁负责、谁审批谁监管”的原则，进一步加强对公共场所和公共设施的安全检查和管理工作。加强对敏感时期、重大活动、重要目标和要害部位的安全保卫工作，及时排除各种安全隐患。要真正把安全问题作为民生问题来对待，建立公共安全应急处置机制和预案，完善对突发事件有效开展社会资源动员、社会治安保障、社会救援机制。强化安全防范意识，开展安全大检查，对道路交通、消防、矿山、食品和药品等行业要进行重点检查和严格指导。加强对事故隐患的综合治理和监控管理，牢固树立安全问题无小事的工作理念，真正把维护稳定各项工作落到实处。要着力加强对偏远农村、城乡接合部、城中村等社会治安重点地区、重点部位以及各类社会治安突出问题的排查整治。加强公共交通安保工作，完善和落实安检制度，严防发生个人极端案（事）件。严格落实单位内部安全管理责任，完善幼儿园、学校、金融机构、商业场所、医院等重点场所安全防范机制，强化重点场所及周边治安综合治理。建立健全动态化、信息化人口管理模式，加强对出租房屋等流动人口落脚点管理。落实刑满释放、社区矫正、涉邪教和戒毒等人员的帮教衔接机制，加强严重精神障碍患者服务管理，深化预防青少年违法犯罪工作。深入开展基层平安创建活动，总结推广零命案县（市）经验，积极开展“无命案”乡镇（街道）、“无刑事案件”社区（村）创建活动，及时发现和处置引发命案和极端事件的苗头性问题，预防和减少命案特别是“民转刑、刑转命”案件的发生。

（三） 落实责任、严肃问责，进一步抓好问责体制机制建设

发展是硬道理，稳定是硬任务，要抓好维护社会稳定工作，必须按照“谁主管、谁负责”的原则，严格落实“一把手”负责制、分级分线负责制和部门负责，要建立健全“党政总揽、属地管理、部门负责、条块结合”的维稳工作大格局，才能提高驾驭社会局势的能力。

一要落实责任主体。要将维稳工作责任落实到具体责任单位和部门、落实到具体责任人，多管齐下，确保一级抓一级，一级对一级负责，把维

护社会稳定工作作为检验各级各部门领导干部执政能力的重要标准。

二要压实责任主体。把维护稳定工作责任压实到各级党委政府、各有关单位、各具体人员头上，用责任倒逼各项工作的完成。要全面落实党政一把手“第一责任人”的责任，各级党政一把手要把维护社会稳定作为关系全局的重要工作来抓，亲自上手处理，确保及时处置。要压实各乡镇（街道）的主体责任，努力把矛盾解决在乡镇、解决在村组。要压实各职能部门责任，充分发挥县级政法委牵头抓总作用，强化各职能部门的信息沟通和工作联动，形成强大合力，共同维护社会稳定。

三要抓好问责体制机制建设。要大力抓好维护社会稳定问责体制机制建设，严格落实责任追究，逐步形成责任分解、检查监督、倒查追究的完整链条。对化解突出矛盾纠纷和问题不力，造成严重影响社会稳定的单位或部门，严格责任追究，既追究当事人的责任，又要倒查追究相关领导的责任。对工作不负责、推诿扯皮、上交矛盾，造成大规模群众集体上访、重复上访、越级上访的，将追究有关领导的责任；对发生大规模群体性事件后贻误时机、处置不当造成矛盾激化、事态扩大，影响大局稳定的，将依法依纪严肃处理；对社会治安混乱长期得不到解决，造成严重后果的，将严格实行社会治安综合治理“一票否决制”，并追究主要领导和分管领导的责任，从而全面形成人人抓稳定、人人保稳定的良好局面。

（四）夯实基础、补齐短板，进一步抓好基层维稳队伍的建设

当前，普安县维稳队伍总体上是好的，但也有少数干部表现不佳甚至很差，有的不敢担当、不愿负责、畏首畏尾，不推就不动；有的疲疲沓沓、拖拖拉拉，工作没思路，干事没激情；有的敷衍应付，作风漂浮，百般推脱，工作不抓细抓实，尽搞形式主义、官僚主义。要着力打造一支忠诚敢于担当的维稳队伍，关键时刻冲得上去，危难关头豁得出来，把初心落在行动上，把使命担在肩膀上，强化底线思维和风险因素，对解决问题要一抓到底，一时一刻不放松，一丝一毫不马虎。但由于受编制等客观因素的制约，大多数乡镇（街道）办公环境差，力量薄弱，维稳队伍年龄、知识、文化等结构不合理，经费投入不足，专职不专用等问题突出，严重

影响了各项工作的正常开展。

一要在完善保障上下功夫，确保能做事。要把加强维稳基层基础建设纳入经济社会发展总体规划和社会发展目标，每年根据经济社会的发展和工作需要编制预算，将工作经费纳入财政预算，强化经费保障，并足额拨付到位，确保能做成事。

二要在健全组织上下功夫，确保能管事。要切实加强乡镇（街道）综治中心规范化建设和村（社区）综治维稳工作站规范化建设力度，进一步加强协作配合，上下联动，全面实现“社会治安联合防控、矛盾纠纷联合调解、重点工作联勤联动、突出问题联合治理、基层平安联合创建、和谐稳定联合维护”的局面。

三要在队伍建设上下功夫，确保能干事。要增加县、乡两级维稳队伍的编制，按照人口数量和管辖区域合理配备专职维稳干部，县级应有专职维稳干部5人以上，杜绝一人负全责的局面。乡镇（街道）要结合区位优势、国土面积、社会治安复杂程度等因素，适当增设编制，配齐专兼职人员抓维护稳定工作，切实解决人少事多、无人管等问题。

四要在体制机制建设上下功夫，确保按规矩办事。要建立健全定期排查和专项排查相结合的矛盾纠纷排查，矛盾纠纷大排查、大化解，重大突出矛盾问题联调联动等工作机制，确保广大基层维稳队伍能照章理事、按规矩办事，全面形成统一指挥、协调有序、职责明晰、功能齐全、反应灵敏、运行高效的应急处置机制。

五要在加强学习培训上下功夫，确保适应新时代维稳工作的需要。组织部门要大力抓好维稳干部的教育培训，采取“走出去、请进来”等方式加强维稳干部的学习培训。县委党校要把培训维稳干部纳入培训计划，有针对性地增设培训内容，让基层维稳干部更好地抓好维护社会稳定各项工作。要加强基层维稳干部的思想建设、组织建设和作风建设，让基层维稳干部牢固树立清正廉洁、廉洁奉公、服务于民的思想意识，进一步提高化解矛盾的能力，着力增强驾驭复杂局势的能力和应对各类风险隐患的能力水平。

（五）充分发挥自治、法治、德治作用，加快形成共建共治共享的现代基层社会治理新格局

在党的十九大报告中，习近平总书记对打造共建共治共享的社会治理格局提出要加强社会治理制度建设，完善党委领导、政府负责、社会协同、公众参与、法治保障的社会治理体制，提高社会治理社会化、法治化、智能化、专业化水平。积极探索建立以基层党建为统领，自治、法治、德治相结合的现代基层治理体系，加快形成共建共治共享的现代基层社会治理新格局。

一要强化自治作用。要大力强化村（社区）“自治”基础作用，逐步提升乡村治理“内生动力”，把乡村社会治理与乡村振兴结合起来，明确村（社区）居民各类合法证明盖章一律联审，推动基层自治组织职能回归，进一步修订完善村规民约、社区公约，结合重点工作，强化规范导向。把基层协商民主建设作为社会治理的重要环节，在村（社区）党组织的统一领导下，全面推行以百姓议事会为主要形式的村（社区）民主协商机制，逐步形成民事民议、民事民办、民事民管的工作格局。要充分调动社会主体参与社会治理现代化的积极性，健全充满活力的基层群众自治组织，完善基层党组织领导的基层群众自治机制，在城乡社区治理、基层公共事务和公益事业中实行群众自我管理、自我服务、自我教育、自我监督。要建强自治组织，建立以基层党组织为领导、村民自治组织和村务监督组织为基础、集体经济组织和农民合作组织为纽带、其他经济社会组织为补充的村级组织体系。构建基层党组织领导、基层政府主导的多方参与、共同治理的社区治理体系，加强社区自治组织规范化建设。要创新自治活动，依托村民会议、村民代表会议、村民议事会、村民理事会等形式，鼓励开展村民说事、民情恳谈等各类协商活动，有效通达社情民意、平衡各方利益、化解矛盾纠纷。

二要强化依法治理。要善于运用法治思维和法治方式化解社会治理难题，充分发挥法治固根本、稳预期、利长远的重要作用，全面推行“一村（居）一法律顾问”和“法律十进”等活动，推进“法律进宗教场所”

“法律进景区”“法律进村寨”等活动，增强全民法治观念，引导群众自觉把法律作为基本行为准则，依靠法律手段解决纷争。要加强社会治安综合治理，深入开展对黄赌毒等违法犯罪、拐卖妇女儿童犯罪的打击惩治力度，深化对网络贩枪、网络传销、电信网络诈骗、倒卖公民个人信息等新型网络犯罪的打击整治行动，坚决打掉网络黑灰产业链，提高运用法治思维和法治方式推动发展、化解矛盾、维护稳定、防控风险的能力。要把法治宣传教育作为战略性、基础性工程来抓，深入推动“谁执法谁普法”责任制的落实，努力提高人民群众的法治意识和法治观念，全面形成办事依法、遇事找法、解决问题用法、化解矛盾靠法的良好法治环境。

三要发挥“德治”作用。要大力弘扬社会主义核心价值观，重视加强道德教化，提高人民群众的道德修养和文明素质，让社会和谐稳定建立在较高的道德水平之上。大力倡导“见利思义”“先义后利”，推崇诚实守信、合作互助，反对拜金主义和极端个人主义。要大力弘扬社会主义核心价值观，打造具有县域特色、彰显时代精神的德治体系。要加强家庭美德建设，深入推进家德家风教育，以每个家庭的好家风支撑起全社会的好风气。要加强个人品德建设，推动每个公民提高道德认识、陶冶道德情操、锻炼道德意志、养成道德习惯。要发挥社会、学校、家庭在社会治理中的独特作用，全县各中小学校要把德育工作摆在素质教育的首要位置，贯穿教育教学的各个环节，培养“德智体美劳”全面发展的新时代中国特色社会主义事业建设者和接班人。要强化德治约束，对伤风败俗的丑恶行为、激起公愤的缺德现象，必须要有硬约束。要提倡把尊老爱幼、扶残助残、和谐敦睦、诚实守信等内容纳入各类规则，引导群众明是非、辨善恶、守诚信、知荣辱。要抓紧建立覆盖全社会的征信系统，健全公民和组织守法信用记录，依法追究违法失信责任，使其不敢失信、不能失信。要激发德治能量，要把见义勇为作为社会治理现代化的“风向标”，大力开展见义勇为英雄模范表彰工作，形成惩恶扬善、扶正祛邪、扶危济困的良好社会氛围。要按照“引导有方向、评判有标准、学习有榜样”的要求，建立县、乡、村三级道德评议组织，加大对道德模范、最美家庭等先进典型的培树，推动社会主义核心价值观落细落小落实。建立道德讲堂，引导人们遵道德、讲道德、守道德，要把“三治”融合与脱贫攻坚、乡村振兴有机结合起来，通过共商等形式，积极探索“三治”融合深入开展。

四要健全完善各项制度机制，推进社会治理现代化。紧紧围绕共建共治共享方向，牢牢把握市域社会治理特点规律，不断提高市域社会治理现代化水平。要大力构建党委领导体制，充分发挥党委总揽全局、协调各方的领导作用，按照管方向、管政策、管原则、管干部的要求，加强对社会治理工作的领导，及时研究解决社会治理重大问题。充分发挥党委政法委在平安建设中的牵头抓总、统筹协调、督办落实的作用，破除部门分割、各自为政的弊病，实现社会治理资源整合、力量融合、功能聚合、手段综合。进一步破除头重脚轻、贯通不畅的难题，切实提高快速响应、精准落地能力。要构建群团组织助推体制，完善党建带群建的制度机制，充分发挥群团组织联系人民群众的桥梁和纽带作用，拓宽群团组织维护公共利益、救助困难群众、预防违法犯罪的制度化渠道。要构建社会组织协同体制，重点扶持发展基层生活服务、公益事业、慈善互助、专业调处、治保维稳等社会组织，坚持党的领导与社会组织依法自治相统一，确保社会组织沿着正确方向发展。同时，要大力发展行业协会商会社会组织，让千千万万社会组织的微治理释放出大能量。要构建人民群众参与体制，拓宽群众参与渠道，完善群众参与机制，最大限度地调动群众参与的积极性、主动性、创造性。要切实加强流动人口工作，积极构建基层党组织领导下的“群众自治圈”“社会共治圈”。要构建纵向指挥体制，推进社会治理现代化，充分发挥各层级的重要作用，努力打造权责明晰、高效联动、上下贯通、运转灵活的社会治理新体系。

（六）强化底线思维，着力防范化解重大风险

党的十八大以来，以习近平同志为核心的党中央高度重视防范化解重大风险工作，习近平总书记对打好防范化解重大风险攻坚战作出了一系列重要指示批示，部署了系列重大任务，为我们提供了强大思想武器和根本遵循。防范化解重大风险是“我们这一代人在特定历史阶段必须担负起的历史使命”。对此，我们必须坚决落实中央、省委、州委关于防范化解重

大风险系列决策部署，坚持发展新时代“枫桥经验”，坚决打赢防范化解重大风险攻坚战。

一要进一步加强系统治理。要紧紧围绕安全生产、公共卫生、自然灾害、社会稳定、脱贫攻坚、生态环保等12大领域开展摸排，要深入各村寨开展遍访摸排，通过入户走访、带案下访、重点约访、召开群众代表会议等各种办法，逐村组、逐社区、逐单位进行摸排梳理，确保把矛盾纠纷一件一件地搞清楚。紧紧抓住群众反映的热点难点问题，围绕可能影响稳定的群体性矛盾纠纷、可能引发事端的民间矛盾纠纷、反复缠访闹访重复访的重点信访案件、民生领域突出问题等深入进行排查，归类梳理，努力摸清各种矛盾纠纷的源头，找准各类问题的症结，真正做到底数清、情况明。各专班加强调度、沟通、协作，全面形成多领域贯通、多功能集成、多兵种协作风险隐患排查化解体系，把更多发力点放在前置防线、前端控制和前期处置上，把矛盾消解于未然，将风险化解于无形。

二要建立健全防范化解重大风险协调机制。要结合各自实际进一步建立健全防范化解重大风险协调机制、平安建设工作协调机制、危机管控会商协作机制、网络舆情重大风险防范化解机制、安全生产领域防范化解重大风险工作机制等，严格按照工作机制逐一抓落实，切实织密基层治理防护网，厘清条块责任，强化动态管理，精细网格管理，引导更多群众参与防风险。要擦亮隐患排查“探照灯”，坚决遏制隐患问题反弹，进一步提高突发事件处置能力，牢牢把握防范化解重大风险主动权。

三要切实抓好防范化解社会矛盾“控制性工程”。当前，普安县正处于爬坡过坎儿的关键时期，各种风险容易集中显露，需要我们统筹把握好防风险与促发展两者之间的关系，准确把握社会矛盾风险新趋势、新特点，着力管控新形势下出现的新风险，坚决遏制各类矛盾问题交叉感染、叠加升级产生的变量问题。要把解决群众信访问题作为化解矛盾纠纷的最主要抓手，切实解决群众合理合法诉求，最大限度地把矛盾问题解决在萌芽状态，以普安的稳定支持全州、全省乃至全国的稳定。

B.10 普安县农村基层党组织引领乡村振兴能力研究

柏诺雪 张瑞凌 潘佳美[①]

摘要： 农村党组织是乡村振兴发展的基础性力量，其肩负着推动乡村振兴发展的重大任务，同时也是乡村振兴的重要力量和保障，更是乡村振兴中组织振兴的题中之义。本研究主要基于普安县区域内的乡村振兴情况调查，旨在分析当前普安县农村基层党组织推动乡村振兴的建设情况，通过问卷调查、文献研究、统计分析、归纳演绎等方法，探究农村基层党组织队伍建设的不足和问题，提出加强农村基层党组织建设的相关对策建议。全文共分为五个部分，分别对农村基层党组织在乡村振兴中起到的作用，普安县的乡村振兴具有何种意义和要求等进行充分论证分析，深入剖析乡村振兴存在的问题和不足，并通过对理论分析和数据分析，提出了当前发挥农村党组织推动乡村振兴的路径，以期对农村党组织推动乡村振兴发展提供资政决策效果。

关键词： 组织振兴 引领 乡村振兴

普安县地处贵州省西南部，属于欠发达地区，贫困人口多、脱贫压力大、基础条件差。普安县共 90 个村（社区），其中，贫困村 44 个，非贫困村 46 个。全县共有党组织 517 个，农村党员数量 9574 人。虽然近些年通过精准扶贫、产业开发、旅游引导等建设方式，多数村实现了快速发

① 柏诺雪，中共普安县委党校高级讲师；主要研究专长：党建和传统文化。张瑞凌，中共普安县委党校中级讲师；主要研究专长：社会学。潘佳美，中共普安县委党校中级讲师；主要研究专长：中国共产党党史。

展，但总体来看，普安县的乡村振兴仍然面临一些难点。从目前普安县推动乡村振兴的情况来看，农村基层党组织起到了极为重要的作用。应当看到，乡村振兴要想实现，组织振兴必须先行，尤其是起到主引擎作用的农村基层党组织，必须发挥其助推发展的实际作用，立足当地、谋划特色、形成亮点。这在普安县农村基层党组织引领乡村振兴中，是值得重点阐述和调研的方面。为此，笔者在普安县各乡镇、街道，对其农村基层党组织引领乡村振兴情况进行了实地调研，并进行了总结分析。

一、普安县农村基层党组织引领乡村振兴情况

（一）普安县农村基层党组织及党员基本情况

1. 党的组织情况

2019年底，普安县有党组织517个（含县委1个），按组织属性分：党委（党工委）20个［教育工委1个，一中党委1个，县直机关工委1个，公立医院党委2个，公安局党委1个，乡镇（街道）14个］，党总支64个［县直机关8个，乡镇（街道）机关5个，中小学校13个（二中及各乡镇中心校），村（社区）38个］，党支部433个［非公企业50个，公立医院9个，国有企业16个，机关104个，农村（社区）134个，社会组织10个（含民办学校6个、民办医院1个），事业9个，退休5个，卫生院5个，中小学91个］。

2. 党员队伍情况

全县共有党员9574人。其中：女性1939人，占比20%；少数民族2786人，占比29%；大专及以上学历4134人，占比43%；35岁及以下2048人，占比21%；60岁以上2554人，占比27%。

3. 村（社区）基本情况

全县共有8个镇2个乡4个街道，共有71个行政村、22个社区。村（社区）党组织172个，共设有党总支38个、村（社区）党支部134个，全县共有村（社区）党员4370人。其中：党员中，女党员567人，占党员总数的12.97%；35岁以下的党员503人，占党员总数的12.97%；60岁

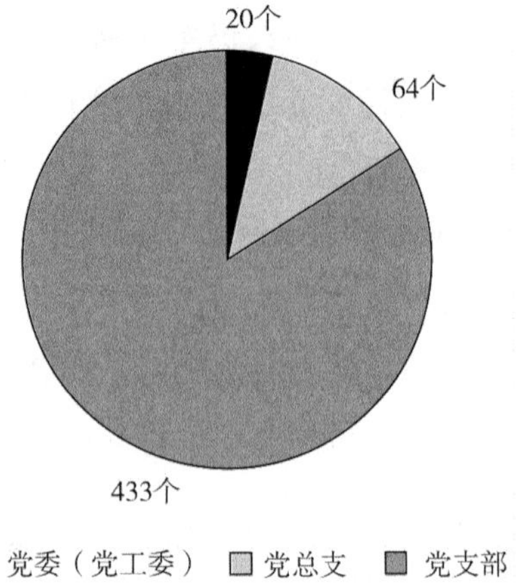

图1　党的组织情况（2019年底党统数据）

以上的党员1611人，占党员总数的36.86%；大专以上学历党员259人，占党员总数的5.92%；少数民族党员1132人，占党员总数的25.9%。

（二）普安县基层党组织助推乡村振兴的主要成效

近年来，普安县不断加强农村基层党组织建设，结合县情，把夯实基层农村党组织建设作为引领农村发展的首要抓手，着力解决党组织弱化、虚化、边缘化等问题，探索了夯实党建力量，助推乡村振兴发展的基础。

1. 党员活动室的规划建设，为乡村振兴发展提供硬件设施保障

普安县整合各类资金5000余万元，对全县村（社区）党员活动室进行全覆盖建设，建筑面积均在200平方米以上，并规范内部设施配备；协调东西部扶贫协作、结对帮扶单位等各方面资金160余万元，为部分村党支部购买桌椅、电脑、档案柜等配套设施，村级办公条件进一步改善，为脱贫攻坚驻村工作提供基本保障。按照有场所、有设施、有标识、有党旗、有书报、有制度的“六有”标准，全面统筹各方面资源，规范党徽、党旗悬挂，切实把村组织活动场所建设成庄严庄重、功能齐全的综合型服务中心。完善软件，增强“政治功能”。不断健全和完善各村党支部学习、组织、管理等各项规章制度，并规范上墙；结合开展组织系统挂牌督战和脱贫攻坚“两补”工作干部履职跟踪评估等工作，督促党支部严格执行

“三会一课”、主题党日、组织生活会和民主评议党员等基本组织制度；对90个村（社区）党员活动室进行规范化建设，布局合理，功能全面提升。每年预算资金220万元作为村常务干部目标奖励奖金，年终考核一次性兑现，村干部月报酬在2000元以上，且逐年递增，落实脱贫攻坚表彰对象激励政策，解决6名村党组织书记和1名村委会主任副科级干部经济待遇，为实现乡村振兴提供了坚实的物质基础。

2. 农村基层党组织建设力度逐步加大，为引领乡村振兴打下坚实基础

普安县从整治软弱涣散党组织开始，全县90个村（社区）中识别8个软弱涣散后进党组织，对农村党组织建设不全、功能不完善、班子队伍不强等情况进行了深入分析，针对各村由乡镇提出了解决软弱涣散党组织的针对性举措，各乡镇、街道针对农村党组织软弱涣散等实际情况，共同出台了整治方案，由当地乡镇党委主导建立健全了以乡镇党组织为龙头、村级党组织为重点、村内其他类型党组织为支撑的三级党组织管理网，重新治理了软弱涣散党组织，实现了全县党组织的建强建好，逐步健全了农村基层党组织的覆盖网，所有党员所在地和群众所在地，都做到了党组织的广覆盖，为乡村振兴提供了坚实的支撑。

3. 配齐配强党组织带头人，为乡村振兴发展提供组织人员保障

普安县把党员干部人才和党员专业人才作为农村基层党组织引领发展的重要支撑力量，对所有农村基层党组织书记均实行严格的选拔任用机制，按照分类管理和选拔任用的原则，结合上情和下情综合发力，在少数民族聚居较多的村落，按照在村内威望较高等原则，结合少数民族的风俗习惯，由村级与上级综合考察“两委”人员，并公开征求村内村民意见，把适宜于当地发展、熟悉民族工作、了解当地现状的青壮年党员带头人选配为村支部书记，选拔出具有一定专业技能的中青年村支部书记；在深度贫困村落或党组织建设难点较多的村落，采取村支部书记由上级党委书记把关审定的方式，调整优化了村支部书记，累计调整村级党组织书记10余名；在党支部人才纳入方面，把从事茶叶种植、禽畜养殖、长毛兔养殖等特色农产品种养殖的党员带头人及在村内具有一定威望的党员吸纳进农村党组织，累计吸纳了30余名先进党员先后充实到村“两委”，并在部分具

有带头示范作用的农村经营合作社、家庭农场等设立或成立了党小组。普安县建立村干部报酬持续增长机制，以乡镇（街道）为单位，按20%的比例确定“优秀”名额，村常务干部年度考核获优秀等次的，次年月报酬增加200元，考核合格的，月报酬增加100元，目前，村干部月报酬最低为2200元、最高达2800元，且逐年递增，认真做好2020年全省脱贫攻坚“三优一先”及全州、全县“一优一先”推荐考察工作，表彰先进、弘扬正气；通过普安县委党校主体班次、邀请浙江大学客座教授施小荣开设“基层社会治理与乡村振兴”专题讲座等，培训党员干部929人，切实用党内关怀、待遇和荣誉激发干事创业精气神。全县172个农村基层党组织中，农村致富能手、村民认可乡贤、复员退伍军人、返乡创业农民、专业合作社负责人、毕业返乡大学生等占比达到了30%，为乡村振兴的战略实施、深入推进、谋划建设提供了坚实的人才保障力量。

4. 村级经济发展引领及产业转型，为乡村振兴发展提供致富之路

普安县在乡村振兴中，面对最为繁重的任务就是10个深度贫困村的脱贫出列，这不仅是乡村振兴中产业振兴的要求，更是脱贫攻坚的需求。普安县把脱贫攻坚任务与乡村振兴任务结合起来，把准农村贫困村脱贫出列的主方向，带动全县基层农村整体实现产业转型升级，在发挥农村基层党组织引领致富增收之路上，普安县采取了基层党组织堡垒式攻坚的方式。在推动健全农村党组织助推产业发展方面，普安县构建了“县委领导+乡镇党委领导+第一书记”联动的发展模式，全覆盖开展了党组织书记及村内党员的轮训培训等，将财政资金重点用于乡村的产业链延伸和发展，村级党组织的运转经费由省、州、县级匹配，每年投入2万元以上，主要用于村级党员干部的工作运转保障提标到2000元、村干部平均工资突破2600元，并实施了产业提升工程，采取了优化党建引领产业发展体系壮大“集体经济”：普安县坚持将党组织建在产业链上，探索推进“基层农村党组织+合作社+农户”产业发展模式，围绕产业发展“八要素”深入推进农村产业结构调整，坚持“一红一白”（普安红茶、长毛兔）为主导，形成林下食用菌、中药材、精品水果、养殖等短平快多产融合新业态，不断壮大村级集体经济，目前，全县农村（社区）集体经济均超过5万元，其

中，10万元以上的21个，20万—50万元的5个。“基层农村党组织+合作社+农户”的模式发展特色种养殖，通过村级党务公开栏、村民议事决策会等特色党组织公开形式管理村级集体资产，在产业发展较为滞后、产业基础较为薄弱的村由农村党支部因地制宜开展拓荒、造田、复绿等工程，并通过村级党组织集体申报等方式打造了一批具有县域特色的品牌农产品、民族手工艺品等10余种。普安县的农村人均可支配收入同比增长近10%。

（三）普安县农村基层党组织引领乡村振兴的重要启示

普安县在农村基层党组织引领乡村振兴发展方面，逐步探索了一些举措，值得总结提炼。

1. 农村基层党组织班子队伍是乡村振兴推进的关键

村级发展的好坏直接与班子队伍的强弱息息相关。普安县把班子队伍建设摆在乡村振兴的重要位置，体现出引领乡村“主引擎”的意识。正是得益于在农村基层有一支强有力的班子队伍，“带头人”的比例达到了近80%，让党的乡村振兴战略延伸到基层、延伸到群众、延伸到实践，成为乡村振兴的中坚推动力量和基层落实力量。普安县部分乡镇开展了农村基层党组织的建设管理，将基层支部的党组织班子成员进行了大换血，将具有景区旅游管理经验的农村党员吸纳进村“两委”班子，按照不搞大建设，保持原貌原样，注重生态保护，突出乡土气息，彰显文化特色的思路，推进示范试点建设。

2. 农村基层党组织的组织能力是乡村振兴深化的重点

村级党组织的组织能力主要体现在谋划发展、动员群众、组织推进等多个方面，关键在于农村基层党组织是否能够把动员群众的能力、自身推动的能力、组织凝聚的能力发挥好。普安县通过开展软弱涣散党组织的整治行动，着力建强建好基层党组织，正是得益于基层党组织的覆盖面提升、人才队伍壮大、村民议事民主，加之因地制宜尊重民族习惯，支持民族地区同步振兴发展，才让乡村振兴战略深入人心、见到实效，进一步加深了群众与党之间的感情，成为一场党组织领导、群众支持的行动。普安县在全县党组织队伍中进行了整治软弱涣散党组织的政治行动，深入开展村规民约进农家活动，印发《村规民约》，通过移风易俗的方式，加强党组织对乡风的引导和发展，革除摊派集资等旧习，推动了广大群众思想意识提升，进一步节约了人力、物力和财力，遏制了乡村殡葬攀比之风，节约了群众治丧费用。

3. 农村基层党组织建设保障是乡村振兴落实的抓手

农村党组织长期处于基层工作的最末梢，村“两委”待遇水平低，工作强度较大，难以留住青壮年骨干力量。普安县在保障基层党组织建设方面，通过乡村振兴的引领带动作用，实现了“双提升”。一方面作为党的干部，给予其待遇提升，逐年加大农村党组织的投入保障力度，不仅解决了待遇偏低的问题，还解决了基层党组织建设“五个一”[①] 标准化缺乏资金的难题；另一方面，通过发展壮大村级集体经济，采取了村民入股等方式，增加村级集体经济收入，为村“两委”班子成员和村民提高了收入。这样的“双提升”举措，不但有利于拴心留人，更有利于村级“两委”干部的长期稳定发展。普安县积极开展党组织标准化建设，建成的基层标准化党组织覆盖率达到了92%以上，吸引了30余名优秀年轻干部入驻乡村基层党组织，创新“党组织+合作社”“党组织+产业基地”“党组织+群众创业”的发展新模式。目前，全县发展“一村一品”特色产业村10个，在产业链上成立生产种植、技术服务、经营销售等功能型党小组20个，带动群众，茶叶种植基地、长毛兔养殖合作社等一批党员创办村级经济组织，吸纳农户就业200余户。

二、普安县农村基层党组织在推动乡村振兴中存在的问题

普安县在探索农村基层党组织引领乡村振兴中积累了一定经验，也获得显著成效。但在调研中发现，在党组织推动乡村振兴中也存在一些难点

① 中共黔西南州委、黔西南州人民政府：《2019年脱贫攻坚春季攻势行动令》，2019年1月。

和问题。

（一）普安县农村基层党组织引领乡村振兴的主要问题

1. 农村基层党组织的行动力有待增强

在调研中发现，基层“两委”的年龄结构有所改善，但总体来看，年龄偏向中老年化，高中文化程度的党员占比达到了62.3%，直接导致了在乡村振兴发展中的落实政策不够精准、新型方法运用不足、现代科技水平不高等问题。比如，在盘水镇、江西坡茶源社区、龙吟镇调研过程中，76.2%的村级党组织干部运用了传统的农产品种养殖方式提高村级集体经济收入，传统的刺绣、手工艺等产品由于电商发展不够迅速，近年来占集体经济收入的比例仅为20%左右，与当前市场需求量产生极大反差。在入村走访调研中，85%左右的党支部书记担心在5—10年间无法找到合适的支委班子带头人，主要基于当前外出务工党员增速加快，尤其是基础薄弱的村，村级无资产、无资源、无资金等问题严重影响了村级增收，党组织推动乡村振兴发展捉襟见肘，年度投入量严重不足。这些现象直接导致了农村基层党组织在领导乡村振兴方面存在行动力不足等问题。

2. 农村基层党组织的协调作用不够高

在调研中，虽然看到部分农村基层党组织采取了民主议事协商、上级沟通协调等方式推进乡村振兴战略实施，但总体来看，党组织在发挥协调各方、推进实施方面还存在覆盖面不到位、引领性不强等问题。比如，在盘水街道平桥村、河边村调研时发现，农村基层党组织干部在协调处置纠纷时，有近67%的干部反映，近年来在产业发展方面的矛盾纠纷化解率仅为80%左右，多数村民随着对新兴产业的接触以及家庭子女受教育程度的提升，在乡村振兴发展中选择了“互联网+”等方式，但在基层支持扶持政策中没有对奖励政策进行规定或细化，“小户经营”的风险较高，党组织在应对风险方面还没有系统性的规划设计，处置的能力较弱，难以满足村民产业转型发展的需求，在协调上级主管部门加大指导和投入力度方面略显乏力。同时，农村基层党组织在日常管理中还缺乏制度性的规范，人为性、随意性较大，村民对党组织的规范化建设有迫切的需求。

3. 农村基层党组织的工作体系不够全

乡村振兴是一项系统性的工程，必须要以完备的基层党建组织体系保障各项政策的落实落地和推进推动。在调研过程中，虽然近年来，在基层党组织制度体系建设方面出台了村级资产管理制度、党务政务公开制度、民主议事决策制度等，但有近35%的党支部书记多数制度的执行力不够强、系统性不够强，49%的村民反映对制度不了解、不知晓、不关心，部分村级党组织出台的财务管理制度、农村经营管理制度等成文于20世纪90年代，与新时代的要求和村民需求严重脱节。同时，党组织普遍反映在村级组织开展“三会一课”等工作制度落实效果不够好，通过党组织集中议事决策来决定乡村振兴重大事项等工作难以召集到党员代表参会，党员群众在管理村级事务层面积极性不高，制度执行不够有力。此外，党组织的覆盖面和管理能力还需进一步提升。在调研中还发现，部分村农村合作社等组织有12%左右没有建立党组织，后备力量蓄积不足，年轻党员的发展数量少。

4. 农村基层党组织的能力建设不够优

农村基层党组织的能力主要体现在人才队伍建设方面，从当前和长远来看，推动乡村振兴必须要以人才为第一动力。在调研过程中，农村党组织中实用性人才存在总量不足、结构不合理、整体素质不高等问题。一方面，龙头企业带头人、农业经纪人、农技推广服务人才、管理人才、市场推广人才、新兴职业农民等人才严重短缺，导致农业技术指导、管理服务等方面跟不上；另一方面，部分村“两委”班子人才匮乏，村级干部在统筹谋划村级产业转型发展、推动现代农业发展、组织生产增收等方面普遍缺乏专业知识和支持引导，缺办法、缺思路、缺知识成为比缺“资金”更为难以解决的问题。村级党组织人员的能力不足，已经成为制约乡村振兴发展的瓶颈问题。

5. 农村基层党组织的作风效能不够强

虽然普安县在农村基层党组织的整治方面下了大力气，但总体来看，农村基层党组织的作风建设还不够强。主要体现在农村党组织负责人创新性不够强，调查中有20个村31%的村民反映在落实乡村振兴战略方面，村级照搬照抄上级部署安排，把原先不适宜种植的土地进行了种植开垦，在指导种养殖方面缺乏经验和基础支撑，导致种植出现亏本等情况，此外，部分村民反映虽然自身愿意参与乡村振兴发展，但党支部在宣传和支持方面力度不够大，放弃了原有的创业设想。同时，有22%左右的村民对先行的一些政策举措有相关建议，虽然向村级党组织反映过多次，但都未能得到很好解决，一定程度上影响了群众参与乡村振兴的积极性和主动性。

（二）原因分析

对普安县农村基层党组织引领乡村振兴发展的问题进行综合分析，有以下几点症结。

1. 思想层面原因

从普安县的农村党组织设置调查中可以看出，其对党组织建设工作的重视程度不够，还没有将基层农村党组织队伍建设作为推动乡村振兴发展的重要保障力量来抓，党建专项经费投入占比低，是直接导致农村基层党支部队伍建设受重视程度偏低的主要原因之一，年度增长机制不够健全。综合以上原因，当地村级党组织普遍存在对农村基层党建队伍建设的不重视，导致了人员队伍力量削弱、资金投入不足等问题。

2. 基层待遇原因

综合普安县的农村基层党组织队伍待遇、晋升渠道、工作环境等多方面来看，存在工资待遇偏低、增长速度没有跟上时代发展节奏、人员晋升渠道过窄、人员流动性不够强、工作环境和农村基础设施较差等多方面原因。基层待遇的偏差，直接导致了人才的流失和引进人才的难题，影响了党支部队伍的稳定性。如果在现行的基层待遇政策框架下，随着经济社会发展，基层农村党组织负责人的待遇水平，将与经济社会发展水平的差距越拉越大，势必造成更多的人员离职和招录难等问题。

3. 评价考核原因

在普安县考核体系中，对农村基层党建工作没有做到细化，而是将其具体内容作为年度考核重点，缺乏考核指挥棒的指引，在工作中难免造成顾此失彼的现象，细化考核体系的不健全，直接导致了队伍的职能不健全、工作不完善、履职不到位等现象。同时，在日常考核评价中，尚没有将其纳入基层党委的考核体系之中，造成了其缺乏一定的刚性约束。综合以上分析，科学有效的考核评价体系缺失，是导致农村基层党组织自身工作定位不明确，以及地方党委对农村基层党组织投入精力不足的重要原因。

4. 培养人才原因

从人才培养状况来看，年度培训教育、岗位自学学历奖励等工作的不到位，造成了农村基层党组织人员普遍不重视专业学习和自我提升的问题，培养人才的体制机制严重缺失，培养的效率不高、频率不高、专业化程度不高。从人员的比例来看，专业科班毕业的人员占比较少，而根据党和国家对农村基层党组织推动乡村振兴工作人员必须具备政策执行能力、执法能力、专业能力、人际交流与合作能力、创新能力及调查研究能力等多种复合型人才的要求来对比，差距较大。综合以上分析，对人才培养的力度不大是造成农村基层党组织队伍专业化程度不高、相关人才短缺的重要原因。

5. 支持政策不够完善

上级支持农村基层党组织推动乡村振兴的力度不够大。比如，在打通基层党组织负责人骨干培养和管理渠道方面，支持“无资产、无资金、无资源”乡村党组织推动乡村振兴方面，开展基层党员干部能力培训提升方面等，针对各村实际出台的政策举措较为松散，没有形成一揽子的制度化、常态化、长效化举措，一定程度上影响了基层党组织建设发展实效，这是影响基层党组织推动乡村振兴积极性和主动性的关键症结。

6. 整治治理不够深入

目前，普安县的整治行动正在开展，主要针对党组织软弱涣散及弱化、虚化、边缘化问题进行治理，虽然取得了一定实效，但一些难点问题并没有得到根本性的治理。比如，基层党组织的“三会一课”制度等落实较难问题一直没有得以有效解决，一定程度上影响了党支部的行动力、引领力、凝聚力和战斗力，这是影响农村基层党组织推动乡村振兴发展的重要因素之一。

三、提升农村基层党组织引领乡村振兴能力的重要意义

（一）农村基层党组织具有示范引领乡村振兴的重要意义

组织建设是乡村振兴的核心引领力，筑牢坚强战斗堡垒将会使基层党组织更具有生机和活力。比如，普安县农村基层党组织队伍建设方面，夯实了基层各村的党组织队伍建设，实施了景区推进、整体提升计划，在基层开设农村讲习所，通过对软弱涣散党组织的整治，将软弱涣散党组织整治率提高了98%以上，实现了基层乡村振兴的支部强发展目标，带动了农村居民发展文旅结合模式，促进整体带动效应。因此可以看出，乡村振兴要想真正发展，农村基层党组织的示范带动作用不可小觑，只有实现了牵头领头的火车头效应，才能实现有序有效的全方位发展。

（二）农村基层党组织具有亲民近民的天然优势

农村基层党组织在乡村振兴中扮演着主动决策的重要角色，但更多应当看到，农村基层党组织扎根于基层，来自基层农民，具有亲民近民的优势，更能够有效与当地的发展相结合，对当地的情况熟悉，比任何一级党组织都具有群众基础、实践基础和务实基础，懂得当地的风俗习惯。比如，在普安县部分农村党组织开展的地方特色农产品种植，耗时短、见效快、收益高，部分地区党组织带头人长期从事民族刺绣等工作，实现了快速致富和提升。因此，农村基层党组织的发展在乡村振兴中至关重要，正是缘于其亲民近民的特性。

（三）农村基层党组织具有自治组织特性

在农村地区，党组织多数以乡贤党员为骨干力量，对乡村振兴的移风易俗、治理管理具有实战经验。比如，在普安县60%以上农村基层党组织都开展了乡风整治行动，创新基层治理体系，坚持自治为基础，推行村级小微清单制度，修订完善村规民约，通过组建村民理事会等基层自治组织，完善农村（社区）网格化治理体系，试点开展村民小组或自然村为基

础的自治，进一步提升农村村民参与管理的积极性和主动性。同时，依托“党建+群团组织+群众”等模式，发动村党员志愿者开展“知心妈妈”关爱留守儿童等系列活动，动员广大村民参与社会公益事业，带动乡村形成互相关爱、互相帮助、互相扶持的良好导向。可以看出，农村党组织的“头雁效应”已经扩散辐射到了乡村振兴的各个方面，起到了推动农村全方位发展的重要作用。

四、进一步发挥农村基层党组织引领性作用的对策建议

习近平总书记对乡村振兴高度重视，并要求广大农村党组织在乡村振兴中发挥领导作用。推动乡村振兴，针对普安县的现状、问题和症结，在推动农村基层党组织引领乡村振兴方面，必须要坚持把抓基层、管长远结合起来，不断强化农村基层党组织的组织力，切实推动基层堡垒建强建好，把乡村振兴与农村基层党组织建设结合起来，形成双抓双促双提升的格局，以组织保障推动乡村振兴取得实效。结合上述调研分析及典型案例分析，提出以下几点对策建议。

（一）进一步明确新时代农村基层党组织建设目标和方向

农村基层党组织的建设和发展，与当前新时代基层党组织建设新目标、新定位必须高度契合，尤其是针对当前的农村基层党组织建设，要科学合理，形成顶层设计和推进的格局。

1. 科学制订党建促乡村振兴规划

乡村振兴是一项系统性工程，产业兴旺是重点，生态宜居是关键，乡风文明是保障，治理有效是基础，生活富裕是根本，这些要求都离不开强有力的党组织建设。要结合各村发展实际，统筹制订农村基层党组织建设方案，在深度贫困村、党组织建设薄弱区等开展党建促乡村振兴试点，由县委主要领导挂帅，针对全县实际出台专项支持建设方案，明确党组织建设的方向和发展目标，提出综合性的建设战略，加强各类规划的统筹协调，增强规划的前瞻性、约束性和可操作性，进一步形成多级党组织联动推进的格局。

2. 突出重点推进实施

坚持突出重点、注重质量原则，进一步提高党组织的重点带动效应，实现农村基层党组织的联动联建联管理，进一步提高基层党组织的管理质量和效率。例如，普安县的民族村寨可以利用自然条件优越、自身特色明显、文化底蕴深厚等特色，适当在旅游文化主管部门党组织与村级党组织联建上形成联动效应；部分发展条件较好、经济基础较好、组织建设较好的区域，发挥经济主管部门党组织的联建联动效应，助推基层战斗堡垒拥有更多的支持支撑力量，把农村基层党组织建设成为贯彻落实党和国家的决定、领导推进农村基层治理、团结动员农村群众、推动农村经济社会发展的坚强战斗堡垒。

3. 加大政策支持力度

完善奖补政策，抓好农村基层党组织队伍的梯队建设，针对人员层次水平不高、人员偏少等状况，实行偏远基层农村岗位津贴奖补、工作满服务期且年度考核连续优秀者优先选拔任用、给予住房安排、子女就近入学等政策奖补措施。加强与专业化院校的人才招录合作模式，采取定向招录、委托培养等方式，从对口院校中招录一批专业化人才，并给予其考录分数、落户管理等方面的优惠政策，促进其扎根农村发展，成为农村党组织的带头人。同时，各项人才政策向农村基层倾斜，让愿意留在乡村、建设家乡的人留得安心，对工作在民族地区农村一线的党政人才、教师、医生、专业技术人才提供适当补贴，让愿意上山下乡、回报乡村的人更有信心，在职务晋升、职称评定等方面放宽条件。

（二） 进一步坚定和明确党对农村社会各个领域的领导

“党政军民学，东西南北中，党是领导一切的。”要进一步彰显农村基层党组织在农村社会各领域的政治力和引领力，加强农村基层党组织对农村社会各领域社会组织的政治领导和思想引领，树立和强化农村基层党组织在农村重大事项、重要问题、重要决策、重要工作等方面的领导权威和最终决定权，坚决防止村级党组织在农村社会领域缺位、错位、失位和被弱化、虚化、边缘化等现象。

1. 推进专项整治走向深入

加大对软弱涣散党组织的整治清理力度，从党支部班子成员着手，重点对农村基层党组织不够健全、基层党组织建设与村务管理“两张皮”现象、基层党组织的行动力较差等问题进行深入治理，比如在普安县区域，由党委在整改治理方案的基础上，出台“帮扶”与“治理”相结合的政策，针对不同村尤其是民族地区、贫困地区等加大党建资金的投入力度，帮助贫困区域建设“党群服务中心”、党建活动场所等，明确规范化建设的统一标准，并由县委负责人负责统筹推进，乡镇党组织因地制宜出台治理计划，村级党组织定期上报建设进展和存在的困难问题，既解决基层的建设资金“钱不足”的问题，又解决基层软弱涣散党组织对党建工作不重视问题，促进农村基层党组织与乡村振兴发展的紧密结合。

2. 完善议事决策运行机制

全面强化农村基层党组织的领导作用，重点解决好机制体制和制度建设的制约性短板瓶颈问题。通过完善基层党组织“三重一大”决策机制的方式，促进农村基层党组织牢牢把握对乡村振兴重大事项的决策权和管理权。在普安县内要逐步推行农村基层党组织议事清单制度，实行党务政务双公开机制，凡是涉及乡村振兴发展的重要项目、重大事项、资金拨付、集体资产、村级事务等，均要有向全体村民征求意见、村“两委”集体决策、监督管理全程公开等机制保障，并通过吸纳老党员、威望较高的村民代表等监督，提高议事决策的科学性和民主性，维护村级党组织的权威，使重大事项决策成为农村基层党组织的常态化工作，助推各级党组织领导管理的覆盖面进一步提升。

3. 综合提升人才队伍质量

基层党组织领导人员的能力是衡量一个党组织领导力的关键性指标，必须要高度重视基层党组织的人才队伍建设，方能强化农村基层党组织的建设力量。要创新人才下乡机制，引导各类人才，特别是少数民族党员人才向民族地区流动。要创新人才供给渠道，当前民族地区的畜牧养殖业、中药材种植加工业技术人才严重短缺，培养组织一批养殖业技术服务人才，成立专业的三方服务机构，针对区域的养殖户、种植户进行技术资源共享。

（三）进一步发挥好农村基层党组织的战斗堡垒作用

战斗堡垒是保障基层乡村振兴的生力军，必须发挥基层党组织的战斗堡垒作用，使之成为在乡村振兴战场上“听党指挥、战无不胜”的中坚力量。

1. 强化村级班子建设管理

村里富不富，关键看支部；集体强不强，要看“领头羊”。要抓好民族地区村“两委”班子建设，进一步增强农村基层党组织的自我造血功能和忧患意识，提升自身的建设质量和组织活力，选好配强村支部书记，发挥书记“领头雁”作用，通过定期开展业务培训、能力训练、轮岗交流等举措，打通农村基层党组织负责人能力提升的“最后一公里”，着力培养一批基层复合型人才，对百姓有感情、懂基层社会治理、懂农村经济发展、懂党的民族政策的“多面手”，打造一支强大的乡村振兴干部队伍。逐步推广扩大对乡镇干部的招聘权限，比如在普安县区域可以试行对优秀的大学生村官、“三支一扶”人员、毕业后在农村务农的少数民族特殊专业技术人员适当放宽条件限制，培养造就一批懂农业、爱农村、爱农民的各民族乡镇干部，使之成为普安县乡村振兴发展的生力军。

2. 严格党建工作责任制

进一步完善农村党组织的党建工作责任制，注重在考核奖惩机制上下功夫，将推动乡村振兴纳入各级党组织的年度工作任务，比如在乡镇，乡镇党委书记把党建促乡村振兴列为书记“一把手”工程，作为全县推动乡村振兴的主抓手，建立书记抓责任落实机制，编制工作清单、任务清单、时限清单、措施清单的“四张清单”，纳入各级党组织的党建清单范围，成立实体的党建促乡村振兴办事机构，综合协调开展督促检查和研究分析，年底作为各级书记述职的必述内容，并组织在先进的农村基层党组织召开现场交流会，每年总结推广一批典型经验，定期通报各级党组织推进乡村振兴的排名情况和落实情况，实行后进约谈督查机制，把党建工作责任压实到每个基层党支部。

3. 规范党组织的组织生活

当前基层农村党支部的组织生活不够规范是影响党员向组织靠拢、群众向组织聚拢的一项制约性因素。要推动健全组织生活制度，进一步提高组织生活与基层实际的契合度，重点做好农村基层党组织的党员队伍建设、组织生活建设、基础保障建设，主动把组织生活开到田间地头、农户院中，实现组织生活与乡村振兴的有机衔接，努力把每一个农村基层党组织都建设成为推进乡村振兴战略实施的坚强堡垒。比如，在江西坡镇、龙吟镇，可以针对少数民族聚居区，开展民族特色组织生活会，由村党支部书记组织在农忙季节召集党员召开组织生活会，针对生产生活等需要送知识、送政策、送理论；针对农村“空心化”等难点，要因地制宜地结合年节等时间节点，组织动员党员参加交流会、恳谈会等，活跃基层党组织的生活氛围，丰富拓展农村党组织生活，进一步提升农村党员的归属感。

4. 细化单列考核措施

将农村党组织推动乡村振兴建设列入地方党委、政府的年度考核体系，实行目标管理考核机制，建立集农村土地流转、农业生产经营、现代农业发展、农业经营主体培育等多个涉及党组织推动乡村振兴考核子项于一体的科学考核架构，并结合各地方的工作实际适当赋予相应的考核分值，形成一套较为完整的考核评分架构。强化目标管理考核结果运用，采取优胜劣汰的动态管理机制，实行人员“能上能下、能进能出”，对难以胜任本职工作的农村基层党组织人员采取调离或低聘用方式，增强农经管理干部的危机感和责任感，同时对工作中业绩突出的人员进行物质、目标、精神“三重”奖励，选拔出特别突出优秀的农经管理人员给予资金奖励并委以重任，推动其工作的主动性和积极性。

（四）进一步强化党在农村执政的组织基础

基础不牢，地动山摇。必须要强化农村基层党组织的建设管理，全力推动党组织建设更加坚强有力。

1. 要坚持分类推进建设

要推动农村基层党组织建设的面不断扩大，努力提升农村党组织的覆盖面和辐射能力。比如，可以根据县域经济发展、产业布局、功能定位等实际情况，对规模较大仍将存续的乡村重点集聚提升一批，对城区和乡镇附近的村庄重点融入城镇一批，对历史文化名乡名村和民族特色乡村重点保护发掘一批，对生存条件恶劣、生态环境脆弱、人口急剧减少的乡村适度撤并一批的方式，逐步升格一批党员较多、示范性较好的村级党支部为党总支，撤并小散乱的农村基层党组织，同时集中有限公共资源，对具备条件的乡村，加快推进基层党组织基础设施建设，促进党组织推动乡村振兴服务向农户延伸，做到应建尽建，切实做到哪里有党员哪里就有党的组织，哪里有群众哪里就有党的工作。

2. 优化党组织的设置方式

结合农村的经济结构、群众需求、社会组织、生产生活等转变，不断探索新型的党组织设置方式，重点围绕党组织的服务功能和引领功能推动一批功能型党组织建设，特别是针对合作经济组织、村办企业、“两新”组织等加大党组织的指导力度，确保将每一名农村党员都纳入农村基层党组织。比如，在普安县，可以在传统民族印染、编织、刺绣及农产品经营合作组织中建立党组织，以农业能手、创业能手、致富能手等党员先进模范代表为党组织负责人，逐步带动党组织覆盖面提升，利用贴近生活和群众的特点，积极发展新党员，使之成为支持乡村振兴发展的农村基层功能型党组织。

（五） 充分发挥农村基层党组织“主心骨”和“领头羊”的作用

在全面实施乡村振兴战略的过程中，基层党组织推动乡村振兴的关键一环在于群众支持，最终的落脚点也是群众受益。因此，党组织必须增强自身的群众工作本领，切实把群众利益摆在最高位置，不断提高人民群众的幸福感、获得感和安全感，让乡村振兴成为惠民的实实在在举措。

1. 要提高为民意识

重点加强群众工作法的指导推进，主动开展宣传教育工作，做好引导群众、组织群众、凝聚群众、服务群众的工作，坚持把群众反映的各类问题处理好、解决好，形成帮扶群众的贴心人。普安县重点是要把脱贫攻坚工作与乡村振兴结合起来，解决困难群众的生活保障问题，发挥基层党组织定点帮扶、实时帮扶的作用，以基层党组织为引领，加强对惠民利民政策的贯彻实施力度，严格抓好政策的执行和推进，打通服务群众的“最后一米”。

2. 要净化优化作风

严格整治村干部腐败、“村霸”横行、宗族宗教势力干扰农村工作等不正之风和违法违纪问题，在农村地区广泛开展作风提升、作风优化、腐败整治等专项行动，采取部门联动等多种方式，不断优化农村社会政治生态，助推农村基层党组织成为为民服务的高效运转组织，促进乡村振兴工作深入推进实施。

3. 要抓好经济建设

村级组织必须要抓住经济建设这个根本性任务，不断壮大村级积累，切实解决有经费办事问题。同时，要结合全村实际，找准发展产业，使群众获取更多的收入。只有经济发展了，当地情况发生变化了，村级党组织才能得到群众的支持和拥护。

五、未来展望

党的十九大报告提出的“要坚持农业农村优先发展”“按照产业兴旺、生态宜居、乡风文明、治理有效、生活富裕的总要求，建立健全城乡融合发展体制机制和政策体系，加快推进农业农村现代化”，内容丰富，寓意深刻，意味着乡村振兴是一个全面的目标，包含着农村的经济建设、政治建设、文化建设、社会建设、生态建设和党的建设，具有鲜明的时代特征，清晰勾画出了振兴乡村的美好前景和实现路径。农村基层党组织是党在农村全部工作的基础，是贯彻落实党和国家各项方针政策的领导者、组织者和实施者。实施乡村振兴战略，广大农村基层党组织和广大农村基层干部负有重大的使命和责任。乡村振兴战略的提出与推进对农业经济领域是一次难得的发展机遇，对农村社会领域是一个重大的社会变革，对农民生活向往是一个美好的时代福音，这也必然给农村基层党组织建设的目标、理念、方法和路径等各方面带来深刻的影响与变化，提出更高的要求与期望。

从普安县农村基层党组织建设引领乡村振兴的能力建设上看，当前深度贫困村、民族聚居村的党组织组织能力得到了有效的提升和增强，但也面临诸多难点和问题。推动基层党组织带动乡村振兴发展，必须把握组织引领、社会参与、群众支持这个方向，不断增强农村基层党组织在乡村振兴中的领导作用，促进乡村实现全方位振兴和发展。

当前，农村基层党组织发展已经处于不断丰富和延伸的重要关键时期，乡村振兴的发展正在不断丰富和提升，必须坚持农村党组织发展与乡村振兴发展的同频共振，实现农村党组织在乡村振兴发展中的引导、促进、提升等作用，进一步形成农村党建基础强、农村党员支部强、农村骨干人才多、农村党员带动大的实际效果，进一步构建党建促发展、促振兴的良好格局。

参考文献

[1] 刘泉红，张敏，于力平．强基固本　全面推进乡村振兴——对山东省烟台市乡村振兴基层实践的若干思考和建议［J］．中国物价，2018（11）：3-6.

[2] 李军，王宇．乡村振兴视域下农村基层党组织发挥政治功能探析［J］．东北农业大学学报（社会科学版），2018，16（5）：1-4.

[3] 黄克亮．乡村组织振兴视域下增强农村基层党组织和党员内生动力的路径研究［J］．探求，2018（5）：43-50.

[4] 张孝卫．发挥基层党组织的战斗堡垒作用　全面推进乡村振兴战略落地落实［J］．重庆行政（公共论坛），2018，19（4）：91-94.

[5] 汪俊玲．乡村振兴离不开农村基层党组织的引领［J］．红旗文稿，2018（15）：31-32.

[6] 周明．组织振兴引领乡村振兴——陕西提升农村基层组织振兴实践［J］．西部大开发，2018（8）：102-103.

[7] 郑国．以基层党组织振兴引领乡村振兴战略［N］．青岛日报，2018-06-30（7）.

[8] 张英．实施乡村振兴战略必须发挥农村基层党组织作用［J］．知

与行，2018（3）：7-10.

［9］霍军亮，吴春梅．乡村振兴战略背景下农村基层党组织建设的困境与出路［J］．华中农业大学学报（社会科学版），2018（3）：1-8+152.

［10］中共中央国务院关于实施乡村振兴战略的意见（中发〔2018〕1号）.

［11］中共贵州省委贵州省人民政府关于乡村振兴战略的实施意见（〔2018〕1号）.

B.11 普安县红茶产业发展报告

徐 熙[①]

摘要： 普安县深入贯彻习近平新时代中国特色社会主义思想，按照“强龙头、树品牌、带农户，打好产业扶贫硬仗”的要求，把茶产业作为脱贫攻坚“一县一业”强力推动，红茶产业作为普安县农村产业结构调整的主攻方向之一，持续推动了农业增效、农民增收。2020年作为“十三五”规划收官和实现全面建成小康社会决胜之年，是实现第一个百年奋斗目标，为“十四五”良好开局打下更好基础的关键之年。本报告从普安县红茶产业发展的基本情况、发展现状、存在的问题、面临的机遇及对策建议方面展开，为探究普安红茶产业发展新形势建言献策。

关键词： 普安县 红茶产业 发展

普安县位于黔西南州西北部，高海拔，低纬度，寡日照，雨量充沛，多雾，空气、水、土壤无污染，重金属含量低，土壤有机质含量丰富，且春秋温和，冬无严寒，夏无酷暑。得天独厚的地理环境、气候条件孕育出了外形肥硕、芽毫显露、汤色红艳、香气高锐、滋味浓醇甘甜的普安红茶。受气候环境的影响，普安茶叶开采时间为全国最早，素有“黔茶第一春”的美誉。

党的十九届五中全会公报中提出：优先发展农业农村，全面推进乡村振兴。普安县坚持贯彻以习近平新时代中国特色社会主义思想为指导，抓牢“八要素”，纵深推进农村产业革命发展，聚焦精准脱贫攻坚、乡村振

---

① 徐熙，贵州省农业科学院油料研究所研究实习员。

兴战略，紧紧围绕“强龙头、树品牌、带农户打好产业扶贫硬仗”定位发展，立足喀斯特山区农业资源，大力发展红茶产业，稳步提升全县红茶产业规模、茶叶质量及经济效益，持续推动农业增效、农民增收，为脱贫攻坚与乡村振兴的有效链接奠定基础。

一、普安县红茶产业发展基本情况

（一）中国古茶树之乡

1980 年 7 月 13 日，在普安、晴隆两县西部交界的云头大山笋家箐发现一块化石，经贵州省茶叶科学研究所研究鉴定，初步认为是茶籽化石。1988 年经中国科学院南京地质古生物研究所和中国科学院贵阳地球物理化学研究所专家现场鉴定，初步认为是新生代第三纪四球茶茶籽化石，充分说明 100 万年前普安一带有着大量的古茶树。据调查，县境内拥有世界上最古老的四球古茶树 2 万多株，最长树龄达 4800 年，树龄 1000 年以上的有 3000 多株，此类茶种为世界唯一、普安独有。2017 年 7 月，普安被授予“中国古茶树之乡”称号。数百万年的古茶基因，深厚的历史渊源，造就了普安独特的茶文化底蕴和优异的红茶品质。

（二）普安红茶的缘起

茶文化作为我国民族文化的重要组成部分，代表优秀的传统文化。普安非物质文化遗产“夜郎福娘茶”起源于秦汉时期（古夜郎国），至今已有 2000 多年的历史，兴盛于明代，其传承产品注册商标为“福娘茶”，寓意有福气的布依阿娘所制的茶。2015 年 5 月 12 日，贵州省委书记赵克志、省长陈敏尔到普安县视察，初次品尝普安红茶“福娘茶”，对“福娘茶”称赞不已，并将“福娘茶”命名为“普安红”，明确为全省重点推介的红茶品种。

（三）普安红茶的特点

普安红茶具有“古、早、净、香”的特点。茶之古：普安是茶的原产地，也是茶文化的发祥地之一，古茶树资源丰富，用茶历史悠久，茶俗文化丰富，有“中国古茶树之乡”的美誉。茶之早：由于地理优势明显，土壤地热丰富，普安核心产茶区的春茶比全国其他地区早20天左右，被誉为“黔茶第一春”。茶之净：20世纪80年代起，普安就是贵州的红茶出口基地。作为国家级食品农产品出口质量安全示范区，茶中有林，林中有茶，严格的茶园管理和原生态无污染的环境条件，造就干净、绿色、健康的红茶品质。茶之香：普安茶叶内含物质非常丰富，味道好且非常耐泡，水浸出物、氨基酸、茶多酚含量高，锌硒元素丰富，呈栗香、自然兰花香。

（四）普安红茶产业的发展历程

普安本着“在保护中开发、在开发中保护”的原则，自20世纪50年代起，普安县大力发展茶产业，建立国营新寨茶场、江西坡茶果场、青山小屯茶场，以及部分乡镇小型茶场等，隶属贵州五大茶区的黔西南茶叶产业带，被列为全省首批20个重点产茶县之一。20世纪80年代，普安依托新寨茶场、江西坡茶果场创办普安县万亩茶厂，借此引领打造普安红茶品牌，奠定了普安红茶的发展雏形。2011年7月，中国茶叶流通协会授予普安县“中国古茶树之乡”称号。2015年5月12日，“普安红”问世。2017年7月，中国国际茶文化研究会授予普安县“中国茶文化之乡”的美誉，“普安红”被评为“中华文化名茶”。2018年10月，“中国红茶联盟”在普安成立，现场发布《中国红茶联盟普安宣言》。2020年4月，组建成立普安红集团，普安县茶产业步入集团化发展轨道。

二、普安县红茶产业发展现状

（一）市场拓展

普安充分利用“中国古茶树之乡”“中国茶文化之乡”“全国十大魅力茶乡”“普安红——中华文化名茶”4块国字号招牌，全力实施“普安红”品牌战略，抢抓宣传帮扶机遇，通过举办宣传推介和茶事活动，拓展销售市场，加速提升品牌影响力及竞争力。截至2020年，全国开设“普安红”

专卖店（销售中心）56个、销售专柜100家。县境内涉茶主体203家，其中，全国500强农民专业合作社1家、州级及以上龙头企业14家；“普安红”授权生产企业12家，其中，亿级企业1家、千万级企业3家，可年生产干茶3128.48吨，产值达4.2亿元。“普安红”系列产品销至北京、上海、山东、广东、广西等省份，出口至俄罗斯、越南等国家。

（二）品牌培育

目前，普安红茶品牌已授权12家企业生产“普安红”，有正山堂·普安红、普江、贵康源、深山隐士、简能、曼河谷、布依福娘、娅雅洛、蛮邦贡春等系列。2019年世界红茶产品质量推选活动中，正山堂·普安红（曦、锦）分别获金奖及银奖，蛮邦贡春·普安红（特级）获银奖；在2020年第十三届“中国世界功夫茶·茶王赛”上，布依福娘“普安红”茶斩获红茶类“五星金奖”。2016年以来，普安举办茶事活动和各种展销活动100余次，通过重点品牌引领、公共品牌跟进方式，促进企业集聚，构建黔茶品牌系列。2020年，普安协助《听，这里是贵州》第二季及线上开展县长网络直播带货，成功举办4场淘宝直播，销售以“普安红”茶叶为代表的农特产品14000余单，全年完成网络零售额1752万元，同比增长58%；线下举办2020年“普安红”杯采茶制茶技能大赛、贵州省春茶斗茶大赛（普安分赛场），组织涉茶企业省内外宣传推介。通过政企联动，抢抓有利机遇，线上线下多种宣传方式相结合，“普安红”的市场知名度、产品附加值与品牌站位不断提升。

（三）茶园建设及经济效益

2018年以来，普安每年按5万亩的建设目标推进茶园基地建设，全力推进30万亩茶园建设，最终实现人均一亩茶的目标。2020年，普安有茶园总面积14.3万亩，投产面积9.1万亩，“普安红”茶园基地面积6.6万亩，产量2900吨（含红碎茶1500吨），综合产值8.7亿元，平均市场销售价格150元/斤（红条茶284元/斤，红碎茶25元/斤）。普安红碎茶作为全国维也纳酒店专用茶，全国有1800余家酒店，25万间房间，每月销售收入达500万元左右。

（四）构建利益联结机制，助力产业脱贫

在“普安红”产业发展过程中，普安着力探索完善利益联结机制，帮助贫困农户多种渠道获得收益，使群众切实享受到“普安红”产业发展的红利，在产业扶贫中构建利益联结机制，助力普安实现脱贫“摘帽”。贵州正山堂普安红有限责任公司按照“保底分红+利润分红+茶青收购+优选用工”的方式，探索出“入股分红”的利益联结机制。一是农户通过流转土地给企业种植茶园，每亩可直接获取300元左右的流转费；二是农户通过以茶园入股公司（合作社），每亩可年度分红700元左右；三是农户通过采摘茶青销售给企业，每亩可收入4420元左右（单芽产量30斤/亩，均价40元/斤；一芽一叶、一芽二叶产量100斤/亩，均价10元/斤；一芽三叶产量400斤/亩，均价1.3元/斤；夏秋茶产量3000斤/亩，均价1.1元/斤；生产成本1600元/亩）；四是农户将茶园作为茶企固定原料基地，与企业签订茶青收购合同，年底可享受销售量5%的返利。通过以上四种增收方式保障，全县深度贫困村未脱贫1630户贫困户入股，覆盖带动惠及全县14个乡镇（街道）贫困群众2130户6831人增收500多万元。

（五）政策扶持促进产业发展

为切实激发茶农种茶积极性，推动红茶产业可持续发展，普安县政府在各个生产环节，通过强化政策性补助，出台奖励性条例的政策扶持方式，推动产业健康发展。在茶叶种植环节，种茶每亩补助1800元，农户连片种植50亩以上奖励2000元，企业或合作社集中连片种植2000亩以上奖励1万元；在市场开拓环节，新开设“普安红”专卖店的，县内补助5万元、省内县外补助8万元、省外补助10万元；在茶产业发展奖励环节，出台《普安县茶产业发展奖励办法（试行）》，设置了种植能手奖、转型发展奖、示范带动优秀奖和示范带动特别奖、加工能手奖、市场开拓奖等奖项，最高奖励10万元。

（六）以项目为抓手创新发展模式

借助实施公安部帮扶万亩茶园建设项目机遇，转变传统政府+大户包干种植模式，实行乡镇（街道）、村、户“三级”包保责任制，处理好“茶园、茶农、政府”三层关系，达到三个转变的目的。一是转变种植模式。按照“让群众全过程参与茶园建设，把每分钱用到群众身上”的工作理念，与群众达成一致，每亩茶都由农户自种、自管、自摘，让每一株茶都与农户产生联系，提高农户参与的积极性，改变之前“政府+企业”“大户干、农户看”的模式，确立了“政府引导，农户主体”的发展模式。二是转变利益分配模式。把茶产业发展每一笔资金投入全部用到农户身上，让农户成为茶园种、管、采各个环节的主体，所有环节的资金补助、收益都由农户享有，改变了之前合作社、大户主导茶园建设的格局。三是转变茶农身份。以前农户只是单纯地参与劳务务工或采摘收益，现在实施每亩茶都保障农户广泛参与茶产业链的种植、采摘、加工各个环节，成为全链条茶产业工人。2020 年，红茶带动 8796 户（贫困户 2639 户）34031 人（贫困户 10556 人）通过销售茶青增加收入，全年预计茶产业发展将稳定覆盖农户 10000 户以上。

（七）引投资带动产业增效

一是普安现已发展一批潜力大、前景好的本土茶企（合作社），如宏鑫公司、布依福娘公司、富洪公司、布依人家合作社等，普安县通过多种经营方式全力扶持本土茶企发展壮大，推进产品精深加工，使其成长为具有一定市场话语权的地方性红茶行业龙头企业。二是普安县持续加大招商引资力度，先后引进国内知名龙头企业，如正山堂、习普公司，龙头企业的领头羊和产业标杆效应，使得普安红茶产业在生产管理中逐步实现集约化、规模化和精细化，全面推动产业发展。2016 年，引进国内红茶标杆企业福建正山堂，着力将“普安红”打造成为中国又一知名红茶品牌；2017 年，引进出口外贸型企业习普公司，带动“普安红”走出国门，迈向国际化。

（八） 强化科技人才支撑

普安“一红一白”中，红茶产业作为农村产业结构调整的主攻方向，近年来，普安高度重视人才培养，发挥科学技术对生产力的推动作用。一是普安加大对有关人才的吸引、储备，在产业队伍中培养选拔优秀的实用人才。设立茶叶发展中心，在乡镇上派驻技术人员，深入生产一线，在实践中进行科学探究。二是普安县政府与业界权威机构、知名学者、科研院所建立联系，获得红茶产业发展技术、项目支持。通过定期举办中国红茶高质量发展峰会，与海峡两岸茶业交流协会、全国茶叶标准化技术委员会、中国农业科学院茶叶研究所、中国茶叶学会、全国茶标委红茶组、福建农林大学茶学院等开展交流，获得指导，学习取经。三是与贵州省农科院茶叶所、贵州大学茶学院联合开展科研活动。对全县四球古茶树单株定位、标记，对茶青进行内含物质检测和选育良种等工作。

三、普安县红茶产业发展存在的问题

（一） 品牌建设滞后

一是品牌建设不足。普安红茶虽有正山堂·普安红、普江、贵康源、深山隐士、简能、曼河谷、布依福娘、娅雅洛、蛮邦贡春等系列红茶品牌，但在知名度上仍与“滇红”“祁红”有一定差距，没有发挥核心品牌带动引领的作用优势，导致普安红茶有品质有品位而不响亮。二是品牌宣传力度不够。普安虽有“中国古茶树之乡”“中国茶文化之乡”“全国十大魅力茶乡”“普安红——中华文化名茶”4块国字号招牌，但品牌起步较晚，品牌经营方式“粗放”，缺乏品牌文化核心指导思想，科学系统的品牌建设不够完善，在管理和维护中缺少后续推动作用，导致在品牌宣传和推广中缺乏顶层设计和规划。

（二） 市场占有率低

一是龙头企业带动不足。全县涉茶主体虽有200余家，但省级龙头企业仅有 2 家，多数茶企仍然缺少标准化、规模化的生产加工能力，难以形成合力进行市场扩张。二是普安红茶主要交易依赖省外市场，客户群体较为固定，“普安红” 专卖店及专柜在市场中的占有比例较低，品牌授权力度不足导致市场地位相对被动。三是对产品附加值的开发不足。红茶科技开发、文化特色与产业建设融合度低，茶文化周边产品开发、民族茶俗文化宣传力度不够等因素，阻碍普安红茶产业链的延伸。

（三）特色资源优势向经济优势转化不充分

一是由于对四球古茶树等特色资源的探究利用仍处于基础研究阶段，侧重于对资源的收集、鉴定。对于四球古茶树的种质资源改良和创新未见明显成效，品种选育进展缓慢，2 万多株四球古茶树中未选育出适宜全县种植的优质新品种，导致不能满足现阶段对于资源的应用和科研成果转化为经济效益的市场要求。二是特色茶叶资源与生态管理建设不匹配，缺乏精细化生产运作模式。部分茶农食品安全意识淡薄，大量使用化肥，在国家级出口食品产品质量安全示范区内使用违禁农药，造成残留超标，导致名优茶产量低，进而影响普安红茶品质和声誉。三是茶企规模小，企业没有分工，家庭作坊式生产，多数仍处于单打独斗的状态，市场定位不准，产品创新不够，竞争力低，甚至为他人代加工。

（四）民俗文化与产业周边融合度不足

在产品设计中，普安本地文化元素符号未能凸显。底蕴深厚的普安民族民间文化，如夜郎文化、楼下红色文化、茶马古道的历史文化、崧岿寺佛教文化、白水瀑布山水文化等通常体现在茶园基础设施建设中，但在产品及包装、茶具（器）、茶厂茶馆茶楼等设计中，忽视了文化内涵对商品的提升作用，文化效力表现不足。

（五）茶园管护水平参差不齐

一是茶场经营方式不一，茶园管护方式不到位，甚至失管，导致投产比低，茶叶鲜叶质量不稳。二是茶园基础设施建设跟不上，技术推广应用程度不高，造成产出比低。三是人才优势发挥不充分，茶农种植技术掌握不足，存在“靠天采茶”的现象。四是标准化生产体制不健全，“有标必依，执标必严”尚未深入人心，导致产品档次不高。

（六）政策保障不到位

一是有关部门对红茶产业发展提供的服务保障不到位，茶企、基层在发展上规划不明确，缺乏建立与战略定位相匹配和适宜地方发展的产业长远规划。二是对新技术的推广、行业信息服务不强。专业性的技术推广人员储备不足，缺乏专门的咨询渠道，茶农遇到专业性的技术问题求路无门。三是扶贫产业项目实施中，对企业发展后劲风险预判不准确，导致项目结题后，企业无力继续推进。

四、普安县红茶产业发展面临的机遇

（一）新冠肺炎疫情防控常态化下产业发展新机遇

一是为各涉茶部门孕育大量在线协同办公，提高部门协作配合力度，加快建设高效对接团队进程。二是行业探索工业互联网技术，提升行业数字化管理水平和智能化生产能力，推动企业资源整合和业务重组。三是在党中央政策及指示精神下，坚定实施扩大内需战略、供给侧结构性改革政策，鼓励茶企申报农业企业复工复产的相关项目，促进产业升级改造，强化龙头企业市场优势，提升中小茶企的生存和发展能力。

（二）“互联网+”产业发展新机遇

在经济发展新常态下，互联网将推动普安红茶产业流通使命、流通经营和流通组织的变革，不断颠覆传统组织形式、商业规则、产业链条，延伸出新的商业模式和销售模式。一是创新营销理念和方式，为市场精细化提供现实可能性。依托“云上贵州”信息技术产业优势，利用大数据精准定位目标客户，以精良的服务实现与受众的密切互动，为调整企业产品方案，推动产品创新奠定基础。二是利用电子商务重新构造产品分销渠道。

互联网促进了商流、物流、信息流、资金流实现融合。大大压缩中间环节、降低成本、提高流通效率，对传统分销渠道、组织和环节进行冲击和重构，倒逼企业市场创新出新的渠道和方式。三是直播、微信营销等互联网新型营销方式或对用户的购买决策产生影响。“互联网+品牌”将重构行业竞争格局，开创产业发展新时代。

五、普安县红茶产业发展对策建议

（一）优化产业布局，抓好基地改造建设

一是遵循贵州省委书记孙志刚提出的“五步工作法”“产业革命八要素”，科学优化产业布局，明确工作推进思路、茶园种植标准及中小茶企改造工程等。通过积极开展干部群众技术培训，确保茶园种植的高标准推进。通过成立专项督查组，对项目建设全过程实行清单化、责任化、时限化督促检查，对工作落实慢或不力的进行追责问责，推动各项工作高效有序落实。二是全力抓好茶叶基地建设。将 5 万亩新增茶园任务明确到村到组到地块，乡镇（街道）负责组织实施，全部实行专业化队伍种植、管护，加强利益联结。三是切实推进 2021 年新植茶园建设 1 万亩，按 1000 亩苗圃基地建设规模和在每个乡镇打造 1 个 300 亩以上高标准规范化示范基地工作，提前安排茶苗基地建设，坚持“两建三看四要”管护措施，细化明确人员组织、体系建设、技术标准，提升管护的及时性、系统性和科学性，确保 2021 年茶园建设稳步实施。

（二）强化品牌建设

一是严把质量关。在现有《普安县茶业地理标志产品保护管理办法》《普安县茶叶地理标志产品保护工作方案》等标准的基础上，加强无公害、绿色、有机茶叶基地建设和认证工作。各涉茶部门加强监管，形成合力，指导企业对标生产，保障地标产品质量。二是加强品牌宣传。坚持传统媒体与新媒体相结合，在主流媒体上展示产业发展、文化挖掘等方面成果，传播“普安红”正能量，展示公共品牌明细，第一、第二、第三产业融合

发展，力求将茶商、游客“请进来”，让“普安红”走出去。三是借鉴成功经验，强化本地市场发展。坚持立足贵州，面向全国，拓展海外的发展战略，在稳住现状的前提下，提升省内市场占有率。邀请各级领导在合适场合帮助宣传，引导“普安红”进省直、市直机关，带头营造喝“普安红”的氛围。将“普安红”列入全省重点品牌进行打造，在全省“三绿一红”中增加“普安红”，全省重点品牌增加为“三绿两红”。

（三）统筹兼顾，构筑产业链

一是重点打造茶叶观光园，推进茶旅一体化。积极推进“茶园变公园、茶区变景区、茶山变金山”。以国际自行车赛道为载体在茶区建设精品农家乐、高端民宿、康养等配套设施，兼顾硬件设施和旅游软环境，建立以红茶产业为特色的基础设施和服务体系。二是借古茶籽化石、古茶树造势，用好“中国古茶树之乡”名片，在江西坡打造“世界茶源谷、西部健康城”，突出红茶文化项目特色，推动普安茶文化生态旅游休闲度假景区建设。三是龙头企业带动辐射周边产业，坚持共享发展。宣传推广普安红茶和茶系列周边产品，使“普安红”和茶文化、龙溪茶具等融合发展，开拓市场，强化巩固产业扶贫成效，共享产业发展成果。

（四）加强政策保障服务

一是完善政策保障体系。建立产业扶持政策，制定财政补贴、金融信贷等资金保障政策，县政府充分发挥经济职能，坚持短期与中长期协同发展。构建需求管理和供给管理相统一的调控机制，灵活运用扶贫政策，有序推动产业项目实施，出台奖励办法，激励带动企业积极性，确保产业健康发展。二是强化服务。积极争取规划项目，向上争取发展资金改善投资环境，积极推动组建“普安红集团”工作，着力解决茶叶企业规模小、抗风险能力弱、销售渠道窄等问题，实现“普安红”从基地建设、管理、加工、包装、销售全环节规范化、品牌化、集团化。

（五）充分发挥专业合作社、产业联盟作用

一是通过专业合作社进行产业引导、支持和培养作用。协助制定章

程、管理制度，建立组织严谨、管理有力、责权清晰的专业合作社。对中小茶园实现统管、统销、统防、统治，实现规模效益。二是充分发挥联盟作用。把龙头企业、专业合作社、茶农、科研单位及团队、一线技术人员吸纳进产业联盟，整合各涉茶力量，共同发力，促进普安红茶产业发展。

参考文献

［1］普安县人民政府 . 2016—2020 年普安县人民政府工作报告 .

［2］普安县人民政府．普安县茶产业发展情况汇报 .

［3］普安县茶业发展中心 . 2015—2018 茶产业发展情况统计 .

［4］普安县茶业发展中心．普安县茶业发展中心 2018 年工作总结和 2019 年工作打算 .

［5］普安县茶业发展中心．普安县茶业发展中心 2019 年工作总结和 2020 年工作打算 .

［6］普安县茶业发展中心．普安县茶业发展中心 2020 年上半年工作总结 .

［7］中共普安县委，县人民政府．在 2020 年中国红茶高质量发展峰会的致辞 .

［8］何灵燕，钟学文，吴国伟，等．兴宁市茶产业调研分析与发展探索［J］．中国农技推广，2020，36（5）：14-16.

［9］苏丹．筠连县红茶产业发展研究［D］．西南财经大学，2019.

［10］贵州省质量技术监督局．贵州省地方标准地理标志产品普安红茶［J］．贵州茶叶，2019，47（1）：22-34.

V 案例篇

B.12 普安县易地扶贫搬迁“后半篇文章”研究*

李 高 章存英①

摘要： 本研究对普安县易地扶贫搬迁“后半篇文章”的推进现状、主要做法及经验进行了总结，分析了人往哪里搬、地在哪里划、房屋如何建、收入如何增、生态如何护、新社区如何管等问题，并提出了系统推进安全适用住房建设、配套基础设施和公共服务设施、搬迁群众就业空间拓展、迁出区生态修复等方面的建议。在现行标准之下，确保农村贫困人口“两不愁三保障”脱贫目标如期实现，促进人口与区域资源、人口与生态环境以及区域资源与生态环境的协调发展，做好普安县易地扶贫搬迁的“后半篇文章”。

关键词： 普安县 易地扶贫搬迁 “后半篇文章”

一、引言

自1982年开始，党中央、国务院高瞻远瞩，从“三西”（即海西、定西、西海固）地区试点易地扶贫搬迁，迄今有近40年的实践历史了。“一方水土养不起一方人”，如何从根本上解决，从我国近40年的实践历史来看，易地扶贫搬迁确为良策。② 近40年来，我国易地扶贫搬迁成效显著，

---

* 本文为贵州省2021年度哲学社会科学创新工程项目（项目编号：CXQN2101）阶段性成果。

① 李高，贵州省社会科学院社会研究所助理研究员；章存英，湖南省溆浦县屈原学校一级教师。

② 白永秀、宁启：《易地扶贫搬迁机制体系研究》，载《西北大学学报（哲学社会科学版）》2018年第4期。

世所瞩目。“十三五”期间，党中央、国务院聚焦脱贫攻坚关键问题和最难啃的骨头，确定在“十三五”期间要帮助全国1000万生存条件恶劣的贫困群众“挪穷窝、换穷业、拔穷根”，这是我国决战决胜脱贫攻坚的关键举措，意义重大，影响深远。

贵州是全国易地扶贫搬迁的重点省份，是决战决胜脱贫攻坚的主战场，是全面建成小康社会的主阵地。贵州在2019年6月底，要全面完成188万贫困人口的易地扶贫搬迁任务，其中相当一部分贫困人口还是跨区县易地扶贫搬迁安置，时间紧、任务重、压力大。与此同时，更为重要和关键的是要着手做好易地扶贫搬迁的“后半篇文章”，即要使易地扶贫搬迁贫困户“搬得出、稳得住、能致富”，这也是易地扶贫搬迁推进过程中必须要面对和解决的重要现实问题。①

普安县作为国家级贫困县，其经济社会发展存在着不少问题和短板。例如，全县经济总量小，人均水平低，经济发展的要素体系还不完善；项目投资体量小、增速慢，缺乏大项目支撑；等等。同时，尽管2019年普安县脱贫摘帽如期实现了，但是实现稳定长期高质量脱贫、防止返贫任务仍然艰巨，巩固脱贫成果仍任重而道远。习近平总书记深刻指出，“人民对美好生活的向往就是我们的奋斗目标”，而这一奋斗目标对于共产党人而言，永远都在路上，没有休止符。

从某种程度也可以说，人们对美好生活的向往，这是一个具有普遍性的美好追求，也是人类历史发展的必然选择。具体就脱贫攻坚而言，生存条件恶劣、生态环境脆弱地区的贫困群众，通过易地搬迁扶贫，跳出恶性循环的生存怪圈，实现持久稳定的脱贫发展，这是贫困群众的广泛共识。但是贫困群众限于自身能力与收入水平，难以完成如此浩大的工程。党中央、国务院正是顺应了广大贫困群众对此的强烈需求，有计划、有组织地实施了新时期易地扶贫搬迁，实施力度之大、规模之广、影响之深前所未有。

易地扶贫搬迁统筹考虑人往哪里搬、地在哪里划、房屋如何建、收入

---

① 《全力做好易地扶贫搬迁“后半篇文章” 确保搬迁群众搬得出稳得住能致富》，资料来源：http：//www.trxw.gov.cn/2019/0323/147480.shtml。

如何增、生态如何护、新社区如何管等问题，系统推进安全适用住房建设、配套基础设施和公共服务设施、搬迁群众就业空间拓展、迁出区生态修复等，促进了人口与区域资源、人口与生态环境以及区域资源与生态环境的协调发展，在现行标准之下，确保农村贫困人口“两不愁三保障”脱贫目标扎实稳步推进，并能如期真正实现，决战决胜脱贫攻坚都具有重要意义。

二、普安县易地扶贫搬迁“后半篇文章”推进现状

为实现搬迁群众“搬得出、快融入、稳得住、能致富”目标，按照省后续工作“五个体系”建设和州新市民计划“1+13”推进措施要求，普安县制订了《普安县易地扶贫搬迁及新市民计划后续保障攻坚方案》等文件，细化目标措施，压紧压实责任，全力推动配套建设、培训就业、文化建设、社区治理和党的建设等后续保障服务工作。①

（一）基本公共服务体系建设情况

一是基础配套建设。县内新市民居住区易地扶贫搬迁安置项目水、电、路灯、绿化、路网等基础设施全部建设完成，同步完善居住区店铺门面、活动广场、集贸市场等公共服务建设，多彩贵州“广电云”100%覆盖，满足新市民多样化的生活需求；惠民小区、龙溪石砚小镇安置区开通了到县城的专线公交车，生活出行更加便利。二是教育保障。县内新市民居住区配套建设了龙溪石砚小学、东城区实验中学、东城区实验小学、东城区实验幼儿园、南湖实验幼儿园、三板桥中学6所学校，可提供5000多个学位，加上新市民居住区周边原有学校资源，完全可以满足新市民适龄子女入学；通过调剂、交流轮岗、支教、事业教师招聘等方式调配补充新市民居住区学校师资力量，充分保障教师资源；与镇海中学联合在县东城区实验学校开办“镇海高中实验班”，实现新市民适龄子女家门口就学。三是社区综合保障。各新市民居住区均设立便民利民服务中心，设立低

① 普安县生态移民局：《普安县2016年以来易地扶贫搬迁工作总结》（内部资料）。

保、养老、就业、就学等服务窗口，为新市民居住区搬迁群众提供高效、优质的服务。四是医疗保障。按照构建“15分钟城市社区健康服务圈”的要求，县内新建新市民社区卫生服务中心（站）3个，按照机构设置标准配备医务人员、设置床位、就诊设施、药品等医疗物资，开通医保系统并落实“先诊疗后付费”“一站式结算”政策；在东城区布依茶源小镇建中医馆、国医馆各1个，满足了搬迁新市民日常看病就医、临时住院治疗需求；同时推行家庭医生签约服务，实现应签尽签。①

（二）培训和就业服务体系建设情况

一是全力实施园区解决就业一批、茶产业解决就业一批、活跃市场解决就业一批、文旅互动解决就业一批、公益性岗位解决就业一批和劳务输出解决就业一批“六个一批”行动促进就业。二是以“一红一白”全产业链为主导，强化第一、第二、第三产业融合发展，充分利用工青妇资源和创业就业政策，大力实施“绣娘计划”，积极创新探索和推广“龙头企业+扶贫车间+合作社+居家就业”模式，推动建设“扶贫车间”实现家门口就业。三是在新市民社区服务中心设立就业服务窗口，搭建就业平台，拓宽就业渠道，加强劳动力培训转移、东西部劳务协作、公益性岗位等方式促进就业。目前，县内搬迁群众有劳动力家庭4351户11245人，已就业家庭4351户10798人，实现了搬迁群众有劳动力家庭一户一人以上就业目标。②

（三）文化服务体系建设情况

一是在新市民居住区建设文化服务中心3个、民族文化纪念馆3个、室外文体活动场地3个，逐步完善新市民居住区文化服务硬件设施建设。二是利用3个新市民居住区的新时代文明实践站，组织开展感恩教育和以“弘扬家庭文明新风尚，共建和谐美好新家园”为主题的新市民文明创建评选活动，积极开展“乡村振兴、巾帼行动”，美化人居环境。三是开展

① 普安县生态移民局：《普安县2016年以来易地扶贫搬迁工作总结》（内部资料）。

② 普安县生态移民局：《普安县2016年以来易地扶贫搬迁工作总结》（内部资料）。

“家政进万家、创业助脱贫”家政技能大赛，举办了2019年“锦绣圆梦、助力脱贫”新市民刺绣作品评比表彰活动，充分挖掘搬迁新市民中妇女“半边天”作用。四是充分发挥“新时代文明实践所、站”阵地作用，开展感恩教育、易地扶贫搬迁政策等相关扶贫政策宣传宣讲4000余场（次）。[①]

（四）社区治理体系建设情况

一是按照“一厅三室”标准化、规范化建立警务室3个，配备警务人员近30人，借鉴警务助力管理模式的“八大员”执行“八大责”，实行网格长统领网格员制，推动新市民居住区人防运用网格化管理。在新市民居住区警务室设立便民窗口，实现群众“一站式”办理业务，累计受理新市民居住证20947个、办理户口迁移13977人。二是完善了智能安防系统建设。东城区布依茶源小镇、西城区龙溪石砚小镇完成“135”智能安防系统建设并投入使用，构建完善新市民居住区技术防控网络，保障新市民居住区安全。三是完善了消防服务建设。在各新市民社区建立微型消防站，对纳茶社区、龙溪石砚小镇配置了消防固定宣传栏、消防员日常防护装备、疏散应急器材、手抬机动泵、消防摩托车等灭火器材；明确专职消防员并对其进行专业培训后到岗，认真落实消防安全自查机制，定期组织演练，提高自防自救能力，真正做到防患于未然；把基层网格力量拓展为三大员即新市民居住区“消防协管员”、火灾隐患排查信息“采集员”和消防安全教育“宣传员”，按照责任落实100%、排查单位100%、火患整改100%、宣传培训100%的“4个100%”要求，并定期开放社区体验馆，做好新市民居住区的火灾防控工作。四是完善了公共法律服务建设。由“公检法司”联合党支部牵头，组建治安共商调解工作队伍，采取分类调解、集中调解、上门调解、巡视调解和思想疏导等方式，实时就地化解新市民之间的矛盾纠纷；设立公共法律服务大厅，由公、检、法、司等部门的法律工作人员在窗口提供法律咨询等基层公共法律服务。五是完善了群团组

① 普安县生态移民局：《普安县2016年以来易地扶贫搬迁工作总结》（内部资料）。

织建设。在新市民居住区建设工、青、妇等群团组织 6 个，实现群团组织建设全覆盖，创新服务载体，创建“老年日间照料中心”“四点半学校”，保障儿童和老人权益。六是完善社区管理制度。建立完善居务公开制度和民主监督制度，推动新市民社区网格化管理，成立了惠民社区、龙溪社区、甬安社区、纳茶社区、斗弹达吟社区和纳利社区 6 个居民委员会，县内新市民居住区的 6 个社区居民委员会和居务监督委员会全部选举成立。七是有效落实民政救助政策。按照应纳尽纳、应转尽转的原则，县内搬迁对象中符合“农转城”条件的 1397 户 4497 人全部按程序实施了“农转城”。①

（五）基层党建体系建设情况

一是健全组织架构。结合搬迁规模，按照省政府批复，2019 年 8 月 16 日挂牌成立茶源街道和九峰街道。二是配强机构领导。着力配齐配强茶源街道 10 名、九峰街道 9 名领导班子成员，分别核定行政编制 20 名、机关工勤编制 5 名、事业编制 70 名；在布依茶源小镇新市民社区党总支、龙溪新市民社区党总支和惠民社区党总支分别设书记 1 名、副书记 1 名、委员 3 名，管理中心设主任 1 名、副主任 2 名。目前，已从相关乡镇（街道）划转 109 名同志到新街道工作。三是健全基层组织。成立街道党工委 2 个，设立党支部 7 个，设立新市民追梦桥联合党支部 3 个，实现党的组织和党的工作全覆盖。依托“500 米党员服务圈”，在 3 个新市民居住区指派网格楼（户）长 192 名，设立“党员议事站”7 个。按不低于 20%的比例从搬迁群众选配“两委”班子成员，负责新市民社区各项工作。四是夯实活动阵地。按照严肃大方和突出政治功能、党建元素的原则，结合民族特色、地域特点和“五小”功能要求，在茶源街道纳茶小区建成 400 平方米的新市民社区“党员之家”，在南湖街道惠民社区建设 800 余平方米的党员活动中心，在九峰街道龙溪新市民社区建设党员活动室。五是配齐群团组织硬件。在安置区设立“妇女之家”“平安成长之家”“青春课堂”“文艺乐

① 普安县生态移民局：《普安县 2016 年以来易地扶贫搬迁工作总结》（内部资料）。

园”等，拓展服务领域、丰富文娱活动，促进和谐发展。六是完善工作机制。构建县、乡、社区、居民小组四级联动的新市民社区党建工作协调沟通机制，定期不定期研究解决社区党建工作和基层治理问题；实施“1+1”包保机制，即一个县级领导+1个县委组织部领导包保1个新市民居住区，实现包保全覆盖；建立搬出地、搬入地联建机制，实现新市民社区共享、共建。七是强化服务保障。进一步解构细化公共服务清单、便民服务清单、党建工作清单，对所属党支部及其他组织职责进行“清单化”管理。[①]

三、普安县易地扶贫搬迁“后半篇文章”主要经验做法

（一）以“六个坚持”为要求，严格政策标准

一是坚持省级统贷统还，严格执行“专户存储、专账核算、物理隔离、封闭运行”原则管好用好中央、省级统筹专项资金。二是坚持以自然村寨整体搬迁为主，动迁“一方水土养不起一方人”地区群众，确保建档立卡贫困人口应搬尽搬、能搬多搬。三是坚持城镇化集中安置，县内搬迁安置区规划建设在县城内及东、西2个拓展区，实行城镇化集中安置。四是坚持以县为单位集中建设，全面统筹组织实施易地扶贫搬迁，让搬迁农户分享城镇化红利。五是坚持让贫困户不因搬迁而负债，严格控制建设成本，人均住房面积不超过20平方米，建设成本不超过1800元/平方米。六是坚持以产定搬、以岗定搬，全县“一红一白”主导产业覆盖安置区，东城区布依茶源小镇安置区依托茶产业园区，定位“茶旅+”发展路径，西城区龙溪石砚小镇安置区依托兔毛精深加工全产业链，定位“文教+”发展路径。

（二）以“四个导向”为重点，补齐短板弱项

一是突出目标导向，合力攻坚有靶向。紧盯“十三五”时期35399人搬迁目标，整合资源、凝聚力量，分步有序合力攻坚，保质保量如期完成

① 普安县生态移民局：《普安县2016年以来易地扶贫搬迁工作总结》（内部资料）。

搬迁任务。二是突出责任导向，全力落实有使命。创新探索“三包一”“二包一”责任机制，明确责任主体，压实工作职责和包保责任，上下连通、纵横联动，既有分工又强调协作，从“一家独唱”向“多家合唱”转变。三是突出问题导向，聚力歼灭有提升。坚持强化问题意识和发扬自我革命精神，不断增强正视问题的自觉，对问题不回避、不绕开，将问题彻底整改、全面歼灭，形成以整改促提升的良好工作局面。四是突出结果导向，致力执行有成效。按照省委提出的易地扶贫搬迁“六个坚持”，不偏不倚、不折不扣强化执行，致力将易地扶贫搬迁系列惠农政策落实到户到人。①

（三）精准核查认定，明确目标任务

对照省、州拆旧复垦复绿标准，规范认定程序，抓好登记建档，确保认定过程扎实、结果真实、群众满意。一是针对乡镇（街道）存在的认定程序不规范、认定标准不统一等问题，制发了《普安县关于完善易地扶贫搬迁旧房拆除中无房户和合住户认定程序的通知》，进一步规范认定程序，统一认定标准。二是组建 12 个旧房拆除认定指导工作组，深入村组、搬迁户指导做好旧房类别认定，及时解决认定过程中存在的困难和问题。三是由各乡镇（街道）牵头，村（社区）前沿攻坚队组织网格包保员、结对帮扶责任人，按规定程序进村入户开展核实登记，精准锁定各年度应拆旧房数，实行县乡村分级分层核实研判把关精准认定。

（四）强化技术指导，保障工作质量

严格按照省、州关于易地搬迁复垦复绿工作规范和标准，研究制定拆旧复垦复绿“净、平、厚、细、齐、管、种”7 项实施标准，按“县领导分片指导、重点乡镇专项督战、乡镇领导包保到户、业务组常态督导”的方式，持续抓好业务指导。一是由县委、县政府分管领导分南北两线每周开展督促指导，带头深入拆旧复垦复绿最困难的乡镇（街道）、村（社区）

① 普安县生态移民局：《2016—2019 年度工作总结》（内部资料）。

进行分析解剖，同镇村干部共商座谈，对需县级解决的问题及时研究提出解决措施和办法。二是对真搬实住、拆旧复垦复绿任务最重、困难最多的白沙乡，由县政府分管同志牵头组建专项督战队常驻督战，督促指导白沙乡扎实推动拆旧复垦复绿工作。三是对拆旧复垦复绿难点户、堵点户，由乡镇党政主要负责同志、人大主席、党委副书记等进行包案化解，逐户开展入户共商，找准难点堵点，及时研究解决。四是从县移民局、自然资源局、供销社、鑫鑫公司、民安公司抽调业务骨干，组建3个业务指导组常驻乡镇（街道）开展业务指导，对存在的问题，以现场派单、督办函等方式，督促乡镇（街道）抓好整改，有力有序抓好拆旧复垦复绿工作。

（五）全面核准底数，切实推进真搬

在全面完成“十三五”35399人搬迁入住任务的基础上，紧盯《确认书》工作目标，细化工作任务，按照边排查、边整改、边巩固提升的要求，以安置区为单元，逐户开展真搬实住循环核查及问题整改，巩固搬迁群众稳定入住，确保各项工作如期完成，持续巩固提升搬迁脱贫成果。一是县易指办工作服务组、迁入地街道（含跨区域搬迁工作组）、迁出地乡镇（街道）等三方联合对各安置区真搬实住情况连续进行了户户大排查，全面核准常住户、“两头住”户、意愿动摇户、退房退钥匙户情况，用水、用电是否达标情况，安置房内生活要件、生活资料是否匹配情况，每户固化的明白人是否讲得清、电话号码是否准确、信息卡信息是否错漏等情况，同步分类建立问题台账，通过三方对账确认，与迁出地乡镇（街道）党政主要领导、分管领导共同签订《普安县易地扶贫搬迁真搬实住问题整改确认书》，再由县易指办对照确认事项，将问题分类梳理后下发真搬实住重要事项督办函，督促各乡镇（街道）抓好各类问题整改，推进真搬实住。二是县易指办组建3个常驻工作服务组，组织迁入地街道、跨区域搬迁工作组在各安置区核查每天搬入的真搬实住情况、室内要件匹配情况，按照当日事当日毕的原则，每晚召开研判会，研究解决当日搬入安置区群众的就业、教育、社会保障等各种困难和问题，做好入住服务。三是实行三天一次抽查，发现有返迁的，督查涉及乡镇（街道）动员入

住，通过多轮次循环，核查、反复动员入住，为搬迁群众稳定入住提供有力保障。

四、普安县易地扶贫搬迁“后半篇文章”存在的问题

（一）配套设施建设不够完善，影响了搬迁户生活水平

从调研实际来看，普安县易地扶贫安置区基础设施建设不够完善，尽管大部分易地扶贫安置区的主体工程已经完成，但多数区域基础的配套设施不够完善，影响了搬迁户生活水平的提高。具体而言，第一，目前尚有部分易地扶贫安置区的水、电没有全部畅通，这就影响了搬迁户的日常生活；第二，目前还有部分易地扶贫安置区没有开通公交车，这就影响了搬迁户的日常出行；第三，目前还有部分易地扶贫安置区没有农贸市场、没有生活超市，这就不能满足搬迁户的日常生产生活需要；第四，还有部分易地扶贫安置区没有配套建设幼儿园，3—6岁的孩子入园就学还比较困难；第五，目前还有部分易地扶贫安置区没有开设医疗服务点，这导致搬迁户就医不便；第六，还有部分易地扶贫安置区的物业管理混乱，没有专业的物业公司管理，群众生活垃圾乱扔。此外，有些易地扶贫安置区环保配套设施也不够完善，且无垃圾处理设施，生活垃圾不能集中处理，环境卫生状况较差。与此同时，易地扶贫搬迁安置区除了上述硬件设施建设比较滞后外，软件设施也存在欠缺之处，比如在社区文化建设、社区服务保障以及对搬迁户后续管理等方面都有待进一步加强。

（二）“三块地”利用不够充分，不利于搬迁户收入增加

所谓“三块地”指的是易地搬迁移民家庭户的耕地、林地及宅基地。易地搬迁移民家庭户“三块地”的利用主要是指耕地、林地的流转，宅基地的复垦复绿以及发展林下经济等三个方面。加快推进“三块地”的利用进程，能够激活土地生产要素，提高农民财产性收入，进一步而言，可以扩大内需，是推动经济高质量增长的新的动力。在国家政策层面，易地搬迁移民家庭户在搬迁后，其家庭仍然保留着对原来的耕地、林地的承包经

营权以及对宅基地的所有权和经营权。但是从调研的实际情况来看，大部分的易地搬迁移民家庭户对自家耕地、林地及宅基地的利用率很低，土地流转率总体上不足四成，还有近六成的土地不是抛荒就是被低产出地利用，比如无偿给亲朋或邻里耕种，有的则自己耕种以为日用，但这是完全不能给家庭带来收益的。总之，当前易地扶贫搬迁户“三块地”利用率比较低，甚至未能正常发挥其作用，这就导致通过土地的经营，是不可能为易地扶贫搬迁户家庭带来收益，也不可能使之收入增加的。

（三）搬迁过程耗费大量资金，不利于搬迁户后续发展

根据调研了解到的情况，第一，被纳入易地扶贫搬迁的家庭，每一个易地扶贫搬迁户（根据规定 2 人及 2 人以上的家庭户才能享受易地扶贫搬迁政策）还需要缴纳购房款 4000—20000 元不等。第二，易地移民搬迁之后，有的搬迁户家庭还需要装修住房、购买家具家电等，这也是一笔较大的花费。这些因素导致了易地扶贫搬迁移民家庭在搬迁之后背负了一定的债务，不利于其家庭后续发展。

（四）非农技能培训进展较慢，搬迁户生计能力提升有限

目前，县级层面对易地扶贫搬迁户主要是进行无土安置，即移民搬迁之后，政府鼓励其从第一产业的农业生产，转移到第二、第三产业进行就业。为了使其能力能够适应第二、第三产业的就业岗位的需求，一般而言，政府都会在搬迁之后，为搬迁户家庭提供创（就）业技能培训。但是，一方面，由于县级层面扶贫、就业等职能部门，开展创（就）业技能培训的时间还不长，参与培训的搬迁户家庭人数有限，导致目前其生计能力提升不明显；另一方面，县级层面近年来事务比较繁复，有的保运转的人手都不太够，而易地扶贫移民搬迁的人数又较多，本身就为城市治理带来了很多新的复杂的问题，创（就）业技能培训涉及的点多面宽，场所也受到限制，中高级技师又奇缺，有些地方，甚至本地就找不到创（就）业技能培训的技师，需要从外地高薪聘请，等等。这些都不利于易地扶贫搬迁户生计能力的提升与后续事业的发展。

与此同时，当前易地扶贫搬迁户在新的生活环境中，还面临两个方面的不适应：一是就业能力不适应岗位需求。他们缺少非农技能，文化素质又偏低，在用人单位提供的岗位上，摩擦性失业也比较多，极易陷入就业困境。二是生活习惯不适应新的居住环境。在一段时间内容易产生各种不良情绪，如焦虑、急躁、不安、自卑等，这些都影响其非农技能的提升，进而又影响其生计能力提升。

（五）政府就业保障措施缺乏针对性，作用发挥有限

尽管普安县政府自易地扶贫搬迁安置以来，就出台了一系列的保障措施，不断地创造就业岗位，充分保证易地扶贫搬迁移民家庭户的就业。譬如，从调研的实际情况来看，普安县在第一时间积极动员搬迁户家庭参加就业培训，并通过就业服务协理员入户走访、电话短信联系等多种方式，精准掌握劳动力培训和就业需求，实现安置点就业创业帮扶台账全覆盖。此外，还通过不断加大创业扶持力度，各类扶持政策向搬迁群众倾斜，优先享受诸如“扶贫小额信贷”“返乡农民工就业创业扶持”等创业就业优惠政策，帮助易地扶贫搬迁户家庭提升生计能力；积极开发公益性岗位，由政府或部门买单，有针对性地开发“五员”（保洁员、护路员、护河员、护林员、调解员）等岗位，专门用于安置搬迁劳动力等。但是整体来讲，一方面就业岗位并不是很充足，不能充分满足易地扶贫搬迁户的就业需求；另一方面则是这些就业岗位工资待遇并不高，每月1000—2000元，很多易地扶贫搬迁户家庭中年轻的劳动力并不愿意去。这样就使得他们中一些人实际上处于失业与半失业状态，有的还得靠政府救济生活。因此，虽然各地的就业保障措施有了，但还是比较单一，且针对性也不强，这就使得这些保障措施在促进易地扶贫搬迁户生计能力方面，效果并不明显，作用发挥有限。

五、结语

总之，为加快建立易地扶贫搬迁群众生计保障和后续发展体系，为了做好普安县易地扶贫搬迁“后半篇文章”，普安县业已采取了一些超常规

举措，花了大力气、出了硬办法，助推搬迁群众脱贫致富，把全县易地扶贫搬迁“后半篇文章”做足、做实、做好。但是，从实际效果来看，仍然面临着诸多亟待解决的问题，例如配套的基础设施跟不上、“三块地”的利用不充分、搬迁过程资金耗费大、非农培训进展慢、政府就业保障措施针对性欠缺等问题。因此，为完善贵州省委、省政府提出的易地扶贫搬迁后续扶持“五个体系”建设，做好普安县易地扶贫搬迁“后半篇文章”，无论是易地扶贫搬迁的顶层设计、中层设计还是具体措施，都应该持续跟进完善，要不断解放思想，坚持从实际出发，要与时俱进。具体而言，第一，在县级层面，应当结合普安县脱贫攻坚与精准扶贫的实际特点，要有针对性地适时出台普安县易地扶贫搬迁区后续发展规划，要结合自身实际，不断从政策、制度等层面完善县级顶层设计；第二，从搬迁群众来看，要尽最大努力，千方百计拓展搬迁群众的就业渠道，使其生计资本来源实现稳定性和多元化；第三，从搬迁社区来看，要努力培育致富带头能人，发挥致富带头人的头雁效应，为搬迁群众带好头、领好路、能致富；第四，从公共服务来看，要做好搬迁社区的公共服务，不断提升搬迁社区的公共服务能力，不断提升搬迁社区的治理能力，实现搬迁社区治理能力现代化；第五，从易地搬迁迁出地土地来看，要用市场化的手段，盘活用好迁出地的存量土地，不抛荒，不闲置，做到地尽其用，实现资源变资产，资产变资金；第六，从监测层面来看，要不断完善和健全易地扶贫搬迁户及搬迁社区的动态监测机制，数据要避免成为“信息孤岛”，要做到“互联互通”，要建立易地扶贫搬迁户经济状况数据库，要做到连续跟踪、动态调整，力争做到因户施策、因需施策等。

参考文献

[1] 白永秀，宁启．易地扶贫搬迁机制体系研究［J］．西北大学学报(哲学社会科学版)，2018（4）．

[2] 国家发展改革委重大项目稽察办调研组．易地扶贫搬迁工程实施情况调研与思考［J］．宏观经济管理，2017（3）．

[3] 刘伟，黎洁．提升或损伤？易地扶贫搬迁对农户生计能力的影响

［J］．中国农业大学学报，2019（3）．

［4］龙彦亦，刘小珉．易地扶贫搬迁政策的生计空间视角解读［J］．求索，2019（1）．

［5］马良灿，黄玮攀，杨钦．易地扶贫搬迁过程中多元主体间的利益分化与关系重组——以巴村为例［J］．中州学刊，2018（2）．

［6］覃燕．广西大化县生态移民可持续生计研究［D］．广西大学，2017.

［7］吴尚谦．易地搬迁农村家庭发展能力的影响因素研究——基于唐崖土司城址搬迁家庭的数据调查分析［D］．湖北民族学院，2018.

［8］王龙．易地扶贫搬迁新型社区旅游开发与乡村振兴协同发展研究——以贵州海坪千户彝寨为例［D］．贵州大学，2018.

［9］王维康．小额农贷对精准脱贫的作用研究——基于国内外典型案例分析［D］．湘潭大学，2017.

［10］何得桂，著．摆脱贫困　记述陕西易地扶贫搬迁［M］．北京：知识产权出版社，2018.

［11］何玲玲，吕翠丽．易地扶贫搬迁与搬迁人口市民化耦合研究　广西少数民族聚居地区的实践表述［M］．北京：经济科学出版社，2018.

［12］贵州易地扶贫搬迁："搬得出"走向"稳得住""能致富"［EB/OL］．https：//baijiahao. baidu. com/s? id = 1627316405194840777&wfr = spider&for=pc.

［13］贵州省决定：把易地扶贫搬迁工作的重心转移到"后续扶持"［EB/OL］．http：//www. sohu. com/a/297266595_ 477253.

［14］贵州易地扶贫搬迁走新路获双赢［EB/OL］．http：//www. gov. cn/xinwen/2019-07/12/content_ 5408645. htm.

［15］贵州易地扶贫搬迁累计搬迁入住132万人［EB/OL］．http：//www. xinhuanet. com//city/2019-02/25/c_ 1210067118. htm.

［16］可持续生计［EB/OL］．https：//wiki. mbalib. com/wiki/Sustainable_ Livelihoods.

［17］中国的易地扶贫搬迁政策［EB/OL］．http：//www. ndrc. gov. cn/gzdt/201803/t20180330_ 881743. html.

B.13 普安县易地扶贫搬迁新市民居住区社会治理研究

李顺红 刘 平 史 倩[①]

摘要： 易地扶贫搬迁是以习近平同志为核心的党中央作出的重大战略决策，是全面打赢脱贫攻坚战的重大举措。普安县委、县政府坚决按照中央、省、州决策部署，对标对表易地扶贫搬迁住房条件相对较差，愿意参加易地扶贫搬迁的农村建档立卡贫困人口；生产资源相对较少，靠就地就近从事劳动生产难以脱贫的农村建档立卡贫困人口；生活在地质灾害多发区、隐患区，愿意通过易地搬迁避险和脱贫的农村建档立卡贫困人口等要求，采取有力措施狠抓易地扶贫搬迁工作，全面高质量完成了3.5万余人的搬迁任务，脱贫攻坚工作顺利通过了省、州考核评估验收。但如何持续巩固好易地扶贫搬迁后续工作，进一步加快推进易地扶贫搬迁新市民居住区社会治理，实现搬迁农户快融入、稳得住、能致富的目标，是当前摆在我们面前的一个重要课题。笔者一行通过深入调研，形成本调研报告供读者参考。

关键词： 易地扶贫搬迁　新市民居住区　社会治理

引 言

2015年11月27日，习近平总书记在中央扶贫工作会议上发表重要讲话，脱贫攻坚的冲锋号已经吹响，我们要立下愚公移山志，咬定目标、苦干实干，坚决打赢脱贫攻坚战，确保到2020年所有贫困地区和贫困人口一

① 李顺红，中共普安县委党校中级讲师；刘平，中共普安县委政法委副书记；史倩，中共普安县委党校中级讲师。

道迈入小康社会。全县各级各部门紧跟中央、省、州步伐，咬定目标，落实举措，超前谋划，超凡规划，高质量完成了全县“十三五”易地扶贫搬迁目标任务。为进一步做好全县易地扶贫搬迁产业重建、就业重置、环境融入、社会治理等后续工作，事关脱贫攻坚工作大局，事关全面建成小康社会目标任务。全县各级各部门要进一步提高政治站位，深刻把握做好易地扶贫搬迁后续扶持工作的重大意义，按照中央和省、州的部署要求，扎实做好搬迁“后半篇文章”，不断提高易地扶贫搬迁工作质量，大力提升搬迁群众的获得感、幸福感、安全感，确保脱贫攻坚成果经得起历史和人民的检验。

一、普安县易地扶贫搬迁基本概况

（一）普安县基本情况

普安县位于黔西南州西北部，全县土地面积 1454 平方千米，下辖 14 个乡镇（街道）、96 个村（社区）、1319 个村民小组，总人口 35.42 万，少数民族占总人口的 28%。其中，农村人口 27.88 万，建档立卡贫困人口 8.2569 万；精准识别搬迁 7610 户 35399 人，跨区域搬迁 22151 人，县内搬迁 13248 人。搬迁对象涉及全县 14 个乡镇（街道）89 个村（社区），涉及整体搬迁自然村寨 385 个（县内安置 261 个）。为确保搬迁工作有序推进，结合全县实际，采取政府统规统建、集中安置的方式在县内规划建设惠民小区、西城区龙溪石砚小镇、东城区布依茶源小镇 3 个安置区，跨区域搬迁由黔西南州兴义市新建 5 个安置点。按照分年度实施搬迁的总要求，县易地扶贫搬迁指挥部办公室统筹各乡镇（街道）及涉及部门进驻安置点组建服务队伍，为搬迁群众做好看房选房、搬迁入住、车辆接送等搬迁服务，有序组织搬迁对象如期搬入安置区，同步设立新市民服务中心为搬迁新市民做好后续保障服务，确保搬迁群众稳定入住。

（二）搬迁的必要性

普安县实施易地扶贫搬迁的必要性主要有三个方面。第一，实施易地扶贫搬迁，是解决地处边远、基础设施落后的“一方水土养不起一方人”

地区贫困问题的现实选择。因受其边远的地理位置、恶劣的自然环境和长期堆积而成的各种社会与经济问题的制约，靠开发基本农田、建设经济林、发展养殖业等常规的扶贫开发措施，财力、物力投入较大，但实际扶贫效果并不理想。第二，易地扶贫搬迁对消除贫困和整个社会发展都有效益。实施易地扶贫搬迁是一项投资少、见效快的精准扶贫、精准脱贫好措施；实施易地扶贫搬迁是一条让贫困户摆脱贫困、奔向小康的捷径，把投入这些山村改善各类基础设施的投资和扶贫资金集中用到移民搬迁项目上，短期内就可使贫困群众彻底改变生产和生活环境，尽快解决温饱问题，靠自己的劳动脱贫致富。第三，实施易地扶贫搬迁有利于山区的生态建设，有利于村级管理和节省行政开支，有利于农村人口、社会治安、社区环境等综合治理，使行政管理的难度大大降低，易于发挥更好的管理效能。

（三）圆满完成搬迁入住任务

根据《贵州省易地扶贫搬迁工程建设指挥部关于调整下达贵州省“十三五”易地扶贫搬迁项目和计划任务的通知》（黔迁指发〔2018〕20号）文件，普安县“十三五”时期易地扶贫搬迁规划实施7675户35399人（其中贫困人口5275户24052人）。截至2019年6月19日，如期全面完成“十三五”易地扶贫搬迁35399人目标任务，后期按照“退一补一”的要求实行动态管理，目前搬迁入住7610户35399人（其中贫困人口5469户25351人）。其中：2016年度惠民小区搬迁入住383户1550人（其中贫困人口331户1331人）、布依茶源小镇纳茶小区搬迁入住608户2855人（其中贫困人口447户2061人）、兴义市木贾物流城搬迁入住50户325人（其中贫困人口31户212人）、兴义市酒金教育城一期搬迁入住662户2946人（其中贫困人口579户2575人）；2017年布依茶源小镇一期搬迁入住1292户6238人（其中贫困人口971户4745人）、兴义市酒金教育城二期搬迁入住1336户5904人（其中贫困人口1082户4804人）、兴义市酒金教育城康家坪搬迁入住527户2511人（其中贫困人口440户2097人）、兴义市浙兴商贸城马岭搬迁入住601户2766人（其中贫困人口526户2415人）；2018年布依茶源小镇二期搬迁入住916户4571人（其中贫困人口417户2097

人）、西城区龙溪石砚小镇搬迁入住 1235 户 5733 人（其中贫困人口 645 户 3014 人）。

（四）脱贫目标完成情况

普安县 5 个易地扶贫搬迁集中安置点全部通过质量安全验收和竣工验收并投入使用，全面完成“十三五”易地扶贫搬迁 7610 户 35399 人搬迁任务，实现稳定入住。搬迁群众应拆除全部旧房并复垦复绿，完成率 100%，全部验收合格，有劳动力家庭“零就业”全部动态清零，实现有劳动力家庭“一户一就业”目标。安置区新建 6 所学校，就学条件改善率 100%；后续发展“五个体系”基本建成并取得阶段性成效，后续扶持转入巩固提升阶段。通过“易地扶贫搬迁脱贫一批”实现县内建档立卡贫困人口 24270 人脱贫，其中县内搬迁已脱贫建档立卡人口 12633 人，县内搬迁建档立卡贫困人口脱贫率 95. 36%。针对尚未达到脱贫标准的 1081 人搬迁建档立卡贫困人口，建立“一户一策”脱贫台账，按照脱贫攻坚及“四个不摘”工作要求，逐户分类精准施策，根据《贵州省扶贫对象精准识别和精准退出程序管理暂行办法》文件规定，围绕“一达标两不愁三保障”标准，落实相关帮扶措施，确保如期实现脱贫。

全县认真贯彻落实中央、省、州决策部署，始终坚持以脱贫攻坚统揽经济社会发展全局，坚持精准扶贫、精准脱贫基本方略，狠抓“三个”落实，全县干部群众苦干实干、超常奋斗，实现 44 个贫困村全部出列，累计脱贫 17766 户 77866 人，2019 年底贫困人口降至 1714 户 4703 人，贫困发生率下降到 1. 5%。2020 年 3 月 3 日，经贵州省人民政府公示，普安县成功脱贫摘帽，退出贫困县序列。2020 年 6 月，全县实现了所有贫困人口清零的目标，脱贫攻坚工作取得了决定性的胜利。

（五）新市民社区社会治理和融入情况

一是完善了警务室建设。按照“一厅三室”〔即应急值守大厅、治安共商（纠纷调解）室、视频监控室、警务备勤室〕标准化、规范化建设警务室 3 个，配备警务人员近 30 人，借鉴警务助力管理模式的“八大员”

执行“八大责”，实行网格长统领网格员制，推动新市民居住区人防运用网格化管理。在新市民居住区警务室设立户籍业务办理窗口，实现群众“一站式”户籍业务办理，累计受理新市民居住证20947个、办理户口迁移13489人。

二是完善了智能安防系统建设。东城区布依茶源小镇、西城区龙溪石砚小镇完成“135”智能安防系统建设并投入使用，构建完善新市民居住区技术防控网络，保障新市民居住区安全。

三是完善了消防服务建设。在各新市民社区建立微型消防站，对纳茶社区、龙溪石砚小镇配置了消防固定宣传栏、消防员日常防护装备、疏散应急器材、手抬机动泵、消防摩托车等灭火器材；明确专职消防员并对其进行专业培训后到岗，认真落实消防安全自查机制，定期组织演练，提高自防自救能力，真正做到防患于未然；把基层网格力量拓展为三大员（新市民居住区“消防协管员”、火灾隐患排查信息“采集员”和消防安全教育“宣传员”），按照责任落实100%、排查单位100%、火患整改100%、宣传培训100%的“4个100%”要求，并定期开放社区体验馆，做好新市民居住区的火灾防控工作。

四是完善了公共法律服务建设。由公、检、法、司联合党支部牵头，组建治安共商调解工作队伍，采取分类调解、集中调解、上门调解、巡视调解和思想疏导等方式，实时就地化解新市民之间的矛盾纠纷；设立公共法律服务大厅，由公、检、法、司等部门的法律工作人员在窗口提供法律咨询等基层公共法律服务。

五是完善了群团组织建设。在新市民居住区建设工、青、妇等群团组织6个，实现群团组织建设全覆盖，创新服务载体，创建“老年日间照料中心”“四点半学校”，保障儿童和老年人权益。

六是完善了社区管理制度。建立完善了居务公开制度和民主监督制度，推动新市民社区网格化管理，成立惠民社区、龙溪社区、甬安社区、纳茶社区、斗弹达吟社区和纳利社区6个居民委员会，县内新市民居住区的6个社区居民委员会和居务监督委员会全部选举成立。

七是有效落实民政救助政策。制定《普安县民政局加强低保与易地扶贫搬迁衔接工作制度》，从资格条件、保障标准、工作程序、动态管理等方面作了明确规定。同时，印制约1000份易地扶贫搬迁社会救助兜底保障工作宣传手册发放到各安置点，加强“农转城”政策宣传和工作落实。按照“三环节、十步骤”工作程序和“应纳尽纳、按标施保、应转尽转”的原则，将符合条件的易地扶贫搬迁困难群众1446户4632人纳入城市最低生活保障，2020年1—10月共发放城市低保金927.66万元。2020年1—9月，开展临时救助117户，发放资金40.46万元，充分发挥临时救助“救急难”功能，有效防止搬迁群众临时性原因致贫返贫。

二、普安县易地扶贫搬迁采取的主要措施和做法

全县各级各部门坚决按照中央、省、州易地扶贫搬迁系列决策部署，咬定目标任务，克服一切困难，采取有力有效措施，确保按时高质量打赢脱贫攻坚战。

（一）建立完善工作体系，强化组织保障

为加强组织领导，全面统筹推进全县易地扶贫搬迁工作，扎实推进后续服务保障有效实施，结合工作需要，成立了县易地扶贫搬迁工作领导小组（工程建设指挥部）、县新市民计划推进工作领导小组和县推进“五个体系”建设工作领导小组，县委书记、县长担任双组长，县委副书记、县政府分管副县长担任执行组长具体推进工作落实，县委、县人大、县政府、县政协有关领导全力参与，形成了强有力的组织保障。

（二）科学制订工作方案，强化组织实施

为有效推进各项工作落实，确保工作实效，制订了《2018年度易地扶贫搬迁工作包保方案》《普安县易地扶贫搬迁工作巩固提升方案》《普安县易地扶贫搬迁“五个体系”新市民计划推进攻坚方案》《普安县易地扶贫搬迁拆旧复垦复绿包保工作方案》等文件，明确了工作目标任务、总体思路、工作措施、方法步骤和工作要求，为易地扶贫搬迁及后续扶持等工作提供了政策保障。

（三） 建立健全调度机制，强化督导推动

成立督导组，压紧压实各级各部门责任到村到户，建立县、乡、村三级调度协调机制，定期或不定期调度研判，全面攻克工作中存在的问题或困难；集中搬迁期间，组建安置点搬迁服务工作队进驻安置点服务站统筹、组织群众搬迁入住，做好搬迁服务，确保有序搬迁；县领导深入村（社区）调研，针对任务繁重、工作推进滞后的乡镇（街道），成立易地扶贫搬迁工作专项督战队常驻乡镇开展督战工作，以督促战，与乡镇共同研究解决措施，确保了搬迁工作高效推进。

（四） 强化对标落实

普安县紧扣《集中安置区自查验收表》和《县级自查验收表》中 142 项评估核查指标，尤其是 7 个“一票否决”指标和 8 个多项综合评价否决指标，组织相关部门进行了大排查大摸底，对可能出现的薄弱环节进行全面梳理、排查，按照“缺什么补什么”的要求，督促涉及部门按行业规范及时完善，对排查出的问题立即整改销号。

（五） 健全工作机制

通过制定重点工作提示、工作任务清单、专项督办函等文件，组织业务培训，成立督导组开展督查指导等方式，压紧压实各级各部门责任到村到户，建立县、乡、村三级调度协调机制，定期调度研判，全面攻克工作中存在的问题或困难。同时，县领导深入村（社区）调研，针对任务繁重、工作推进滞后的乡镇（街道），成立易地扶贫搬迁工作专项督战队常驻乡镇开展督战工作，以督促战，与乡镇共同研究解决措施，督促指导乡镇扎实推进易地扶贫搬迁各项工作。

（六） 以“特色小镇”为依托，建设乐居家园

坚持把易地扶贫搬迁安置区作为集城区、商贸区、工业园区于一体的特色小镇打造，让安置区成为搬迁群众的幸福新家园。按照城镇化带动、

以产定搬的原则，组织3个调研组，分南、北、中三线逐村逐寨召开群众共商会，广泛征求搬迁群众意见建议，提炼具有代表性的民族、文化、风俗、建筑等元素，融入规划。充分考虑地质条件、区位交通、基础配套、产业发展、群众意愿等因素，注重易地扶贫搬迁与茶文化、工艺文化和县城拓展、新型城镇化、乡村旅游等相结合，突出地域特色和人文特色，县东城区布依茶源小镇以“茶旅+”为主题进行打造，突出“茶”和“布依”两大元素，遵循“道法自然、天人合一”理念，以茶为魂，打造“茶之源”“茶之道”。在新市民居住区，以红茶的始祖布依福娘为形象修建了“福娘阁”，结合中原农耕文化修建了“神农祠”，根据布依族小打音乐文化专门建设了“斗弹达呤”广场，尊重苗族同胞“转场”习俗，专门建设了“转场”场地。按照第一、第二、第三产业融合发展进行规划布局，将东城区布依茶源小镇一层规划建设为商铺或作坊，二层规划建设为围院式组合空间民宿院落，三层以上规划建设为易地搬迁安置用房，同步建设学校、卫生服务中心、中医馆、国医馆、世界茶源文化广场、自行车主题公园等公共服务设施。充分利用工业园区、产业园区、门面商铺、国际山地自行车赛道、世界茶源谷景区等资源，推动三产同步实施，促进“产”“城”“景”深度融合发展。

（七）以“产业就业”为载体，推动群众致富

在实现一户一人就业的基础上，推动“产业入区、就业入户”，实现产业和就业全覆盖，逐步实现“3人劳动力家庭2人就业、4人以上劳动力家庭3人以上就业”目标，让搬迁群众增收致富。以“龙头企业+合作社+搬迁户”的方式，引导新市民通过土地入股合作社的方式盘活林地、耕地、宅基地“三块地”资源发展种养业，增加土地资源收益。鼓励种养殖大户实施易地产业扶贫，采取土地流转、产业带动、入股分红、就近劳务等方式带动1000余户新市民增产增收。积极创新推广“龙头企业+扶贫车间+合作社+居家就业”模式，以“绣娘合作社”“锦绣坊”为依托，引导才华手袋厂、中青铭玩动漫公司等企业建设“扶贫车间”，带动新市民自主创业。通过实施“新市民·追梦桥”行动，整合工青妇等群团资源，

发挥职能优势，引导、鼓励、支持部分搬迁群众在新市民居住区创业就业，持续稳定增加收入。通过大力实施“六个一批”行动，在新市民社区服务中心设立就业服务窗口，搭建就业平台，拓宽就业渠道，推动新市民就业 10810 人，实现了搬迁群众有劳动力家庭一户一人以上就业目标。

第一，园区解决就业一批。引进才华手袋厂、警用服装厂等近 20 家企业入驻东城区布依茶源小镇双创产业园，解决一批搬迁新市民就近就业。

第二，茶产业解决就业一批。通过整合新市民居住区周边茶山、失管茶园管理、茶青采摘和制茶等解决就业一批。

第三，活跃市场解决就业一批。通过盘活门面、商铺、农贸市场等资产资源，带动搬迁新市民 200 余人就近创业就业。

第四，文旅互动解决就业一批。通过举办自行车赛事、山地旅游等带动周边群众和易地扶贫搬迁户开办餐饮业、农家乐、民宿等解决就业近 100 人。

第五，公益性岗位解决就业一批。结合搬迁群众劳动力结构和就业意愿，合理开发公共服务岗位解决搬迁新市民就业 200 余人。

第六，劳务输出解决就业一批。依托东西部扶贫协作和公安部定点帮扶，积极组织劳务输出解决搬迁一批新市民就业；切实发挥新市民社区就业服务平台优势，点对点推荐新市民就业。

第七，强化安置区综治警务中心建设。完成江西坡镇纳茶社区、南湖街道办惠民社区、西城区龙溪石砚社区 3 个移民搬迁点综治警务中心规范化建设工作，从县法院、县检察院、县司法局、县公安局、江西坡镇、南湖街道、九峰街道综治办各抽调 1 人到综治警务中心做好群众来信来访接待、一般性矛盾纠纷调处化解等工作，为新市民计划有序推进提供良好的治安环境。

第八，建强“五员队伍”。发展“五员队伍”107 人（其中，公共服务员 42 人、就业指导员 9 人、文化服务员 15 人、社会治理员 29 人、党建指导员 12 人），充分发挥“五员队伍”作用，为新市民提供政策宣传、文明劝导、治安巡逻、法律援助、扶贫帮困、邻里守望等即时化、多元化服务。

第九，抓基本公共服务，尽力满足搬迁群众需求。基础设施配套建设方面：完成5个安置点道路硬化面积221746.1平方米，道路覆盖率100%；完成安置点绿化亮化面积280120.69平方米，绿化亮化率100%；完成安置点排污（水）安装工程29.162千米，垃圾转运处理配套设施完善，完成率100%；完成安置点供水安装26.335千米，安全饮水到户4434户，到户率100%；完成安置点供电线路安装129.4846千米，生活用电到户4434户，安装使用率100%；完成安置点广播电视、通信网络到户4434户，覆盖率100%。

基本教育保障方面：新建公办学校6所（其中，幼儿园2所、小学2所、中学2所），可保障5000余名学生就学，充分保障新市民适龄子女入学。搬迁贫困人口义务教育阶段学生就学条件改善2811户，就学条件改善率100%。基本医疗保障方面：县内各安置区建成3个规范化新市民医疗卫生机构，标准配备有证医师20人，有证护士医务人员11人，公共卫生人员20人，各类常规医疗设备115件，就医条件改善率100%。后续服务保障方面：各新市民居住区均设立便民利民服务中心及新市民社区管理服务中心，设立低保、养老、就业、就学等服务窗口；搬迁贫困人口中参加基本合作医疗保险12842人，参保率100%；参加基本养老保险9210人，参保率100%；享受低保政策3999人，特困供养4人，社会兜底保障覆盖率100%。在新市民居住区，实现多彩贵州“广电云”全覆盖；惠民小区、龙溪石砚小镇安置点开通公交专线车，新市民出行更加方便；同步完善快递、酒店、餐饮、店铺、活动广场、集贸市场等公共服务建设，满足新市民多样化的生活需求。产业发展和就业方面：坚持以“一红一白”为主导产业，多种特色产业同步推动覆盖安置区，大力实施“六个一批”“居家就业”“锦绣计划”行动等举措，围绕工业园区、产业园区等入驻企业深度挖掘就业岗位，大力建设扶贫车间，推动三产融合发展，多渠道带动搬迁群众就业。目前，县内搬迁4434户20947人，有效劳动力家庭4360户11224人（其中建档立卡贫困劳动力家庭2682户6931人），已实现就业4360户10810人（其中，县内就业5723人，县外省内就业733人，省外就业4354人），全面消除零就业家庭，实现了搬迁群众有劳动力家庭“一户一人”就业目标。

（八）强化新市民居住区社会治理

针对新市民居住区“矛盾纠纷多、治安风险较大和办证服务集中”等突出问题和服务需求，根据治安复杂情况，将社区划分区域分“色”进行管理，由社区民警、警务助理、老党员、楼长、户长等人员组成网格管理员对区域进行管理，每月组织网格管理员进行培训和召开治安共商、形势分析会。网格员认真履行八大工作职责（掌握社情民意、采集基础信息、矛盾纠纷化解、协助管理实有人口、协助交通管理和消防管理、组织巡逻防范、提供违法犯罪线索、服务人民群众），最终成为八大员（情报信息收集员、法制宣传员、矛盾纠纷调解员、群众服务员、交通管理员、义务帮助救助员、消防监督员、社会治安管理员），综合运用扁平化、精细化、信息化的管理模式扎实抓好新市民居住区的各项安全稳定工作。对疑难案件和网格员无法化解的矛盾纠纷，为其提供法律援助或引导走法律程序。结合实际制订下发了普安县加快推进新市民居住区社会治理等工作方案，严格按照文件要求抓好各类矛盾纠纷的排查调处工作，共排查家庭纠纷、邻里纠纷、经济纠纷、土地纠纷等矛盾问题 252 件，化解 252 件，进一步推动了新市民居住区各项工作的深入开展，搬迁群众的获得感、幸福感、安全感持续增强，为全面推进新市民社区社会治理奠定了坚实基础。

三、易地扶贫搬迁新市民居住区社会治理存在的问题

普安县易地扶贫搬迁新市民居住区社会治理工作虽然取得一定的成效，但也存在一些困难和问题。主要表现在：一是基础设施建设还不够完善，住房、道路交通、饮水等保障方面还存在一些短板弱项；二是教育、医疗等民生问题比较薄弱，设施设备不够完善，功能发挥有待进一步加强；三是产业形式单一，全县上下虽大力推行“一红一白”（普安红茶和长毛兔）产业，但离搬迁群众的需求还有一定的差距；四是综治中心规范化建设、实体化运行存在一定的困难，矛盾纠纷排查化解不够彻底；五是社会治理安全防范设施投入力度不够，人防、物防、技防设施不能适应当前工作需要，社会治理手段较为单一。

四、加快推进易地扶贫搬迁新市民居住区社会治理工作的几点思考

2019 年 12 月，全省易地扶贫搬迁安置区社会治理工作现场观摩会在黔西南州举行，省委常委、省委政法委书记时光辉出席会议并讲话。此次会议既是全省易地扶贫搬迁安置区社会治理工作现场观摩会，又是深入贯彻落实中央和省委关于加快推进社会治理现代化决策部署的一次专题会。会议要求要坚持以习近平新时代中国特色社会主义思想为指导，深入贯彻落实党的十九届四中全会和省委十二届六次全会精神，以易地扶贫搬迁安置区社会治理为切入点，坚持整市（州）、整县推进的工作思路，融会贯通、举一反三，不断提升社会治理现代化水平，努力把贵州建成全国最平安的省份之一。这次会议精神为我们加快推进新市民社区社会治理指明了方向，提供了根本遵循。我们要立足普安实际，进一步提高政治站位，牢牢把握推进社会治理现代化对全县经济社会发展的重大意义，充分认识加快推进社会治理现代化是贯彻落实中央、省、州决策部署的根本要求，是保障普安县经济社会持续健康发展的根本需求，对有效防范化解重大风险，做好易地扶贫搬迁后续保障工作具有重大而深远的意义。

（一）充分发挥基层党建的先锋模范作用

以提升组织力为重点、突出政治功能，深入推进新市民社区党的组织体系建设，充分发挥组织优势，引领新市民感恩奋进，为易地扶贫搬迁后续工作提供坚强组织保障。

一是健全组织体系。结合搬迁规模，按照省政府批复，2019 年 8 月 16 日挂牌成立茶源街道和九峰街道。着力配齐配强茶源街道 10 名、九峰街道 9 名领导班子成员，分别核定行政编制 20 名、机关工勤编制 5 名、事业编制 70 名；在布依茶源小镇新市民社区党总支和龙溪新市民社区党总支分别设书记 1 名、副书记 1 名、委员 3 名，管理中心设主任 1 名、副主任 2 名。目前，已从相关乡镇（街道）划转 109 名同志到新设街道工作。

二是健全基层组织。坚持以党组织建设引领各类基层党组织建设，健

全组织体系建设，采取单独建、流动建、联合建等方式推进3个安置区党组织建设。成立街道党工委2个，设立党总支3个、党支部7个，设立新市民追梦桥联合党支部3个，实现党的组织和党的工作全覆盖。

三是完善工作机制。构建县、乡、社区、居民小组四级联动的新市民社区党建工作协调沟通机制，定期不定期研究解决社区党建工作和基层治理问题；实施"1+1"包保机制（即1个县级领导+1个县委组织部领导包保1个新市民居住区），实现包保全覆盖；建立搬出地、搬入地联建机制，实现新市民社区共享、共建。规范"三会一课"、组织生活会、民主评议党员、主题党日等制度。

四是建强"五员队伍"。根据省州有关工作要求，整合力量，建立建强"五员队伍"，充分发挥作用，为搬迁新市民提供政策宣传、文明劝导、治安巡逻、法律援助、扶贫帮困、邻里守望等即时化、多元化服务。目前，已配备"五员队伍"107人，其中，党建指导员12人、公共服务员42人、就业指导员9人、文化服务员15人、社会治理员29人。

五是拓展服务阵地。依托"500米党员服务圈"，以楼宇为单元指派1名党员为网格楼长，下设若干个网格户长，组织党员开展主题党日、夜谈议事等活动，细化新市民服务管理工作。同时，将部分楼长或户长的家建成网格"党员议事站"，并作为新市民固定的议事活动场所，采取"网格夜谈议事、网格公开办事"形式，用心用情做好服务新市民工作，把"党员议事站"延伸为凝聚党员群众谋发展的"民意站"。目前，共在3个易地搬迁安置点指派网格楼（户）长192名，设立"党员议事站"7个。

六是夯实活动阵地。按照严肃大方和突出政治功能、党建元素的原则，结合民族特色、地域特点，在茶源街道纳茶小区建成400平方米的新市民社区"党员之家"，在南湖街道惠民社区建设800余平方米的党员活动中心，在九峰街道龙溪新市民社区建设党员活动室。同时，在安置区设立"妇女之家""平安成长之家""青春课堂""文艺乐园"等，拓展服务领域、丰富文娱活动，促进和谐发展。

七是强化服务保障。进一步解构细化公共服务清单、便民服务清单、党建工作清单，对所属党支部及其他组织职责进行"清单化"管理，不断提高新市民社区服务能力和水平。

（二）立足实际，科学谋划好易地扶贫搬迁新市民居住区社会治理工作

全县各级各部门要按照中央、省、州部署科学谋划普安县社会治理现代化的目标任务，把牢正确方向，谋划推进各项社会治理工作，确保社会治理正确的政治方向，确保国家安全、社会安定、人民安宁。要把易地扶贫搬迁新市民居住区社会治理工作同步纳入平安普安建设同安排、同部署、同落实，围绕不断提升人民群众的获得感、幸福感、安全感来谋划推进社会治理工作，紧紧抓住重点，精准把握推进社会治理现代化的关键环节，牢固树立科学理念，善于运用先进的理念、科学的态度、专业的方法、精细的标准提升社会治理现代化水平。

一是始终坚持以人民为中心，着力解决好人民群众最关心最关注最关切的社会治理问题。县属有关部门要紧紧围绕影响新市民居住区突出矛盾问题，逐一排查，建立台账，分类化解。重点对影响搬迁群众衣食住行、家庭邻里纠纷、婚恋纠纷、土地山林纠纷、教育医疗纠纷等开展排查，属地街道组建工作专班，涉及县属部门密切配合，对能化解的一般矛盾纠纷及时化解，一时不能化解的承诺化解时限，重大突出的明确包案领导组织化解，实现矛盾纠纷增量不增、存量清零的目标。

二是创新完善社会治理体制机制，最大限度激发新市民居住区社会治理活力。进一步建立健全易地扶贫搬迁新市民居住区矛盾纠纷排查调处机制、加强新市民居住区社会治理工作机制等体制机制建设，不断完善矛盾纠纷排查调处和社会治理方法手段，全面提升社会治理社会化、法治化、智能化、专业化水平。

三是进一步夯实基层基础，进一步提升新市民居住区社会治理能力。要进一步加大人力、物力的投入力度，算好“民生账”“民心账”“平安账”“稳定账”，不断夯实社会治理稳固根基。要注重实践实效，在工作实践中不断探索创新提升社会治理现代化水平。全县政法机关要切实履行好党和人民赋予的职责使命，扎实抓好社会治理各项重点工作，坚决扛起确

保国家政治安全、维护社会大局稳定、促进社会公平正义、保障人民安居乐业的重大政治责任，为新市民居住区经济社会平稳发展创造良好的环境。

（三）进一步“织密四网”，不断提升新市民居住区社会治理新水平

普安县各个易地扶贫搬迁点新市民居住区要突出党建引领，以标准化建设为统领，运用体系化思维，借鉴工程化方法，织密“四张保障网”，形成规范化、科学化、精益化的治理体制，让贫困群众真正快融入、能致富，成为新市民。

一是进一步织密组织保障网，让新市民有归属感。2019 年 8 月 16 日挂牌成立茶源街道和九峰街道，成立街道党工委 2 个，设立党总支 3 个、党支部 7 个，设立新市民追梦桥联合党支部 3 个，实现党的组织和党的工作全覆盖。制订《普安县新市民社区组织管理方案》，设立新市民管理服务中心，配备领导干部，建立党建引领、社会参与、优化服务“三位一体”共治共管体系。探索“党支部+网格”模式，实现“一网格一党支部”，以楼栋为单元实行网格化管理。创建“一站双网”工作法，将部分网格党支部书记家作为“党员议事站”，采取“网格夜谈议事、网格公开办事”形式，使网格“党员议事站”成为发挥党员作用的“红色枢纽”，实现信息在一线掌握、服务在一线到位、责任在一线落实、问题在一线解决，打造新市民身边的“全能管家”。目前，共在 3 个易地搬迁安置点指派网格楼（户）长 192 名，设立“党员议事站”7 个。

二是进一步织密平安保障网，让新市民有安全感。紧扣警务实战和便民需求，在新市民社区建设“一厅三室”警务室，配备专职民警、辅警和警务助理，通过充分运用当前现有科技手段，创新技术方法支撑基层警务关键环节，改进警务工作模式，提升了派出所指挥调度效能和处警水平。建立“135”智能安防系统，实现新市民居住区安防全覆盖，全天候开展治安巡控和安全防范，提升新市民的安全感和满意度。以警务室为依托，全面强化社会治安综合治理，定期对消防站工作人员进行培训，指导开展

消防检查、消防演练工作，及时将各类信息与民警共享，全面提升防火、灭火能力，新市民安全更有保障。

三是进一步织密服务保障网，让新市民有获得感。新建6所学校，可提供5000余个学位，调配327名教师，整合安置区周边教育资源，完全满足搬迁户适龄子女就学需求；与镇海中学联合在县东城区实验学校开办了“镇海高中实验班”，让搬迁子女就近享受优质教育资源。配齐卫生服务中心、中医馆、国医馆医务人员，实现家庭医生签约全覆盖，不定期开展义诊活动，为搬迁新市民就近提供全面的医疗服务。县新市民计划“1+13”牵头部门和乡镇（街道）在新市民服务中心设立窗口办公，为搬迁新市民提供便利服务。

四是进一步织密服务管理网，让新市民有幸福感。新市民社区综合服务管理中心要结合各自搬迁点治安状况和复杂程度，对搬迁群众实行精细化、网格化管理。建立以楼栋为基础单元格，以社区为一级网格、街道为二级网格的“居委会+网格+楼栋”的网格化纵向服务管理层级体系，每个网格配备“一长两员”（网格长、管理员和信息员），结合搬迁户家庭情况，实行三色分类服务管理。将一、二级残疾，社区服刑和独居高龄老人等群体划分为一类家庭，实行红色标注，建立社区干部、行业服务人员和帮扶干部“3+1”周见面机制；将留守儿童、留守老人、自身发展动力不足，三、四级残疾等群体划分为二类家庭，实行橙色标注，建立社区干部、帮扶干部“2+1”月见面机制；其余常住家庭划分为三类家庭，实行蓝色标注，建立社区干部“1+1”季度见面机制。全面落实包服务、包就业、包法治宣讲、包素质提升、包解决困难、包纠纷调解的“六包”机制，联合县残联、民政、卫健等部门就地开展就业服务，动员智障、残疾等特殊人员入企从事简单手工劳动，既减少了搬迁家庭照顾他们的负担，又有效消除了此类人群因看护不力带来的安全稳定风险。

（四）进一步深入开展矛盾纠纷排查化解，全力消除新市民居住区矛盾纠纷风险隐患

各新市民居住区要充分结合实际，深入开展婚恋家庭、邻里、土地山

林、经济等矛盾纠纷的排查化解，切实解决搬迁群众反映的合理合法诉求，彻底消除搬迁群众的矛盾隐患。

一要全面深入排查从业人员矛盾纠纷。由新市民社区综合服务管理中心牵头，县属相关职能配合，对在社区内企业从业的人员进行全面排查，重点排查是否涉及重大利益矛盾、情感矛盾和心理问题，是否有吸毒史、犯罪前科，以及是否有酗酒、嗜赌等恶习，对排查出来的重点人员逐一登记建档，综治警务中心重点关注，一旦发生违法行为第一时间依法处置，确保稳定。

二要全面深入排查信访人员矛盾纠纷。对曾经有过信访诉求而没有得到彻底化解的人员进行全面排查，重点排查反映的合理诉求是否得到妥善化解，没有化解到位的合理诉求要进一步加大化解力度，力争在最短时限内化解到位。对一时化解有困难的合理诉求要积极争取上访人的支持，承诺化解时限，千方百计想办法化解。对无理取闹、信访不信法的要坚决依法处理，严防发生“破窗效应”，影响新市民居住区的发展稳定。

三要全面深入排查生产生活矛盾纠纷。对新市民居住区“夜间经济”、菜篮子安全、食品药品安全、环境影响、市场赶集等生产生活矛盾纠纷开展全面排查，重点排查夜间饮食、蔬菜买卖、食品药品经营、工程施工、赶集摆摊等矛盾纠纷，对确实影响搬迁农户生产生活的矛盾问题，要及时采取措施，尽快妥善解决，切实为居住区农户营造健康舒适的生产生活环境。

四要全面深入排查家庭邻里矛盾纠纷。对婚恋家庭纠纷、邻里纠纷、土地纠纷、水源纠纷、林地纠纷、赡养抚养纠纷、经济（债务）纠纷等开展全面排查，做到及时介入、立即上手、全力防范、彻底解决、不留隐患。对积怨较深、矛盾突出的，要主动靠前，积极上手，查明原因，找准症结，着力化解。做到个性问题因人施策，因事施策，因案施策。对脱贫攻坚搬迁政策不理解，抵触情绪较大的要成立工作专班，分户包干，动态跟踪，诚心诚意上门听取意见，耐心细致解答群众疑虑，切实为其解决实际困难，落实暖心举措，用真情打动，靠真心感化，确保问题圆满化解。对疑难问题要会商化解。要坚持重大疑难问题会商解决，协调多部门会商研判、集中攻坚，整合各方力量解决。要强化综治警务中心和行业主管部门高效协作的作用，重大涉法涉诉问题要依法依规办理，不能久拖不决，让搬迁群众更好地感受到公平正义，推动新市民居住区经济社会的和谐发展。

五要全面加强“三治”（自治、德治、法治）融合推动矛盾纠纷多元化解。要把社会治理与乡村振兴有机结合起来，全力打造自治、德治、法治相结合的乡村治理体系。以新市民居住区楼栋党员、治安积极分子为骨干组建一支自治队伍，以县政法机关为主组建一支专业法治队伍，以县工会、团委、妇联、残联、民政等部门为主组建一支德治队伍，全面落实新市民居住区矛盾纠纷多元化解协调联动机制，进一步搭建网格化服务管理、矛盾纠纷县、乡、村三级化解平台，实现社区调解组织覆盖率、矛盾纠纷调处成功率双提升。要大力开展社会治安联防、矛盾纠纷联调、突出问题联治、重点人员联管、平安社区联创、重点工作联动等活动，充分发挥“三治”力量的作用，建立健全社情民意收集员、矛盾纠纷调解员、治安防控巡逻员、信访问题疏导员、重点人群管理员、安全防范劝导员、法律法规宣传员、便民服务代办员、文明社区引领员、心理健康疏导员等队伍，做到矛盾问题在第一时间收集，矛盾纠纷在第一时间化解，各类矛盾隐患在第一时间消除。要进一步深化村民自治实践，激发人民群众参与自治的热情，充分发挥人民群众的主体作用，推动居住区矛盾纠纷的排查化解和其他工作有序推进。

（五）进一步加强社会治理，全力维护新市民居住区平安稳定

易地扶贫搬迁“搬得出”是战略举措，“能致富”是永恒课题，“稳得住”是长期任务。在易地扶贫搬迁后续服务工作中，要认真落实省、州“五个体系”建设总要求，牢牢抓住社会治理这个关键，进一步加强和创新社会治理，紧紧围绕系统化、社会化、精细化、法治化、智能化开展工作，全力维护新市民居住区平安稳定。

一要加强社会治理基础设施建设。县域内各搬迁点要进一步加强社会治理体系的建设，加大人力、物力、财力的投入力度，全面加强社区综治

警务中心规范化建设，在抓好人防、物防的基础上，进一步加大技防的投入，全面构建“一网统筹、事事入格”的全科网络服务管理体系，做到“天网 24 小时不眨眼”与“地面 24 小时不断人”紧密结合，形成以视频监控与报警为依托，以新的巡防警务机制为支撑，“空中有监控、地面有巡逻、出城有卡口、社区有联防”的全方位、立体式的社会治理防控体系。

二要强化重点人口和流动人口管理。要在各新市民居住区组建一支义务巡防队伍，由社区党组织统筹安排，依托“十大员”和社区民警适时开展重点人员摸排管控，按照底数清、情况明、责任实的要求，全面摸排可能危害新市民居住区社会稳定的重点人员，密切掌握其动向，落实属地包保责任和跟踪管控等工作，切实掌握其日常活动、经济收入、人员交往等情况，防止其在本辖区内从事违法犯罪活动。进一步加强对餐饮服务业、酒店业等的管理，逐一落实外来人员入住责任，及时掌握流入人口的入住情况，做到不漏管、不失控。建立宾馆、旅社住宿信息，网吧上网登记信息与综治警务中心联网或日报告制度，及时掌握流动人口信息，控制流窜犯罪，力争通过开展治安巡查及时发现藏匿在宾馆、旅社和网吧内的重点人员，严防发生刑事治安案件。

三要加强法治宣传教育。法治观念淡薄是导致民转刑、刑转命发生的根本原因，要通过有组织、有针对性地组织实施法律宣传、法律常识普及工作，提高群众法律素质，促进搬迁群众形成知法、守法、信法、用法的良好行为。认真落实“谁执法谁普法”责任制，强化部门普法工作责任，形成部门分工负责、各司其职、齐抓共管的普法工作格局，教育引导新市民居住区群众增强法治观念、养成守法习惯、善于依法维权。各居住区要充分结合各自实际，采取以案说法、巡回法庭、张贴宣传画、黑板报、召开群众会、赶集日宣传、少数民族传统节日宣传等形式，大力宣传《中华人民共和国刑法》《中华人民共和国刑事诉讼法》《中华人民共和国治安管理处罚法》《中华人民共和国民事诉讼法》和 2021 年 1 月 1 日正式施行的《中华人民共和国民法典》等法规，进一步增强搬迁群众的法律意识和法治观念，从根本上克服消极的内因，最终达到“标本兼治，重在治本”的目的。

四要完善社会治理体系建设。进一步建立城乡互动、多方联动的治安防控体系，从源头预防和减少刑事治安案件的发生。要强化巡逻防控，在新市民居住区完善“199”治安巡逻防控体系建设，在社区党组织的领导下，组织各种治安力量对集镇和其他重点部位开展巡逻防控，重点对居住区主、次干道和“两抢一盗”案件多发部位进行巡逻防控，增加社会面见警率，及时制止街面打架斗殴、持刀持械、寻衅滋事等违法行为，控制和震慑犯罪。在单位内部、商业网点和居民区内落实值班值守和应急防范措施，组织内部人员巡逻，压缩犯罪分子作案空间。完善社区警务工作运行机制，落实社区民警工作职责，整合社区治安力量加强安全防范，对易被违法犯罪分子利用，易发生打架斗殴、盗窃、抢劫等案件的部位和公共复杂场所加强控管，集中整治治安薄弱环节和治安混乱区域，最大限度地减少犯罪发生的概率。深入开展平安社区搭建活动，围绕开展“人人积小安，共建大平安”主题活动，以推进平安普安建设为总目标，以建设平安社区为切入点，群策群力，整体推动，确保新市民居住区社会治理现代化各项工作持续有序推进，真正做到“搬得出、稳得住、能致富”的目标，全面实现易地扶贫搬迁新市民居住区长治久安新局面。

B.14 普安县茶旅一体化产业发展实现路径研究

陈星灼[①]

摘要： 近年来，普安县的茶产业与旅游业发展势头正盛。截至2019年，普安县已经连续5年荣膺“全国重点产茶县”，“普安红茶”荣获农业农村部农特产品地理标志，正山堂·普安红（曦）荣获世界红茶产品质量金奖，“一红一白”产业在全省重大项目建设成果观摩片中闪亮登场、精彩亮相，高标准打造了南中北三线2万亩茶产业示范带，新植茶园3万亩，着力推动茶叶精深加工、夏秋茶下树，实现茶叶综合产值12.63亿元，带动10227户茶农增收。普安县依托其丰富的茶叶资源结合独特的生态环境与历史文化，在发展茶旅一体化产业上也取得不少成就，2019年普安茶文化生态旅游景区获批国家4A级旅游景区，通过拓宽茶文化生态核心景区旅游业态全年实现接待游客、旅游收入均增长30%以上。本研究主要从普安茶产业与旅游产业的发展现状入手，针对普安茶旅一体化存在的问题提出了对策建议。

关键词： 普安县　茶产业　旅游产业　一体化　对策建议

普安县位于贵州省西南部乌蒙山区，距黔西南州府兴义市89千米，普安蕴含“普天之下，芸芸众生，平安生息”之意。普安县总面积1454平方千米，平均海拔1400米，东经104°51′10″—105°09′24″，北纬25°18′31″—26°10′35″，具有“低纬度、高海拔、寡日照、多云雾、雨水足”等

① 陈星灼，贵州省农业科学院油菜研究所研究实习员。

得天独厚的茶叶生长条件，因而拥有丰富的茶叶资源。普安不仅茶资源多，还是茶树的原产地之一。20世纪80年代，在普安与晴隆交界的云头大山沈家箐发现的茶籽化石经中科院南京地质古生物研究所鉴定为四球茶茶籽化石。自此以后，普安的四球古茶树便逐渐享有了“茶中活化石”的美誉。2011年，普安县被中国茶叶流通协会授予“中国古茶树之乡”。普安全县共有古茶树2万多株，最长树龄达4800年。虽然普安的茶树很古老，但普安的茶产业却是日新月异。通过近几年茶产业的快速发展和茶叶高效农业示范园区的建设，普安县目前已有茶园12.6万亩，投产茶园面积达8.6万亩。普安的茶叶生长较慢，叶厚，芽叶内所含物质丰富、嫩性好，用这种芽叶加工的茶叶香高、味醇、韵长久。普安茶叶有机物质含量在2%以上，富含硒、锌等微量元素，已开发出“细寨银峰”“细寨雪芽”等品牌，享誉省内外。受气候环境的影响，普安茶叶开采时间为全国最早，素有“黔茶第一春”的美誉。如今普安县还在茶旅一体化产业上作出了积极有效的探索。

一、普安茶旅资源

（一）普安世界茶园谷景区

世界茶园谷景区位于普安县江西坡镇，是以茶产业为纽带结合普安当地独具特色的秀丽风景开发的景区。通过“以茶促旅、以旅兴茶”的可持续发展模式，已经在该景区建设了布依茶源小镇、世界茶源文化公园、国际自行车赛道以及森林温泉等茶旅一体化项目。茶源谷的建设旨在为旅客提供欣赏茶园风光、参与茶加工流程以及体验民俗文化，在大自然中运动养生的茶旅+康养基地是普安结合当地特色打造的农旅产业典型，目前茶园谷景区已申报通过了贵州省4A级旅游质量评审。

1. 布依茶源小镇

布依茶源小镇项目总投资75380.29万元，规划总用地36.61万平方米，总建筑面积20.24万平方米，建筑密度16.8%，容积率0.55%，绿地率43.7%，工程建设内容含安置住宅1064套，共计83980平方米，规划居住人口5000人，安置人员配套生产经营及商业用房101300平方米，20米市政配套道路1条、15米道路3条、12米道路1条。另设幼儿园、小学各1所，其社区及市政配套服务项目，室外水景观绿化广场等。茶文化和布依文化是布依茶源小镇的核心，小镇的楼房充分展现了布依族建筑的风格，漫步其间还能品尝布依美食，观赏布依族表演和特色手工艺品。小镇打造了神农祠、福娘阁、古茶春坞、清茶竹风、枫香染月等地标性景点，目前都已投入建设，其中清茶竹风现已建成使用。项目分二期建设，其中一期规划用地面积为153454平方米，总建筑面积为115117平方米，安置房屋572套，民宿572间；二期规划用地面积212649.7平方米，建筑面积87270平方米，安置房屋492套，民宿328间。目前已经完成一期建设任务，二期工程已规划建设。

2. 世界茶源文化公园

2016年投资8000万元，启动建设江西坡世界茶源文化公园，项目于2016年8月30日全面完成，建成集游客集散、旅游观光、节庆集会、茶文化体验、茗品等功能于一体的大型场地，现已全部投入使用。同时投资2.03亿元集休闲度假、康体养生于一体的水岸山居民宿酒店正在建设中。

3. 江西坡万亩茶场

江西坡万亩茶场集中连片分布在江西坡镇茶场社区、细寨村、联盟村等村寨，茶园地理分布呈梯田、八卦田等形状，茶园观赏性极强且风光秀美。目前已完成茶园茶山旅游观光车道、观光亭、服务站等基础建设。其中，最具代表性的茶神谷景点各项设施基本建设完成，具备景区建设要素要求。

4. 生态体育公园

按照全省到2020年以县为单位规划建设一个生态体育公园要求，拟规划建设自行车主题公园、国际山地自行车赛道、国家级山地自行车越野赛道、体育馆、水上娱乐体验等体育项目。2016年3月，普安县投资2.17亿元，全面完成75千米国际山地自行车赛道，其中包括18千米的绿道；投资2.45亿元的自行车主题公园正在建设。2017年已建成5千米的国家级山地自行车越野赛道，具备了举办国家级赛事的条件。

5. 普安森林温泉

森林温泉度假区由 SPA 水疗区、户外儿童戏水区、游泳池、森林静泡区、休闲娱乐区、休息大厅、电玩室、自助餐厅等组成，项目齐全，养生与休闲兼具，可同时容纳 1000 人温泉沐浴、休闲娱乐。同时还拥有 52 套各种房型的客房，如花园房、豪华套房、亲子房、情趣房、温泉单间、标间等，独具良好的视景效果，温馨舒适典雅，给游客独特的度假体验。温泉已于 2016 年 7 月建成，并投入使用。

（二）铜鼓山夜郎文化遗址

据《贵州通史》考证，夜郎文化中心似在普安县一带。迄今为止，普安县已发现 18 处夜郎遗址，其中的铜鼓山遗址，于 2013 年 5 月 5 日公布为全国文物保护单位，被认为是贵州境内经过正式发掘的唯一一处战国秦汉时期青铜冶铸遗址，具有重大的学术科研价值，不仅对探讨古夜郎文明提供了重要的实物资料，还可部分解决广泛流行于贵州西部、云南、广西甚至东南亚地区部分青铜器的产地问题，且这些青铜器造型和风格均具有明显地域特征，可能构成一个地域性考古学文化。这个地域性考古学文化，就是考古学意义上真正的夜郎文化，而非泛泛之谈的社会学意义上的夜郎文化。

（三）普安茶马古道

普安商贸文化，始于商周。商周时期，夜郎地区的交通虽然面临难以想象的艰难险阻，亦非“老死不相往来”般隔绝。在西南诸部落邦国之间，本无道路，但因人类流动，商贾逐利，就逐渐形成货物流通的商道。唐宋时期，朝廷长期与北方的辽国、金国、西夏征战，在现今的大理、西藏等良马生产基地，通过今普安县一带作为中介，招收马匹用于征战。其时，万马归槽，成千上万的马匹行走在川、黔、滇、藏的崇山峻岭间，踩踏出一条历史上享有盛名的“茶马古道”。“茶马古道”不仅是中国西南地区一条具有重要历史价值的经济文化走廊，还是一条串联了无数文物景点、风光壮丽的旅游线路。2013 年 5 月 5 日，普安白沙古驿道作为“茶马古道”的地理标志，被列为国家文物保护单位，其中涉及的普安县内景点有白沙烽火台遗址、崧岿寺、罐子窑“一品马店”等。

1. 白沙烽火台遗址

白沙烽火台遗址位于普安县白沙乡卡塘村老鹰岩的山腰上，烽火台为青石砌筑，平面呈方形，3.5 米见方，高 3.8 米。该烽火台是清咸丰、同治年间，为确保黔滇驿道畅通修建，具有重要的历史研究价值。据清光绪《山西通志》记载，该烽火台为清代洪洞至蒲县驿道上的通信设施，1982 年被列为贵州省级文物保护单位。

2. 崧岿寺

普安北部，历来为入滇要冲，名胜古迹众多。往北进入古树参天的森林区，丛林中古建筑翼角飞出，寺庙掩映其中，这就是名扬中外的崧岿寺。崧岿寺 2006 年经贵州省人民政府公布为省级文物保护单位，占地面积 24400 平方米，建筑面积 671.95 平方米。始建于明万历年间，清、民国不断增修，总平面呈长方形，依山就势而建，错落有致，现存建筑有正殿、东厢房、西厢房等。整体观之，甚有宏阔壮观之气魄。独立翠微之中的崧岿寺，寺前明代石狮虎视眈眈，南则有数十亩荷花池；东山有爱国将领谭本良将军墓，有民国名人易晓南庄园；西侧有石象山，山上怪石林立，山间有虎跳岩溶洞，洞里钟乳石千姿百态，美不胜收。北行 2 千米，为古镇罐子窑，这里是明清时期的重要驿地。再往北 15 千米就到了龙吟镇，这里有明代普纳山古战场遗址，遗址上战壕沿山，旁有掩身洞、隔墙，山脚有明代郭晚元帅墓和邓荣宗将军墓，在这里住上一夜，可领略喇叭苗的屯堡文化。

3. 罐子窑“一品马店”

罐子窑“一品马店”位于黔西南布依族苗族自治州普安县罐子窑镇罐子窑上街。建于咸丰年间，是专供驿站马帮驻足休息的场所。古朴的一品马店坐北向南，由正房、两厢及后墙组成，占地 250 平方米，建筑面积约 200 平方米，至今还保留有当初大致的风貌。正房面阔三间，通面阔 11.6 米，进深三间，通进深 8.8 米，穿斗式木结构硬山青瓦顶。门悬“西蜀一品马店”匾。

二、普安特色旅游产品

（一）普安红

普安红茶饮誉九州，极负盛名，为地理标志保护产品，是贵州省委、省政府重点推荐的红茶之一。其茶汤红艳明亮，颜色喜庆，入口醇和，高雅持久，外形秀丽隽永，前身的注册商标为“福娘红茶”，省委前书记赵克志命名为“普安红”。在贵州省上千个茶叶品牌中，2015 年至今最出风头的茶叶品牌莫过于“普安红”，“普安红”堪称贵州“史上最牛茶叶”。“有一个神奇的地方，高山青，绿水长，云滔滔，雾茫茫，酿了茅台酿茶香……”2014 年 8 月 22 日，一曲《贵州茶香》在 2014 贵阳国际农产品交易会暨绿茶博览会上唱响，这首歌主要提到了当时贵州省茶叶的品牌“三绿一红”，即“湄潭翠芽”“都匀毛尖”“绿宝石”“遵义红”。但是，在 2015 年，贵州省作了调整，将贵州茶叶主打品牌调整为“三绿二红”，新增一“红”，即“普安红”。目前“普安红”被中国国际茶文化研究会授予“中华文化名茶”的称号，普安也被授予“中国茶文化之乡”的称号。

（二）龙溪石砚与龙溪茶具

龙溪石砚是采用贵州省普安县城西九龙山腹地距今 10 亿年以上的沉积岩砚石制作而成的砚台。其材质是少有的绿豆石和猪肝石，质地细腻、温润如玉，素有“摩挲如缎子，磨墨如锉子”之美誉，且具“夏日储水不腐，冬日储水不结冰”等恒温特点。由于其品质优良、雕刻技艺精湛、风格独具个性，集文学、绘画、书法等艺术于一体，名贵典雅，极具艺术、实用和收藏价值。600 多年来一直为滇、黔、桂各地文人墨客所青睐，成为案头必备和馈赠礼品。2005 年，贵州电视台等媒体曾对“龙溪石砚”做过专题报道。2006 年，龙溪石砚作品在黔西南州“多彩贵州旅游商品大赛”中获“最佳创意奖”，在贵州省“多彩贵州”旅游商品大赛中，龙溪石砚制作人获“贵州名匠”称号。而龙溪茶具是以龙溪石材为材料制作的具有很高价值的茶具，专为“普安红”而设计，目前县委、县政府高度重视龙溪石砚茶具开发，致力于将其打造成为冲泡“普安红”的专用茶具。

三、普安茶旅一体化产业助力决胜脱贫攻坚的主要成效

（一）茶产业发展迅猛，成效显著

2019年普安县扎实推进“一红一白”主导产业，高标准打造南中北三线2万亩茶产业示范带，新植茶园3万亩，着力推动茶叶精深加工、夏秋茶下树，实现茶叶综合产值12.63亿元，带动10227户茶农增收；坚持“人均1亩茶”和“一园两区三带”茶产业战略规划，以“六个坚持、两线推动”为抓手，以公安部帮扶万亩茶园为带动，持续加强“白叶一号”茶园管护，深化与浙茶集团合作，完善浙茶产业园配套，助推茶产业发展迈上新台阶；组建普安红集团，统筹引领普安红茶产业持续健康快速发展；拓宽“普安红”销售渠道，共在全国设立普安红销售中心4个、普安红专卖店37个、普安红销售专柜100余家。借助淘宝直播和省内外展销等平台，让普安红红天下。

（二）旅游项目硕果累累

一是制订《普安县全域山地旅游扶贫作战方案》及11个子方案，明确了普安县3年旅游扶贫目标，截至2019年，带动全县6060户以上建档立卡贫困人口脱贫；二是2019年旅游接待人数达200.72万人次，同比增长35.81%，旅游收入19.45亿元，同比增长40.6%；三是全力推进布依茶源小镇、自行车主题公园、天下普安·古茶文化城、崧岿寺、茶马古道、铜鼓山遗址等旅游项目建设，完善国际山地自行车赛道及附属设施建设，健全配套景区旅游基础设施，普安森林温泉景区成功创建国家3A级旅游景区；四是全县投入运营旅游景区（点）、乡村旅游景点8个，发展各类旅游餐饮企业12家、旅游购物企业7家，建成旅游厕所8座；五是成功举办国际山地自行车赛道徒步活动、普安红杯·采茶制茶大赛和六月六布依风情节等系列赛事活动，推动旅游产业持续向好发展。

（三）旅游基建不断完善

一是围绕“七型”示范村寨，对全县 30 户以上的村庄进行规划；启动全县乡村污水处理、垃圾收运系统建设，为乡村旅游发展奠定基础。二是完成农村“组组通”公路建设交（竣）工验收 184.066 千米，投资 12884.62 万元。2018 年新增满足“五个不能纳入”条件的计划外项目 22 个 33.29 千米。沪昆高铁普安站至普安县城城市主干道建设工程完成投资 6.95 亿元，完成项目总进度的 31.57%。普安县城至县东城区旅游快速通道建设工程完成总投资 8.33 亿元，完成项目总进度的 71.45%。编制完成 10 个精品型、15 个提升型、20 个普及型乡村人居环境村庄规划工作。

（四）茶旅投入不断加大

扎实推进国家文保单位和古茶树景区建设，以黔西南州第四届旅发大会为契机，弘扬普安茶文化，启动茶马古道、崧岿寺、铜鼓山遗址及马家坪古茶树景区项目建设。一是投入 3500 万元推进崧岿寺景区（游客接待中心、崧岿寺大殿修缮等）、茶马古道（白沙段）、崧岿村和卡塘村人居环境整治、普安铜鼓山遗址等工程建设。二是投入 2600 万元推进青山马家坪古茶树景区人居环境整治、观光大道、停车场、公厕等项目建设。

（五）媒体宣传日渐加强

一是制作《天下普安》《奇行圣境·茶源普安》等宣传片为普安旅游产业发展造势，并积极参加浙江宁波、广西南宁、海南三亚等地的旅游产业发展推荐会，大力宣传推荐普安旅游资源。二是完善智慧旅游平台，在 4A 级景区建设了智慧旅游指挥中心，联合县联通公司完成并启用了“一码游贵州”信息平台，实现游客掌上浏览普安旅游信息，有目的规划旅游线路，方便游客出行。三是创新旅游宣传方式，依托便捷的交通（沪昆高速、晴兴高速、沪昆高铁）区位优势，打造了“奇行圣境·茶源普安”“中国古茶树之乡”“中国茶文化之乡”“中国苗族第一镇”“普安红”“世界茶源地·中国普安红”、夜郎文化（铜鼓山遗址）、苗族文化（龙吟）、佛教文化（崧岿寺）等旅游品牌，举办春茶节、三月三、六月六、八月八、中国山地自行车公开赛、国际山地自行车邀请赛、全国瑜伽大赛、黔西南州第四届旅游发展大会等赛事活动，提升了普安茶旅知名度。

四、普安县茶旅一体化产业发展存在的问题

（一）旅游产业开发经验不足

普安茶文化生态旅游景区主要由政府融资平台公司经营，由于缺乏成熟的运营经验和完善的管理机制，目前景区的运营处于亏损状态，因此需要引进一些成熟的旅游投资开发公司入驻普安对茶旅景区进行深入的规划建设和管理运营，推进旅游景区转型升级，扭转自负盈亏的局面。普安有100万年历史的四球茶茶籽化石和全国最大的四球茶古茶树群，这本该是一个具有巨大旅游潜力的特色，但并没有借此开发出能吸引旅客的热门景点，说明开发者对普安茶旅一体化产业的亮点发掘不够到位，经营理念还比较落后。同时，普安特色茶文化的培养建设还有待加强，才能达到加速普安茶旅一体化产业与其他产业融合发展互促互进的目的。

（二）品牌不够响亮，知名度不够

普安对茶旅一体化产业成果的宣传方式仍然比较单一，宣传力度不足。尤其是普安被誉为“茶树活化石”的四球古茶树，虽然有不少专家进行了相关的考察研究给予了高度评价，但并未进行充分的包装和宣传以致在大众中的知名度远远不够。普安的地理标志性茶产品“普安红”在国内有一定的名气，但是并未在市场中占据足够多的份额。这个问题需要深入研究如何进一步提高茶叶本身的含金量，同时也要考虑怎样拓宽普安茶叶的销售渠道和宣传方式。要想实现“以茶促旅”，就需要打造出一张市场认可度高、质量过硬的叫得响的品牌名片。普安还有许多具有特色的工艺产品，如龙溪石砚、龙溪茶具等，目前的状态大多是自产自销，缺乏足够的宣传推广力度和成熟完善的销售体系，销售量低产量也低，市场关注度还不理想，这些特色工艺品也是可以作为旅游产品加以打造利用的增值点。

（三）缺乏茶产业和旅游产业的技术指导

普安茶旅一体化产业目前极度欠缺能够提供技术支撑的高端人才，不论是茶产业还是旅游产业，都缺乏具有丰富经验的专业人才给予技术指导。普安的茶产业从茶叶品种改良、生产加工到推广销售，都存在许多限制发展的瓶颈，亟须引入高端人才通过新思路、新技术加快普安的茶产业朝高产优质稳步发展以提升市场竞争力、扩大品牌影响力。旅游产业也存在同样的问题，有许多潜力巨大的旅游资源得不到合适、充分的开发利用，目前还处于比较原始的状态，需要经验丰富的从业人员大量涌入完成旅游产业与茶产业的一体化开发与产业结构革新。

（四）对茶文化内涵的重视度不够

普安虽然茶资源丰富，茶旅一体化产业发展势头正旺，潜力巨大，但是普安的茶文化氛围还比较薄弱。普安在茶旅一体化项目的硬件建设上已经有了初步的成效，但配套的附属设施、茶文化内涵还没有形成规模和体系。茶旅产业的发展必须依托深厚的茶文化内涵才能走得稳、走得远，而要想让普安的茶文化形成特色和优势，就必须与当地的传统文化、区域文化、民族文化相结合，构建完整的文化体系。

（五）建设资金有限，产业规模不够大

普安茶文化生态旅游景区，通过近 5 年的建设，特别是随着国际山地自行车赛道、国家级山地自行车赛道、布依茶源小镇、自行车主题公园、茶源文化公园等项目建成后，游客大量增加，但景区餐饮、住宿、娱乐等业态布局和交通、供水、供电、网络等配套服务设施还不完善，留不住游客，对旅游产业的贡献力低。一方面是由于规划和运营的能力不足；另一方面也存在资金不足的情况。普安的茶旅一体化产业无论是硬件设施还是软件服务都需要大量的资金投入才能完成，这需要政府在各方面进一步加大扶持力度。

五、普安茶旅一体化产业发展实现路径研究

（一） 加大宣传力度，扩大品牌影响力

一是要把旅游宣传营销放到更高层面、更重要位置上进行谋划，这是发挥其引领作用的前提和保障。要加大对普安“四球古茶树”的宣传报道力度，同时加强对“普安红”“龙溪石砚”“龙溪茶具”这类地标性产品的策划营销以带动茶旅产业的宣传。二是要改进和创新旅游宣传营销方式，健全完善旅游营销的奖励、激励机制，突出整体高效、长短结合、承前启后、效果突出的思路。如可以结合当前互联网信息传递的优势，将普安茶产业及旅游产业的优点通过网络进行报道传播以提高宣传的效率。三是要完善旅游宣传营销的功能，努力做到宣传营销引导和市场分析反馈“两条腿”走路，彰显宣传营销的作用和功能，以引领和促进旅游工作及旅游产业发展水平的整体提升。可以定期举行不同主题内容的茶文化节，通过媒体报道吸引专家和游客到普安品茗游玩，以此在获得普安多种茶产品及时的市场反馈的同时，还可以对普安特色茶旅景点及旅游商品进行进一步的宣传。

（二） 整合经营主体，扩大发展规模

针对普安县的茶旅产业景区开发经营不足的问题，一方面可以引导当地资金规模小的企业通过兼并重组的方式组建规模更大、经济实力更强的大企业，同时可以促进当地茶旅产业的大企业联合形成大集团企业。这有利于实现在茶园管理运营、茶叶加工销售等多方面来降低成本、扩大规模，提高产业综合效益。另一方面可以引入实力雄厚、经验丰富的大企业进行投资经营。通过引入具备较强实力和影响力的大企业进行规划运营可以加速普安茶旅产业走上规模化、标准化、生态化、品牌化发展道路。同时外来大企业可以导入先进生产要素，引入新设备、新技术、新思路，从而提高当地资源利用率。外来大企业还可以帮助当地企业、小农户与大市场的对接，推动茶旅产业结构的不断优化，减少茶旅业结构调整的盲目性。

(三) 加强人才培养，提升技术和管理水平

茶旅一体化产业发展需要大量的技术人才尤其是复合型人才，可以通过多种渠道提高专业人才的储备量。一是加强对茶农和景区从业人员的专业知识、专业技能培训，可以邀请相关专家对茶农进行茶叶种植栽培技术培训，对景区从业人员可以进行旅游行业专业素质、专业技能、管理知识和茶文化等方面的综合培训。二是加强与专业院校之间的沟通联系，组织相关研究专业的大学生到茶园和景区实习，通过大学生到茶园景区完成研究课题的同时，帮助加快实现对普安茶旅产业的资源整合优化。除此之外，还可以吸引高校专业毕业生到茶园工作以提供技术指导。三是引进高端人才。对于茶产业可以引入高端技术人才进行四球古茶树的研究、茶树栽培育种及加工工艺研究，从而进一步提升普安茶产业的技术实力以向高产优质发展。对于旅游产业可以引入高端管理人才围绕茶旅一体化经营管理、休闲观光农业的规划管理等进行技术支撑。通过完善的人才培养和引进措施建立普安茶旅一体化产业的专家库，成为普安茶旅产业快速发展的强大技术后盾。

(四) 加强对普安特色茶文化的发掘利用

对普安特色茶文化的发掘可以从三个层次来进行。一是以四球古茶树为核心来发掘。邀请专家学者对普安的四球古茶树进行学术研究，在提高普安四球古茶树群在学术界的名气的同时带动扩大其在社会上的知名度。还可以利用挖掘出的茶籽化石及古茶树标本修建古茶树文化馆对普安古茶树的历史文化进行普及推广。二是围绕普安特色茶旅产品来发掘。例如，普安颇有名气的“普安红”，前身是源自普安布依族传统工艺制作的“福娘茶”，意为有福气的布依族阿娘所制作的茶，其历史文化深厚，起源于明代，至今已有600多年的历史。“福娘茶”是采用清明时节幼嫩的芽叶经过特殊工艺加工而成，其品质优良，是用来招待贵客的珍品，具有时、技、意、韵、香五大特点。秦汉时期，普安当地百姓所制的茶叶就已作为商品销往全国。明清时期，当地布依族群众所制的“福娘茶”被作为极其

珍贵的馈赠礼品或朝廷贡品。除了宣传茶产品的文化历史外，还可以通过各种方式向旅客普及茶文化、茶风俗以加深其对普安茶文化的印象，比如设置茶叶加工体验中心等让旅客亲身体验茶叶的制作生产流程。三是结合普安当地民族文化来发掘。普安县为多民族聚居地区，布依族的山歌对唱、斗弹达吟、手工刺绣，苗族的芦笙棒舞、采花风情、喇叭苗服饰，彝族的海马舞、苗族的小打音乐、横山歌圩等具有浓郁的民族特色。还有普安的铜鼓山古夜郎遗址、茶马古道旅游线路等，可以将这些景点聚合成一条丰富的旅游线路，同时深入打造成一个独具普安特色的茶旅文化聚合体。

（五）加大资金投入和扶持力度，建设完善配套设施

普安的茶旅产业要想发展壮大，就必须完善茶园、景区的配套服务设施，从交通道路、餐饮店铺、住宿酒店、旅游厕所、服务中心等基础设施到进一步的森林温泉、表演场所、体育公园、自行车赛道、“茶旅+”娱乐设施，都需要大量的资金投入。这需要政府来牵头，发挥积极的引导作用，一是加大资金投入，给予当地茶旅企业信贷和税收优惠政策，在符合国家政策规定的基础上减少政府部门的审批程序。二是积极向上争取专项资金用于茶旅产业的建设，同时帮助相关企业申报项目。三是出台相关的人才政策吸引高端技术人才、管理人才及文化人才到普安工作，以提供多方面的帮助。四是适当引入外来资本，通过政府牵线搭桥引入外来大企业到普安进行茶旅产业的投资，加大当地企业的融资力度。同时，通过与大企业合作可以加速普安茶旅一体化产业经营管理体系的成熟和完善。

参考文献

[1] 2020 年普安县旅游产业发展情况汇报.
[2] 2015—2020 年普安县人民政府工作报告.
[3] 普安县扶贫开发办公室 2019 年工作总结及 2020 年工作计划.
[4] 江西坡镇 2019 年度工作总结.
[5] 普安县文体广电旅游局世界茶源谷景区汇报材料.
[6] 2015—2019 年普安县茶业发展中心工作总结.

B.15 地域文化元素融入普安县社会建设研究

赵玉娇[1]

摘要：普安县自然资源丰富，民族多样，且历史悠久，人文厚重。近年来，普安县充分利用自身的自然优势，大力发展相关产业，推进生态文明示范县的开创。同时，将具有地域特色的民族文化元素融入普安经济社会的建设中，有效地促进了和谐普安的建设。

关键词：生态建设　民族元素　文化自信　和谐普安

一、普安县县情与问题

普安县隶属于黔西南布依族苗族自治州（以下简称黔西南州），其地属乌蒙山脉山系，位于黔西南州的北部，东邻晴隆县，西接六盘水市盘州市，南连兴义市，北毗六盘水市水城县，是连接滇黔两省的重要通道。普安县境内地貌独特，风光绮丽，气候宜人。境内水能资源丰富，水能蕴藏量达27万千瓦，有煤、黄金、铁、锌、铅等28种矿藏，拥有2万多株世界上最古老的四球茶树和品种独特、香味浓郁、历史悠久的普安红茶，被誉为著名的“中国古茶树之乡”。然而，由于自然和历史的原因，普安的经济和文化发展一度处于较为滞后的状态。

首先，由于石漠化的原因，普安县境水土流失严重，导致其生态环境日益脆弱。石漠化一直是困扰整个黔西南州的一个难题。根据《贵州省水

① 赵玉娇，贵州省社会科学院文化研究所副研究员、博士。

土保持公告 2011—2015》，黔西南州 2015 年水土流失面积 5084.02 平方千米，占全州土地面积的 30.25%。其中：轻度水土流失面积 2328.45 平方千米，占 13.85%；中度水土流失面积 1412.43 平方千米，占 8.4%；强烈水土流失面积 595.02 平方千米，占 3.54%；极强烈水土流失面积 488.86 平方千米，占 2.91%；剧烈水土流失面积 259.26 平方千米，占 1.54%。普安县属于典型的喀斯特地貌，境内石漠化面积日益扩大，共存在四个等级的石漠化，即存在潜在石漠化（如罗汉乡、青山镇和新店乡）、轻度石漠化（如白沙乡、罐子窑镇、楼下镇、青山镇、雪浦乡、新店乡）、中度石漠化（如高棉乡、雪浦乡和新店乡）以及强度石漠化（如高棉乡和龙吟镇）的问题。石漠化问题不仅影响了普安的整个生态环境，导致自然灾害频繁发生，使人民生命财产安全遭受巨大的损失。而且影响当地老百姓的生产生活，以及社会经济的可持续发展，成为地方政府较为棘手的问题。

其次，长期以来贫困问题是普安县面临的一个主要难题。普安县民族多样，有苗族、布依族、黎族、彝族、白族、回族、汉族等民族，其中少数民族占总人口的 28.23%。各民族历史悠久，文化深厚，民族风情浓郁。但是，普安境内的少数民族大多居住在边远贫困山区，产业结构相对单一，生产方式较为原始。在经济上大多处于较为深度的贫困状态，普安县因此而一度成为全国贫困县。

再次，教育问题也是困扰普安县的一个问题。普安县边远贫困山区分布着大量的少数民族，受地理位置和经济水平的限制，少数民族群体的受教育程度普遍较低。这种状况反过来影响了当地经济的发展，形成一种恶性循环，导致少数民族地区经济、教育的落后。

此外，少数民族文化传承形势呈现严峻的状态。在现代性处境中，无论是民族传统文化赖以生存的自然空间还是人文空间，都面临着巨大的挑战。一方面，由于当地经济状况较差，年轻人为了谋生不得不背井离乡去谋生；另一方面，由于缺乏规范的传承体系，一些传统民间技艺正在濒临失传。民间艺人大多已年老体衰，传统技艺的传承后继乏人，许多民间艺术属独门绝技，口传心授，往往因人而存，人亡艺绝，手艺人年龄断层。

总之，由于自然以及社会的原因，导致普安的生态、经济和文化上呈现严峻的形势，严重阻碍了普安经济社会的发展。因此，改善普安县恶劣的自然环境，扭转经济发展的颓势，促进普安经济社会的良性发展也成为普安县各级政府和部门的主要任务。

二、地域文化元素融入普安县社会建设的措施与做法

针对普安县生态、经济以及文化方面的严峻现状，普安县政府及相关部门立足少数民族地区的区情和民情，采取了一系列举措，从中突出了民族文化的作用。事实证明，这些举措有效地解决了当前存在的问题，从而促进了普安经济社会的稳步发展。

第一，结合当地实际，进行生态的修复。生态文明是关系社会经济可持续发展的重大问题。习近平总书记指出："我们既要绿水青山，也要金山银山。宁要绿水青山，不要金山银山，而且绿水青山就是金山银山。"[①]"绿水青山和金山银山决不是对立的，关键在人，关键在思路。保护生态环境就是保护生产力，改善生态环境就是发展生产力。让绿水青山充分发挥经济社会效益，不是要把它破坏了，而是要把它保护得更好。"[②] 普安县各级各部门立足县情，在全县范围内开展了生态修复的重大举措。一是各级各部门进一步深入学习宣传贯彻习近平同志生态文明思想，真正树立起"绿水青山就是金山银山"的生态文明理念，使全体干部职工真正做到"像保护眼睛一样保护生态环境"，让"良好生态环境是最普惠的民生福祉"成为全县广大民众的共同追求，从而达到切实推进生态文明建设，提高可持续发展能力的目的。二是以省委生态环境保护督察"回头看"反馈问题整改落实为抓手，坚决打好污染防治攻坚战。三是构建环境保护"党政同责、一岗双责""管行业必须管环保"的长效机制，认真开展建设项目环境影响评价，依法打击环境违法行为。四是以中央环保督察和土地例行督察反馈问题整改落实为抓手，扎实推进"青山、碧水、蓝天、净土"四大生态工程，森林覆盖率预计达 53%，城市环境空气质量优良率达

① 2013 年 9 月 7 日，习近平总书记在哈萨克斯坦纳扎尔巴耶夫大学回答学生问题时的讲话。

② 2014 年 3 月 7 日，习近平总书记在参加十二届全国人大二次会议贵州代表团审议时的讲话。

98.9%，主要河流水质达标率、集中式饮用水源地水质达标率稳定在100%，城镇污水处理率和城乡生活垃圾无害化处理率均提高到90%。

第二，在普安县委、县政府的领导和协调下，充分考虑农村农业的发展，兼顾生态与经济两方面。全力推进“水利建设、生态建设和石漠化治理规划”，坚持扶贫开发和石漠化综合治理相结合，水利建设、生态建设、石漠化治理“三位一体”协同推进，走出一条石漠化地区经济社会发展、扶贫开发与生态建设良性互动的新路子。以小流域治理为单元，以乡（镇）村为基础，因害设防、突出重点、综合治理。将石漠化治理作为调整结构的主要方式，强力推进农业特色优势产业发展，进行了积极探索和尝试，为石漠化治理树立了典范。同时，通过封山育林，石山草地改良，营造灌木、乔木以及经济林，修建塘堰、谷坊、拦沙坝、沟渠，进行河渠治理、坡改梯，修建小型水电和沼气池，进行生态移民等措施：一方面大大改善和重塑了普安县境内的生态状况，使整个县域的生态系统处于一种良性向好的发展态势，重现“绿水青山”的美好生态；另一方面，对当地农村社会经济的发展起到了积极的作用。使老百姓“挪出穷窝”“拔除穷根”，真正实现脱贫致富。

第三，利用每年6月低碳日、节能减排宣传周、“六·五”世界环境保护日等活动，在全县开展宣传活动，以宣传活动进校园、进园区和进社区，利用展板、广告栏、编辑短信、简报、宣传标语、横幅、电视栏目、节能监察简报等形式深化宣传活动。通过宣传教育，营造全社会关心、支持、参与节能减排活动的氛围。凝聚社会共识，使绿色政绩观、绿色生产观、绿色消费观深度普及，生态文明理念成为全县每个单位、每个家庭、每个公民的自觉意识，形成人人、事事、时时崇尚生态文明的社会氛围。

第四，依托当地富足的资源，大力拓展茶产业、“长毛兔”等地方特色经济链，主推“一红一白”两个产业。普安县依托良好的自然生态，地方相关产业企业得到了大力发展，从而进一步促进了地方经济社会的发展。普安是有名的茶源地，被称为“中国古茶树之乡”，境内的四球古茶、红茶和福娘茶因口感独特、回味浓郁而享誉省内外。普安县按照“强龙头、树品牌、带农户，打好产业扶贫硬仗”的要求，把茶产业作为脱贫攻坚“一县一业”强力推动，使茶产业实现增效、茶农实现增收的目的。按照“抓两头带中间”的思路，要求每个乡镇打造高标准规范化示范基地，示范带动全县5万亩茶园基地建设。同时，扶持龙头企业，大力发展民贸民品企业。打造“中国茶文化之乡”“全国十大魅力茶乡”，创建国家级出口农产品质量安全示范区，将产业链不断向市场延伸。出台优惠政策和茶产业奖励办法，设立“种植能手奖”“加工能手奖”“转型发展奖”“示范带动奖”“市场开拓奖”等奖项，以激发群众发展茶产业的积极性，从而推动茶产业的健康发展。此外，由于特有的气候环境条件，普安境内环境较为适宜长毛兔的生长。宁波镇海区作为普安县的对口扶贫单位，经过长期考察，将既能满足短期效益又有长远前景的长毛兔产业作为东西部扶贫协作的主要项目，自2006年项目开始实施以来，通过政府的支持、引导和大力推动，形成了“企业+村集体养殖小区+贫困户”的发展模式，长毛兔养殖已经成为普安县的一大产业，大大促进了普安地域经济的发展。

第五，建设民族特色村寨，大力发展旅游经济。普安县利用民族多样性的优势，按照“茶旅结合、体旅结合、农旅结合、文旅结合”的思路，推进“旅游+”融合发展，以“奇行圣境·茶源普安”为主题，充分挖掘“中国古茶树之乡”和“中国茶文化之乡”品牌价值，建成了布依茶源小镇，并推出“住茶园、游茶园、品茶饮、购茶产、体验茶俗”的“茶旅一体化”的乡情体验模式，将茶园生态优势转化为经济效益，实现产业兴旺，生态宜居。并且，建成普安国际山地自行车赛道、自行车主题公园、世界茶源文化公园、天下普安·古茶城等重点旅游项目，每年定期举办国际、国内山地自行车邀请赛等户外运动赛事，打响了普安乡村旅游的知名度。普安县还积极引导旅游商品的开发，目前已经开发普安红、龙溪石砚、普安砚壶、少数民族手工艺品等旅游商品，增加了旅游产品的附加值。同时，充分发展“林下产业”，大力推进食用菌种植等林下经济的发展，推行“林下经济+旅游”的发展模式，“向山地要钱要粮”，实现林旅结合。同时，建成普安县智慧旅游平台，利用智慧平台和各种媒介不断加大旅游宣传营销，制作《奇行圣境·茶源普安》旅游宣传片，制作《天下普安》《普安红·普安绿》等主题歌曲进行旅游宣传推介。大力发展智慧旅游，加快发展山地旅游业，开发山地旅游装备、温泉疗养、康养旅游、户外运动等旅游产品，加大旅游营销推荐力度，推动旅游业持续“井喷”，具有民族特色和地域特色的旅游业已经逐渐成为普安县经济社会发展的新兴支柱性产业。

第六，打造生态养生基地，推动大健康产业的发展。随着我国老龄化趋势的发展，“银发浪潮”已经不可避免地到来，与之相伴而来的关系社会稳定的养老问题、健康问题也日益凸显。现代社会快节奏的生活，使得很多处在高压、紧张状态下的都市人渴望在工作的间隙获得一种身心的休憩和调整，于是空气清新、风景优美的山乡便成为很多都市人首选的旅游目的地，而景色宜人、气候良好，且拥有独特的地理以及生态优势的普安县正好契合了当代人的这一需求。近几年来，普安县充分利用自己的资源优势，大力推动生态养生、健康养老、运动休闲等康养产业的发展，如普晴拓展区（东城区）康养旅游基地建设即是生态养生的产物。如今，针对老龄化浪潮的“夕阳产业”以及对治现代社会亚健康顽疾的“生态养生”产业已经成为一种“绿色产业”和“朝阳产业”，为普安经济社会的发展不断注入新鲜的活力。

第七，挽救濒危非遗文化，注重民族文化的传承教育。传统民族文化是少数民族的根本和灵魂所在，是其文脉所系，它承载了一个民族厚重的历史和文化记忆，是其走向未来的起点和前提。然而，随着现代社会的发展和全球化步伐的加快，民族文化的传承和发展遭遇了巨大的危机和挑战。无论是少数民族语言文化，还是少数民族传统技艺，都处在一种濒危状态之中，民族文化的完整性和延续性遭到了前所未有的冲击。一方面，老一代的少数民族非遗文化的传承人逐渐衰老和逝去；另一方面，新一代的非遗传承人尚未培养出来，青黄不接。为了挽救和发展日渐衰落和濒危的传统民族文化，普安县采取了一系列行之有效的措施。一是开展“民族文化进校园”活动，实行“双语”教学，使民族文化在青少年中深入人心。比如，在龙吟镇新华中心学校、高棉中学、龙吟镇民族小学等学校开展“双语”教学和民族文化进校园活动，从而促进了广大少数民族文化适应能力，增强其文化自信和文化认同。依赖于民族文化的复兴，推动民族特色村寨的建设，以及民族特色示范乡镇、民族团结示范县的创建，做到“一寨一特色”“一乡（镇）一特色”。二是积极进行非物质文化遗产的申报，重视对少数民族非遗文化传承人的培训，并在政策和待遇上对非遗传承人给予优惠。获批“布依族银饰工艺”“布依族土布制作工艺”“阿妹戚托”等8个省级非物质文化遗产保护项目。同时，举办非物质文化传承人培训班，完善非物质文化传承制度。三是建设乡村文化广场，推行文化下乡，提高地方老百姓的思想文化素质，丰富其精神娱乐活动。如开展“脱贫攻坚民族民间文艺展演”“迎新春·猜字谜”“书乡普安·阅读因你而美”等系列活动4场，涉及群众2万余人次；成立91个村（社区）“农家书屋”，“两馆一站”免费开放。此外，普安县还重视传统文化的宣传和普及，向广大民众展示普安的非遗文化和地方传统文化。比如，制订《普安县青山镇2018年特色小城镇培育计划》，其实施项目包括创办青山铜鼓山夜郎文化展览馆、青山铜鼓山夜郎城以及四球古茶种植园等。

第八，强化革命红色传统教育，全力打造红色旅游教育基地。为了纪念“红军长征过泥堡”，发扬红色文化教化育人、凝聚人心的作用，2014年普安县在楼下镇泥堡村建立了红军长征纪念馆，该纪念馆占地约450平方米，其中房屋面积300平方米。红军长征纪念馆自2018年被贵州省委、省政府命名为“贵州省爱国主义教育基地”。截至目前，接待州、县单位干部职工1000余人讲解50余次；前来参观的单位领导和干部职工通过重走长征路、参观纪念馆，重温入党誓词、瞻仰烈士墓，缅怀革命传统教育，开展“不忘初心、牢记使命”主题教育等一系列活动，使红色文化、长征精神深入人心。同时，依托红军长征纪念馆，成立了“普安县泥堡村红色旅游开发农民专业合作社”，合作社把当地建档立卡贫困户纳入合作社社员，加入旅游服务，为10余户贫困户增收脱贫起到了有力的助推作用。

第九，重视传统文化中村规民约等习惯法的作用，加强村民自治建设。普安县是少数民族大县，各民族在长期的生产与生活实践中形成了自己独特的传统和文化，村规民约就是其中较为重要的一部分。在历史上，由于地处偏远，少数民族与外界交往少，维持其民间社会秩序稳定，保障其良性运行主要是其族群中自然形成的寨老制度以及村规民约，其存在相当于少数民族社会中的“准法律”，具有神圣性、强制性和有效性。普安县针对当地民情，使国家政策法律与村规民约有机结合，充分发挥少数民族村寨的村规民约作用，加强村民自治。

第十，加强教育扶贫，全力阻断贫困的代际传递。扶贫扶智、治贫治愚，普安县秉持“少年强，则国强”的理念，通过民政、教育局、团委等部门相互间进行衔接，资助、减免学费及生活费，对贫困户子女进行助学帮扶，让其接受良好的教育，以阻断贫困代际传递。如 2019 年兴中镇为辣子树村 391 名贫困学生争取到公安部资助资金 44.06 万元，为田坝村 200 名贫困学生争取到宁波市镇海区宣传部对云庄村在校的建档立卡精准扶贫户，对于考取大学的贫困生，对其资助学费及生活费 2 万元，资助贫困生 3 人，让其顺利完成学业。

第十一，关注农民工、残疾人和农村留守儿童等困难群体，切实维护其现实权益。社会困难群体是一个政治经济学名词，主要指那些由于自身及群体力量较为弱小、单薄，因而在分配和获取社会财富等方面比较困难的社会群体。普安县针对农民工群体、残疾人以及农村留守儿童等特殊群体，重视其权益的维护。同时，加大对《法律援助条例》的宣传力度，尽力做到“应援尽援”。

三、地域文化元素融入普安县社会建设的困境与不足

虽然普安县采取了一系列行之有效的方法和措施以促进其经济社会的发展，然而由于起步较晚，基础较薄，在实践过程中仍反映出了目前存在的一些困境和问题。

首先，地方经济社会的发展是一个全方位的、系统的、长期的工程，而不是某一方面某一部分某一时段的发展，因此在经济社会发展战略立意上应当着眼于长远。同时，在具体实施过程中，其具体策略与措施又应当更为具体和可操作。在实践中，所有的做法和行为均是为了实现问题和困难的解决。因此，在制定措施时应当力求具体，使其可执行、可操作。

其次，在生态文明建设方面，存在如下问题：一是缺乏经验指导。由

于生态文明建设起步晚、基础弱，加上交流少，在推进生态文明建设方面，没有向周边生态建设成效较好的县市进行较多的交流。二是生态文明建设实施保障性不强，致使文化执法工作被动。生态文明建设领导机制还不成熟，缺乏人员保障。由于生态文明建设工作涉及广泛，缺乏有力的措施来保证绿色发展长效推进。三是生态文明体制改革舆论引导不够，对生态文明建设工作和环境保护工作重要性认识还有待提高。

再次，在产业经济发展方面，存在如下问题：一是扶持性的资金、政策有待跟进。普安县虽然看到地域元素、民族文化的作用，但重视力度还不够，后续的政策、资金的跟进还需进一步加强。并且需要从整体、全面、长远的角度对民贸民品产业进行合理、适切的规划，使其既能满足眼前利益的需要，又能做大做强，实现可持续发展。二是部门之间、产业之间存在相互割裂，联动性较弱。应在宏观上将地方经济的发展视为一盘棋，一个整体系统，即生态、文化、旅游、经济等相关部门应加强联动，不同产业之间也应有所联动，形成一个产业发展利益共同体，互相增益，彼此补足，不断壮大力量，从而真正推动地方经济社会的建设。

最后，在传承和发展民族文化方面，存在如下问题：一是资金保障不足，列保文物单位没有能力对文物进行恢复和修缮。二是在对非物质文化遗产传承人的培训方面，仍然需要投入大量的资金和力量，传承机制亦需要得以进一步规范和完善。

在今天信息化的时代，为普安县社会经济带来了发展的“东风”，使其迎来了前所未有的宝贵机遇，普安县的优势资源和特色文化完全可以“借船出海”，从而迎来其“发展的春天”。但与此同时，由于起点低、底子薄，以及强大的市场竞争压力，普安县也面临着巨大的困难和挑战。如何把握好难得的机遇，同时应对存在的挑战，是普安县当前以及今后一段时间需要认真应对的问题，因为这关系其现在的发展，也关系其未来的前景。

综上所述，普安县在经济社会发展过程中，着眼长远，立足县情，以问题意识为导向，结合当地的地域优势和资源优势，扬长避短，发挥地域文化元素的作用。为此，普安县委、县政府及各个部门在“扶贫”与“文化”上下功夫，将文化、教育与生态、经济进行有机整合，注重“本色”（民族特色）、“绿色”（生态绿色）和“红色”（红色文化）的“三色”发展理念，依托本地优势资源，大力发展生态经济、康养产业、民族文化旅游及红色文化旅游，在此过程中，扶持和主推民品民贸产业，振兴少数民族地区经济。在实践中多管齐下，使文化、教育、生态、经济、安全等部门实现联动配合，凸显普安的民族特色和地域特色，弘扬本土优秀的民族文化传统，重振红色革命精神，汲取前人宝贵的精神和智慧财富，彰显民族文化的自信。这是一种人与自然、人与社会关系的更新，是一种良性的生态关系的重塑，旨在实现普安县境内各民族“共同团结奋斗，共同繁荣发展”，共建和谐乡村与和谐普安，最终实现“普安”之“普天之下，芸芸众生，平安生息”的真正寓意。